黄河大系

古城卷

李令福 编 著

The
Yellow River
Series

山东画报出版社
·济南·

紫

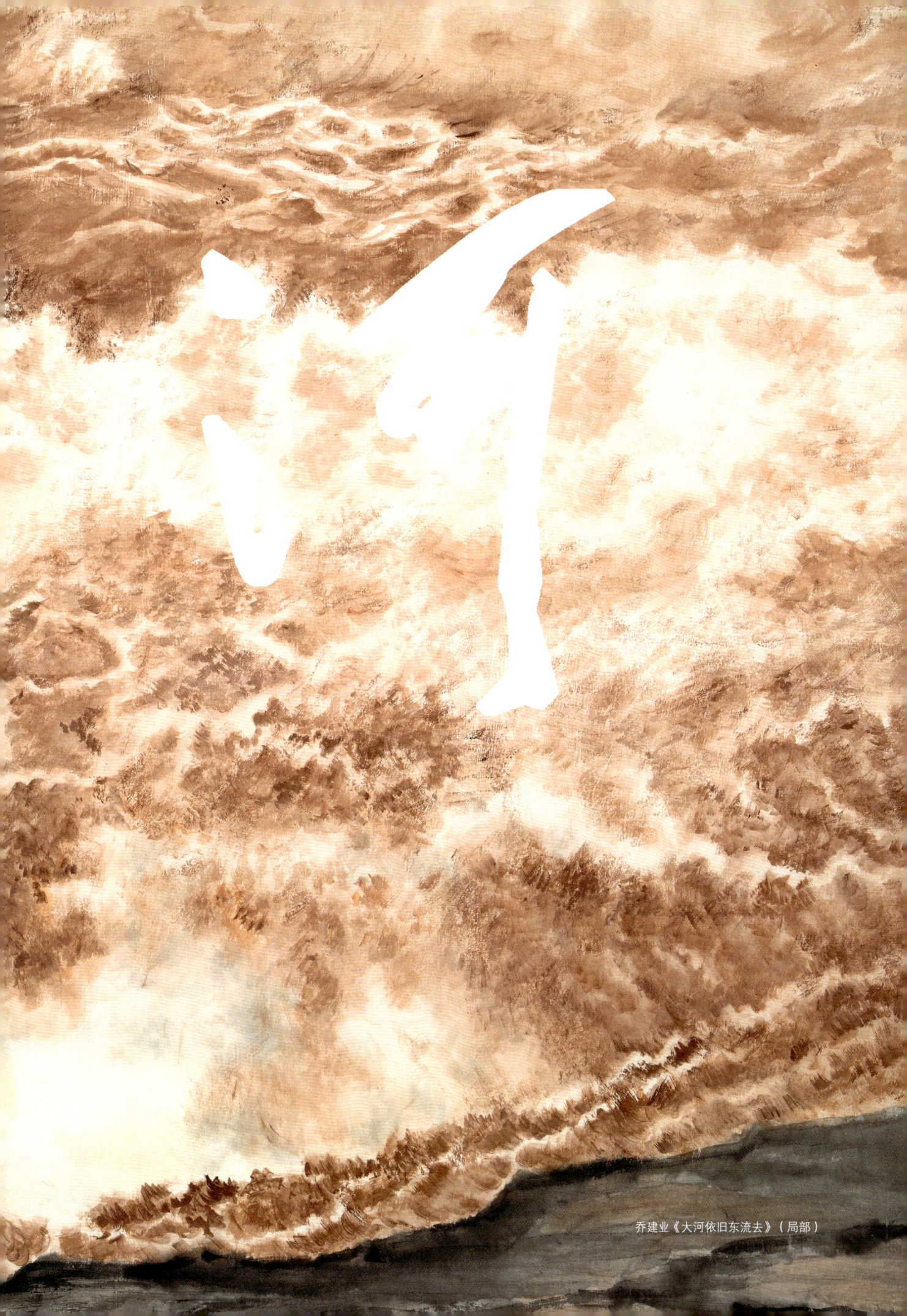

乔建业《大河依旧东流去》（局部）

图书在版编目（CIP）数据

　黄河大系. 古城卷 / 李令福编著. -- 济南：山东
画报出版社，2024.3
　　ISBN 978-7-5474-4841-0

　Ⅰ.①黄… Ⅱ.①李… Ⅲ.①黄河流域－古城－文化
史－通俗读物 Ⅳ.①K292-49

　中国国家版本馆CIP数据核字（2024）第037842号

统　　筹：张晓东　杨　刚
责任编辑：陈先云　张　欢　赵祥斌
装帧设计：蔡立国　张　宜　王　芳

黄河大系·古城卷
HUANGHE DAXI·GUCHENG JUAN
李令福　编著

主管单位　山东出版传媒股份有限公司
出版发行　山东画报出版社
出 版 人　张晓东
社　　址　济南市市中区舜耕路517号
邮　　编　250003
电　　话　（0531）82098472
传　　真　（0531）82098479　82098476
网　　址　http://www.hbcbs.com.cn　E-mail:hbcb@sdpress.com.cn
印　　装　北京雅昌艺术印刷有限公司
经　　销　新华书店

规　　格　16开（210mm×285mm）
印　　张　27.5
插　　页　4
字　　数　480千字
版　　次　2024年3月第1版
印　　次　2024年3月第1次
ISBN 978-7-5474-4841-0
定　　价　458.00元
　　　　　如有印装质量问题，请与出版社总编室联系调换。

《黄河大系》编纂指导委员会

《黄河大系》学术顾问委员会

《黄河大系》编辑出版委员会

总　序

"三万里河东入海，五千仞岳上摩天。"百万年如斯，奔腾不息的黄河之水滋润了中华大地，哺育了中华民族，孕育了中华文明。故《汉书》总结道："中国川原以百数……而河为宗。"

2019年9月18日，习近平总书记在河南郑州的黄河流域生态保护和高质量发展座谈会上提出，"黄河是中华民族的母亲河""保护黄河是事关中华民族伟大复兴的千秋大计"，要"保护传承弘扬黄河文化，让黄河成为造福人民的幸福河"。这不仅道出了黄河及黄河文化对中华民族生存发展的重大历史意义和现实意义，也表明党中央和习近平总书记对黄河及黄河文化的亲切关怀和高度重视。

水脉牵系着血脉、延续着文脉。黄河文化源远流长、一气呵成。从甘肃一带的大地湾文化，到中游的仰韶文化，再到下游的大汶口文化，黄河文化多元一体，正如波澜壮阔、绵延不绝的黄河之水，生动活泼，兼容并蓄，既丰富了黄土文明，又成就了中原文明、海岱文明，成为中华文明的主要表征和重要载体。从青海源头，到黄土高原，再到中原大地、华北平原，黄河文化跳跃跌宕，穿越时空，向光而生，气势如虹，"忽如一夜春风来，千树万树梨花开"，绽放出笃厚神圣、繁荣璀璨的文明之花。汉风唐韵，丝路华章，中华文明从这里出发，走向四面八方。

黄河文化催生的思想观念、道德情操、审美品格和科学智慧，蕴含着中华民族深沉的行为准则，对中国传统社会的政治范式、经济格局、文化理念、科技思维等方面有着深远影响。在不同族群和文化交流的灿烂星河中，黄河文化形成生生不息、开放包容的特质，反映在不同时期的典籍史料、艺术作品以及科技成果中，无不以物质形式或精神形式展现出来，并深深影响着人们的社会生活和精神建构。

黄河文化的形成、发展、传承，在不同流域、不同时代、不同族群形成了鲜明的特色，又反映了中华民族千百年来顺应自然、认识自然、改造自然、保护自然的共性过程和结晶，成为中华文明的组成部分和现代中华生态文明的源泉。

正因为黄河的赐予，我们才拥有了世世代代赖以生存的物质宝藏和精神家园；正因为黄河千回百转、勇往直前，我们的文化基因中才有了更加坚忍的品格、更加超凡的智慧、更加鲜明的特性；也正因为文化基因的坚忍、超凡、鲜明，中华民族才形成了熠熠生辉、博大精深的中华文明。

"黄河落天走东海，万里写入胸怀间。"党的十八大以来，习近平总书记立足"两个大局"，就文化建设提出了一系列新思想新观点新论断，形成了习近平文化思想。习近平总书记强调："中国文化源远流长，中华文明博大精深。只有全面深入了解中华文明的历史，才能更有效地推动中华优秀传统文化创造性转化、创新性发展，更有力地推进中国特色社会主义文化建设，建设中华民族现代文明。"

习近平总书记考察调研足迹遍及黄河上中下游九省（区），他将保护黄河作为事关中华民族伟大复兴的千秋大计，亲自擘画、亲自部署、亲自推动黄河流域生态保护和高质量发展，发出了为黄河永远造福中华民族而不懈奋斗的号召。沿黄河九省（区）牢记习近平总书记嘱托，全面加强生态保护治理，着力促进全流域高质量发展，大力保护传承弘扬黄河文化，努力"让黄河成为造福人民的幸福河"。习近平总书记在黄河流域生态保护和高质量发展座谈会上明确指出："黄河文化是中华文明的重要组成部分，是中华民族的根和魂。"在总书记心中，黄河早已同中华民族的苦难辉煌融合在了一起，锻炼出中华儿女的韧性、力量和精神，也为中华民族赓续发展注入不竭动力。

2022年10月28日，习近平总书记考察安阳殷墟遗址，遍览青铜器、玉器、甲骨文等出土文物，细察车马坑展厅商代畜力车实物标本和道路遗迹……总书记感慨道："我们的文化自信就是从真正能证明我们的久远历史中来……"

为深入研究阐释习近平文化思想的科学内涵，推进中华优秀传统文化"两创"工作，以黄钟大吕式作品书写新时代黄河精神，助力黄河文化保护传承弘扬，铸牢中华民族的根和魂，增强文化自信自立自强，建设中华民族现代文明，为中华民族伟大复兴提供强大精神动力，用黄河故事讲好中国故事，传播好中国声音，以高质量出版工程服务读者，奉献社会，山东省策划推出《黄河大系》，在中华文化保护传承弘扬的重要承载区建设方面走在前面并提供山东样板素材，同时，力争以黄河文明为抓手和突破口，在建设中华民族现代文明方面做一些探索。

　　《黄河大系》从沿黄河九省（区）所共有的文化特色着手，既有对黄河历史、文化、艺术的梳理，也有对民艺民俗及水利、生态等的呈现，既回望传统，又观照当下，多角度、广层次、图文并茂地展现黄河文化的内涵和魅力。

　　《黄河大系》包括《图录卷》《文物卷》《古城卷》《诗词卷》《书法卷》《绘画卷》《戏曲卷》《民乐卷》《民艺卷》《民俗卷》《水利卷》《生态卷》共十二卷，每卷或为一册，或分为两册、三册不等，整体规模为二十册，三百六十余万字，四千三百余幅图。这十二卷图书内容相辅相成，生动全面地展示出黄河作为中华文明摇篮的丰富多彩、万千气象。这十二卷图书内容不仅关注人类文明的既有辉煌，而且着眼人类文明新形态的创造：从《文物卷》探寻中华文明的源头；从《古城卷》《民乐卷》《民艺卷》探索人类文明成果的创造性转化和创新性发展，为文明的演进生发提供启迪；诗词、书法、绘画这些黄河文明固有的艺术成果形式，也终将如黄河之水内化为中华文明生生不息的天然动力，为推进人类文明新形态建设提供智慧源泉；《水利卷》和《生态卷》则重在探索共生文明，助力生态文明和人类命运共同体的构建……

　　"周虽旧邦，其命维新"。和合共生，自强不息。黄河，从中华民族厚重深远的精神河床流淌而来，正向着中华民族伟大复兴的波澜壮阔奔腾而去！

　　"江河之所以能冲开绝壁夺隘而出，是因其积聚了千里奔涌、万壑归流的洪荒伟力……现在，中国人民和中华民族在历史进程中积累的强大能量已经充分爆发出来了，为实现中华民族伟大复兴提供了势不可挡的磅礴力量。"

《黄河大系》的编纂出版是一项基础工程，是一个继往开来、努力探索的过程。我们将以出版《黄河大系》为契机，深入贯彻落实习近平文化思想，落实好习近平总书记在黄河流域生态保护和高质量发展座谈会上的重要讲话精神，立足黄河文明的深厚资源，发扬中华文明的自信自觉优势，为黄河流域生态保护和高质量发展蓄势赋能，为实现中华民族伟大复兴作出贡献。

序

"九曲黄河万里沙。"

这是唐代著名诗人刘禹锡《浪淘沙》的诗句，用七个字说出了伟大黄河的三大自然特征。

万里：源远流长万余里。黄河发源于青海省巴颜喀拉山北麓，穿过青海、四川、甘肃、宁夏、内蒙古、陕西、山西、河南、山东九个省（区），最后注入渤海，全长达5464千米。黄河流经中国地势的三大阶梯，被称为"黄河之水天上来，奔流到海不复回"。这是黄河的长度与高度。

九曲：主干多弯流域广。"九"在古代有"多"的意思，九曲就是有多个弯曲。黄河在上中游拐了个"几"字形大弯，形成了囊括陕西、甘肃、宁夏、内蒙古四省（区）的"大河套"地区，山陕黄河在潼关东折，出太行山后宋代之前北走大陆，在此形成了历史上著名的河东、河南、河内三大区。黄河多弯流，纵横在中国东西向山脉秦岭与阴山之间。这也可以当作黄河的宽度。

黄河沙：多沙色黄善决徙。黄河上中游流经范围广大的黄土高原，因侵蚀作用，形成了"多泥沙"的自然特点。《汉书·沟洫志》载："河水重浊，号为一石水而六斗泥。"多泥沙的黄河色黄，同时也造成了在下游平原地区的"善淤、善决、善徙"，整个华北平原基本都是黄河搬运的黄土堆积而成。

黄河上述源远流长、九曲纵横、搬运黄土的自然特征，塑造了大中华北部的高原与平原，加上黄河东西纬度流向（这样便于上下游经济与文化的交流）及流域位于北纬30度至40度之间的温带地理特征，使黄河成为中华民族的母亲河，黄河流域成为中华文明的发祥地及中国历史前半期繁荣昌盛的中心区域，黄河文化也构成中华优秀传统文化的根与脉。

历史上文明形成的一个标准就是建立城市，河南双槐树、山西陶寺和陕西石峁等古城均位于黄河中游地区，充分说明黄河就是中华民族的母亲河。黄河中游成为先秦时代的政治经济与文化中心，是唐尧与商周王朝都城所在。司马迁在《史记·货殖列传》中说："昔唐人都河东，殷人都河内，周人都河南。夫三河在天下之中，若鼎足，王者所更居也，建国各数百千岁。"黄河中游的三河地区，就是"天下之中"。

秦汉隋唐到北宋时代，中国的政治经济与文化中心均在北方黄河流域，都城基本以东西二京制为主，周秦汉隋唐时代的东西二京为洛阳与长安，北宋的东西二京向东发生了位移，变成了汴京（开封）与洛阳。也就是说，沿黄河、渭河的东西向线为中华政治主轴。

在黄河流域，除在中游地区以政治中心都城形成关中文化、河洛文化与河东文化以外，黄河上游的河湟文化、河套文化及下游的齐鲁文化也很有特色，各区域也都形成了自己的中心城市。

黄河文化是中华民族的根和魂，研究与传承黄河文化就是培根铸魂，在中国优秀传统文化基础上创建中国特色社会主义文明。为此山东省组织编写《黄河大系》，《古城卷》作为黄河文明重要的物质标志成为丛书的一卷。《黄河大系·古城卷》编辑委员会确定入选城市的标准：黄河现在流经，具有优秀文化传统和重大历史遗产，在中国黄河流域文明发展中有引领价值。

每个城市邀请有相关研究的专家撰写文稿，主要围绕以下五个内容展开：第一，城市兴起与城址转移的历史地理背景，关注与黄河的关系；第二，城市的发展兴衰过程及原因；第三，城市建设及文化遗产；第四，城市具有特殊价值的传统文化；第五，城市现代化，展示现代城市发展与文化传承。

本卷内容充分吸收前贤研究成果，经过系统归纳，具有科学性与系统性；叙述语言与表现形式力求通俗化与大众化，图文并茂，希望成为一部学术与普及结合、雅俗共赏的著作。

李令福

2024年3月

目　录

第一章

青藏高原明珠——西宁

黄河发源于青藏高原，自西向东共流经青海、四川、甘肃、宁夏、内蒙古、陕西、山西、河南及山东九个省和自治区，全长5000余千米。西宁是黄河流域海拔最高的历史古城，地处黄河、湟水冲积而成的河湟谷地，四面环山。黄河、湟水和大通河汇聚，扼青藏高原东方之门户，为青藏高原明珠，古有「海藏咽喉」「西海锁钥」「天路之门」之称。

西宁市区，湟水穿城而过

西宁夜景

第一节
青藏高原第一城

一、神仙国度

昆仑山脉又称昆仑虚，位于亚欧大陆中部、我国西部地区，西起帕米尔高原，横贯新疆、西藏两个自治区，东至青海境内，全长约2500千米，平均海拔约5500米，是我国的主干山脉。古代神话认为，昆仑山中居住着一位神仙"西

俯瞰昆仑山

王母"，人头豹身，由两只青鸟侍奉，是道教正神，与东王公分掌男女修仙登引之事。昆仑山在中华民族的文化史上具有"万山之祖"的显赫地位，古人称昆仑山为中华的"龙脉之祖"，被誉为"中国第一神山"。《山海经》记载："海内昆仑之虚，在西北，帝之下都。昆仑之虚，方圆八百里，高万仞。"

三千年以前，周穆王率领七位杰出人才，乘坐着八匹日行千里的骏马驾驶的车，携带大量珠宝，从洛阳出发，北行太行山，经由河套、甘肃到达青海，西王母在昆仑山上的瑶池设宴招待周穆王。《列子·周穆王》记载，"驾八骏之乘……遂宾于西王母，觞于瑶池之上"。在这里，西王母和周穆王宴饮酬酢、互赠礼物、情投意合、其乐融融，穆王"乐不思周"。临别的时候，周穆王和西王母还以歌相和，许下了再见的诺言。

穆天子西巡作为神话故事在民间流传，根据《山海经》《穆天子传》《史记》证实，这应该是个真实的历史事件。只不过西王母乃当时西陲边地尚处于母系氏族社会阶段的某部落的女性首领。至于周穆王为什么要西巡，我们猜测主要是为了向已经臣服的西方部落展示周朝强大的国力和军力，扩大华夏文明的势力范围，带有强烈的政治、经济和军事目的。就如同明代的郑和下西洋，只不过相隔两千多年，一个驾驶马车走向群山和草原，一个驾船驶入茫茫大海。

在《穆天子传》中，周穆王一路上遇到各个部落时，都是那些部落的首领主动去见他，向周穆王献上礼物；唯独与西王母会面时，周穆王居然需要选择吉日，带上礼物去拜见西王母。因此，当时西王母的地位应该是高于周穆王的。西王母和周天子就好像同一个文明中两股势力的代表，而西王母自称是"天帝的女儿"，代表神权。

近年来，专家学者经考证后认为，西宁市湟源县曾经是西王母的主要巡游驻地，县域内的宗家沟石洞群就是传说中的"西王母石室"。湟源县历史上就有祭拜西王母的习俗，每到七月十八西王母诞辰，人们穿着节日的盛装，手捧哈达，带着青稞炒面、酥油、五谷（青稞、小麦、豌豆、玉米、蚕豆）包、糖果等祭品，诵经祈祷，以此表示对西王母的敬意。西宁的地理位置使得它很容易成为神话故事的发源地，《西宁府新志》记载，西宁"北依山作镇，南跨河而为疆。地接青海、西域之冲，治介三军万马之会"。

二、宗教重镇

自古以来，西宁地区多民族杂居的人文地理格局，孕育出了丰富多彩的宗教文化，来自中原的道教和汉传佛教，盛行于青藏高原的藏传佛教，宋代传入河湟的伊斯兰教，都根植于不同民族的宗教信仰之中，成为民族文化的重要组成部分。宗教信仰从族群划分，汉族多信奉道教和汉传佛教，藏族、蒙古族多信奉藏传佛教，回族多信奉伊斯兰教。

西宁地区的佛教有汉传佛教和藏传佛教之分，汉传佛教随移民进入西宁，但在此地并没有形成大的影响。藏族先民曾普遍信仰苯教，佛教从印度传入雪域高原以后，深刻改变了雪域高原的宗教信仰，随着吐蕃势力的扩张，藏传佛教也进入河湟谷地。藏传佛教的诸多派别中，格鲁派的影响极大，拉萨三大寺哲蚌寺、甘丹寺、色拉寺全部为格鲁派弟子兴建。班禅额尔德尼与达赖喇嘛这两大宗教领袖也都是格鲁派传人。

青海藏文化博物院珍藏的经文

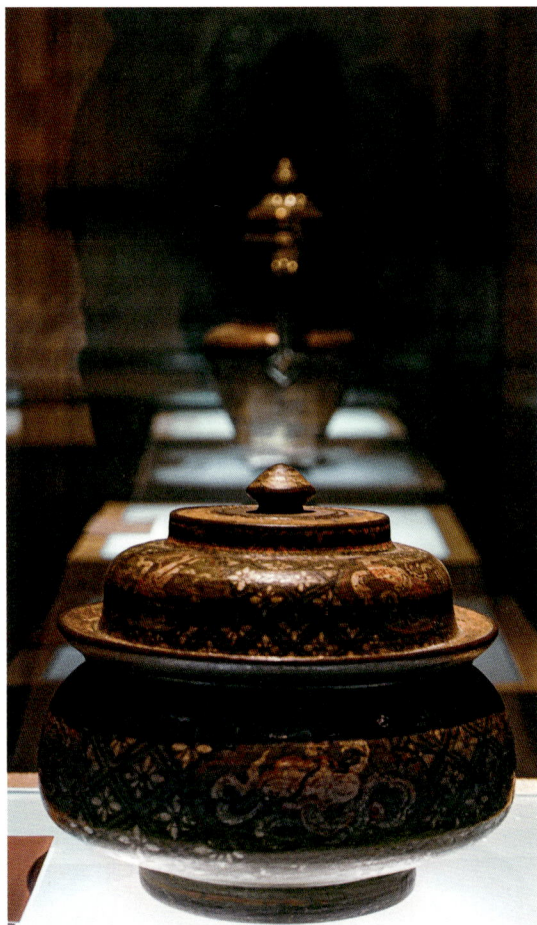

青海藏文化博物院内的藏品

　　上溯格鲁派发展历史，一定会聚焦于一个青海藏族人——宗喀巴。宗喀巴生于今青海西宁湟中区，他的父亲是元朝政府派驻当地的达鲁花赤（地方最高长官）。父母笃信佛教，对幼年的宗喀巴影响极大，优越的家庭环境又使他可以接近地位较高的活佛，精修佛法顺理成章地成了他一生的追求。不囿于成见的他，提出了新的学说，由此创建了格鲁派。在藏族地区，宗喀巴被认为是文殊菩萨的化身，他的弟子克主杰和根敦朱巴则分别成为班禅额尔德尼与达赖喇嘛转世的初尊。

　　相传宗喀巴出生以后，母亲将他的胎衣埋在了宗喀，后来在该地长出一棵树，每片叶子上都有一尊佛像，后人在此建寺，即塔尔寺。塔尔寺是中国藏传佛教格鲁派的六大寺院之一，达赖和班禅也经常在塔尔寺举办宗教活动，而且他们由西藏去北京的时候，一般都要驻锡塔尔寺。

伊斯兰教传入西宁，最初应该是在唐代。唐、大食和吐蕃围绕中国西部、中亚东部展开角逐，同时由于战争频繁，丝绸之路和唐蕃古道时通时断，阿拉伯、波斯等穆斯林商人长期滞留青海，也有信仰伊斯兰教的军队被俘人员和伤、病、失散人员，他们有的在青海地区定居下来，成家立业，繁衍子孙。这是西宁地区最早的穆斯林，也是西宁最早的回族先民。

北宋时期，西夏控制了整个河西走廊，对过往的西域商人、贡使课以重税，但以青唐城为中心建立的唃厮啰政权采取了与西夏截然相反的商贸政策，允许商人在青唐城内建造房舍、货栈，长期坐地经商。因此，回族的先民在丝绸之路南道河湟重镇青唐城长期留居经商，在西宁城东形成了穆斯林的商业社区蕃坊，并在蕃坊内修建了清真寺。

西宁东关清真大寺

元朝建立后，先后派蒙古宗室西平王、安西王、西宁王等部驻屯青海西宁等地。

历经宋、元、明、清、民国时期的发展，西宁东关清真大寺建筑规模宏大，建筑风格特异，建筑艺术独特，在中国乃至国际上都有一定的地位和影响力。

西宁是中原地区通往青藏高原腹地的交通要塞，是青藏高原的东方门户。也正是由于这里地处藏汉文化的交会处，慢慢地，这座城市发展成为多种宗教并存的文化交融之地。西宁有着多民族的融合，更有着各自信仰的和谐共存。

几十年来，西宁逐步发展为一个多元文化、多元宗教、各民族和谐共处的移民之城，也是青藏高原上唯一人口超过百万的中心城市。

三、河湟发展

河湟谷地位于青藏高原东北部，是以西宁为中心的湟水和黄河交汇的地方形成的谷地，涵盖的地域范围包括黄河上游、湟水流域及大通河流域的"三河间"地区，即今青海日月山以东，祁连山以南，西宁四区三县、海东市，以及青海海南、黄南等地的沿河区域和甘肃省的临夏回族自治州。河湟地区是中原地区与青藏少数民族聚居区的过渡地带，也是蒙古高原、黄土高原和青藏高原的接壤之地。这里土地肥沃、气候宜人、水源充沛，适宜农业生产和人类居住，与关中平原和汾河谷地类似，西宁也如同西安、太原一样，是青藏高原的政治、经济和文化中心。

航拍河湟谷地

远古，在这片区域生活的人被统称为羌人，最早见载于商代甲骨文。

西周，这里有着周穆王西会王母的美丽传说，青海湖就是他们相会的瑶池。周穆王沿着湟水河谷来到青海湖，与之相会的应该是这一带的羌人母系部落的首领。河湟紧邻陇上，周人探索边地，来到这里，并不意外。

秦朝，所控国土止步于临洮，临洮是古时陇西郡的治所。陇西人才辈出，包括"飞将军"李广和大唐皇室，李家宗祠最为霸气，名曰"李家龙宫"。秦朝通过临洮影响河湟，并未实际控制，这里仍是羌人游牧的范围。

西汉，西羌人生活在青海地区。汉宣帝时，西羌联合匈奴反汉，赵充国率领六万大军出征西羌。在占领河湟谷地以后，为了解决军队粮食供应问题，下令军队在此开垦土地，并招募大量汉族百姓进入河湟地区，不仅满足了军事用粮的需要，而且使得河湟谷地成为黄河上游最大的一块农耕区域，为西宁的城市发展奠定了经济基础。西汉初期在湟水岸边造了一个军事驿站西平亭，后又设立金城郡管辖河湟地区。这是青藏高原唯一设置郡县的地方，也是中原王朝势力所及的边缘。

东汉，对历史影响深远的百年羌战遍布河西，以河湟地区最为激烈，最终动摇了国本，也是东汉灭亡的诱因。

两晋、南北朝、隋、唐初期，这里是一个英雄的时代，吐谷浑的时代。

唐代，唐与吐蕃先后崛起，吐谷浑夹在中间很快灭亡，河湟地区从此变成唐与吐蕃的拉锯地带。若是吐蕃占据此地，就可以随时切断河西走廊，使唐朝的西域驻军失去后援，进而威胁关中及整个中原。河湟地区是青藏高原难得的农耕区，只有这里能够供养大量中原军队，所以唐朝对河湟地区势在必得，为此跟吐蕃打了大仗小仗无数次，确保关中的安全。安史之乱以后，唐朝急剧衰落，河湟地区在761年被吐蕃攻占，并作为进攻关中的跳板，吐蕃军队数次攻入长安城。此后，这里被吐蕃化，虽然后世还一直被中原王朝控制，但这里的主体居民由羌人变成了吐蕃人。

北宋时期，西宁被吐蕃赞普后裔唃厮啰占据，称之为青唐城，唃厮啰以青唐城为都城，在河湟地区建立了一个以藏族为主体的地方割据政权。当时党项族建立的西夏控了河西走廊，采取高税盘剥政策。唃厮啰则以优惠政策鼓励贸易，保护来往客商的人身安全，丝绸之路的客商于是纷纷绕道青海道，西宁成为东西方贸易中转站。1099年，北宋收复河湟地区，

1104年将鄯州改为西宁州，取意"西陲安宁"，这是"西宁"地名的由来。

1227年成吉思汗率军攻占西宁，从此西宁纳入蒙古帝国统治，隶属于甘肃行省。

清代，年羹尧平定罗卜藏丹津叛乱以后，雍正皇帝考虑青海地区地广人稀，经济落后，遂决定采取特别行政区制度，由中央设置青海办事大臣，协助、监督蒙藏地方官共同对青海进行管理。刚开始，青海办事大臣的衙门设在青海湖边，后来因为青海湖边气候寒冷，也没有像样的城镇，而河湟地区的西宁冬无严寒，夏无酷暑，交通便利，显然更适合作为青海办事大臣的治所，于是青海办事大臣的衙门就改迁到西宁，一直延续到清末。

四、丝路南线

传统的丝绸之路从西安出发，在兰州过黄河，经过河西走廊的武威、张掖、酒泉、敦煌，出玉门关或阳关，到达新疆以及中亚地区。其实，丝绸之路还有一条南线，即青海道，从西安出发以后，在兰州过黄河，然后折到西宁，经日月山、青海湖、柴达木盆地到达敦煌，进入新疆和中亚地区。在历史上，当河西走廊受阻时，这条道路便成为丝路要道。西宁，就是丝路南线青海道的中点。

丝绸之路南线是古代先民们长期开拓的结果，早在旧石器时代，青藏高原的先民们就开拓出比较固定的道路，形成了青海道的雏形。汉代，青海道又被称为"羌中道"，因其途经湟水流域、青海湖和柴达木盆地，都在羌人的生活范围内，故此得名。

张骞出使西域归汉时，经过柴达木盆地到达河湟流域返回长安，"羌中道"因张骞通西域而为人们所熟知。魏晋南北朝时期，东晋高僧法显西行求法，从长安出发，过黄河以后进入西宁市，再从西宁走青海道去新疆。

唐代文成公主和亲以后，唐蕃古道和青海道汇流，使得青海道更加畅行无阻。宋时，河湟流域被吐蕃唃厮啰政权控制，唃厮啰政权和吐谷浑一样积极经营青海道，为商贸交往提供便利条件，丝绸之路青海道再次兴盛起来。直到12世纪以后，陇右逐渐被金、西夏和吐蕃瓜分，并且伴随着海上丝绸之路的兴起，丝绸之路逐渐归于沉寂。

丝绸之路青海道具有以下特点：

一是青海道有不可或缺性。青海道是丝绸之路的关键节点，是不可或缺的组成部分。从历史上看，丝绸之路各条线路均有其特殊的历史使命，都是独一无二、不可替代的，丝绸之路如果少了青海道，它就是不完整的，某些时段就可能陷入中断。

二是青海道与其他道路存在互补性。丝绸之路各条线路关系密切，并不是互相封闭、孤立存在的，当整个丝绸之路处在繁荣时期，丝绸之路青海道也随之繁荣，整个丝绸之路处在萧条时期，青海道也随之没落，但是各条支线的繁荣和萧条时间又不一样。

三是青海道使用主体的多样性。在各个历史时期，行走在青海道上的人形形色色、五花八门，有使者、商旅、僧人、兵卒，但是军队行军使用青海道最为频繁，其中绝大多数行走在柴达木盆地以东段尤其是河湟地区的道路上。

"青藏苍茫，古道悠悠。"青海道至今仍然作为联通东部地区与新疆乃至中亚各国的重要通道，焕发着新的活力和生机，成为联系东西部地区的重要交通要道。

五、唐蕃古道

唐蕃古道，起于长安，终于拉萨，曾是唐与吐蕃往来的交通孔道，也是中原地区连接尼泊尔、印度等地的国际通道。这条跨越今陕、甘、青、川、藏五省（区）的古道，全长3000余千米，距今至少有1300年的历史，被后世誉为各族人民友好往来的"黄金桥"。这条古道始于关中平原，贯穿河湟谷地，抵达青藏高原，是见证和亲、会盟、文化交流和民族交融的重要文化线路。

古羌人是西藏与中原交通最早的开拓者之一。羌人首领无弋爰剑及其族人世居的河湟地区，是中原与西藏的过渡地带。无弋爰剑后裔曾赴东周洛阳拜见周显王，后"出赐支河曲西数千里"，迁往今青藏高原。可见，秦汉以前，青藏高原与内地之间已经存在一条比较畅通的交通路线。

汉代以后的历代中原王朝格外重视经营河湟地区。汉王朝为拱卫河西地区，一直维持着河湟道的畅通。西汉张骞出使西域，便多走此路。609年，隋炀帝亲率40万大军，以西巡狩猎为名，进攻吐谷浑，进一步稳固了河湟道、丝绸之路青海道的军事通道地位。

641年，文成公主自长安入吐蕃和亲，这条和亲之路始以唐蕃古道的名称闻名于世。长安这座当时的世界性大都市，是唐蕃古道的起点，文成公主与金城公主入藏都是从此处出发，借道丝绸之路南线一路向西。唐蕃古道贯通后，大唐与吐蕃之间的使臣往来不绝。从634年唐蕃初次交往到850年吐蕃王朝衰败，蕃使至唐125次，唐使入蕃65次，平均一年半就有一次使臣往还。

唐蕃古道上频繁往来的使臣推动了农耕技术的传播。中原地区的农业技术随着公主、使臣及其随从工匠传入青藏高原。唐以后，唐蕃古道逐渐成为茶马古道的一条重要干线。元代，以唐蕃古道为基础，从内地至西藏地区建有乌思藏、朵甘思、朵思麻三条驿道。今天，在唐蕃古道基础上发展起来的青藏公路、青藏铁路等现代化道路交通，仍然发挥着连接西藏与内地、沟通沿线各族人民的"黄金桥"作用。

青藏公路沿线风光

青藏铁路——青藏高原上最长的"哈达"

六、高原明珠

海藏咽喉、西海锁钥

西宁是古丝绸之路南路和唐蕃古道的必经之地，素有"海藏咽喉""西海锁钥"之称，是进出西藏的必经道路之一，是进入世界第三极——青藏高原的门户。青海省目前已通车的兰新、青藏、兰青、西成四条铁路，全都汇聚在省会西宁。西宁机场每年客运吞吐量以45%的速度递增，已与全国各主要城市通航。西宁作为连接中原与西藏的重地，与中原的联系更紧密一些，关中乃至中原地区的人力、物力、文化影响力，都是经由西宁及河湟地区，源源不断地输往西藏。

西宁火车站

对于青海省而言，西宁的位置很偏，却是本省地理条件最好的地方。青海省面积达72.23万平方千米，全国排名第四，仅次于新疆、西藏、内蒙古。历史上开发最早的河湟地区，面积只占全省的不到5%，而人口超过了80%。不仅如此，西宁在经济上也是青海省的绝对重心。2022年青海省总人口595万，国内生产总值3610亿元，而西宁人口245万，国内生产总值1644亿元，分别占全省的41.2%和45.5%，这个比重超过直辖市以外的任何一个省级行政区。

文化多元、海纳百川

西宁地处河湟地区，是青藏高原、黄土高原和蒙古高原的交会地带，在2000多年的历史发展中，一直处于汉文化的边缘地带，大多数情况下是汉、羌、鲜卑、藏、蒙古、回等各族的竞逐之地。西宁佛教、伊斯兰教、道教、基督教、天主教五大宗教并存，其中藏传佛教与伊斯兰教影响最为深远。

中国夏都、高原美食

西宁市区海拔2261米，平均年降水量380毫米，气候适宜、四季舒适，冬无严寒、夏无酷暑，夏季的平均气温只有17℃～19℃，晚上不需要开空调，还得盖被子，是著名的避暑胜地，被称为"中国夏都"。西宁为高原古城，多民族会集地，市内宗教历史文化浓厚，遗迹、寺庙较多，民族风情弥漫着整个城市，独特的高原地貌和气候形成了令人难忘的自然风光。市内的东关清真大寺、青海省博物馆、北禅寺，市外的青海湖、塔尔寺、丹噶尔古城、日月山都值得一去。

草原饮食习惯对西宁百姓多有影响。自秦汉以来，随着汉族移民进入河湟地区，中原饮食文化传入西宁、陕西、甘肃的面食文化传入西宁，与当地的回族、藏族的饮食习惯互相融合，呈现出鲜明的地域和民族特色。西宁著名的小吃有手抓羊肉、尕面片、酿皮、牦牛汤、老酸奶等，人们可以尽情品味河湟美食、高原美味。

经济腾飞、丝路枢纽

西宁是青海省的省会城市，是青藏高原第一大城市，背靠青藏高原丰富的高原动植物资源、天然矿产资源和水电资源，立足于资源综合利用和产业链延伸，培育和发展特色优势产业，打造互相协作的产业集群，经济快速发展，民生日益改善，生态持续向好，已经成为丝绸之路经济带上的重要节点城市。

塔尔寺

塔尔寺的佛像

西宁南川工业园区的光伏组件车间

绿色西宁、光伏高地

西宁不仅水资源丰富，太阳能资源也得天独厚，是发展新能源产业的理想之地，因为海拔高、紫外线辐射强，西宁成为光热资源最丰富的地区之一。围绕推进绿色能源示范省和建设绿色发展样板城市发展目标，西宁市有效拓展光伏光热发电应用，培育了一批具有创新优势和市场竞争力的光伏光热产品制造、系统集成和运营服务骨干企业，产品技术和研发能力位居全国前列，形成了相当完整的工业产业链条，成为光伏产业链发展的"小高地"。

第二节
湟水造就西宁

在祁连山南麓，青海省东部，黄河的支流湟水在此蜿蜒流过。湟水是黄河上游的关键支流，发源于青海省海晏县包呼图山，流经青海省大通一达坂山与拉脊山之间的纵谷，为羽状水系，青海省内全长349千米，流域面积3200多平方千米。湟水流经的河湟谷地是青海农业、人口、经济最集中的地区。青海省

西宁湟水国家湿地公园

的面积有72万平方千米，湟水河谷只占很小一部分，却养育了青海省约60%的人口、半数的耕地以及绝大部分工业企业。

青藏高原东坡青甘交界处，祁连山南坡，岷山北峦余脉，湟水河谷和黄河河谷构成了青藏高原之上唯一的低海拔河谷平原。相比黄河河谷的沟深水急，湟水作为黄河北岸的支流，则更加适合农业生产。

从西汉开始，中央政权在青海的开发史，便是沿着湟水向上游一路行进。湟水河谷海拔

鸟瞰西宁地区：群山连绵，沟壑纵横

在2000米左右，不仅适合农业生产，而且是青藏高原自古代藏羌地向东进入陇西、关中平原的不二通道。湟水发源于祁连山南坡，而向北沿大通河，则可以翻越祁连山分水岭，向北进入祁连山北坡，到达河西走廊的中部重镇张掖。若占据湟水谷地，向北则可以直插河西走廊中部，截断河西走廊商路。向西，沿湟水河谷翻越祁连山余脉的日月山分水岭，西部便是传统的藏族地区。

可以说，整个湟水河谷便处于东西连接青藏与内地的历史通道，北上出奇兵可占据河西走廊的十字架战略位置。早在西汉时期，汉武帝为了从匈奴人手中夺回河西走廊，便先占据湟水河谷，切断在此生息的小月氏人与河西走廊的匈奴人的联系，一举拿下河西走廊。

东晋南北朝时期，能够在河西走廊割据的政权，几乎都同时占据湟水河谷。尤其是十六国中的南凉政权，直接定都湟水河谷的乐都。直到今天，连接新疆到兰州的高铁穿越河西走廊后，便是在张掖翻越祁连山进入湟水河谷，然后再经过西宁，东下到达兰州。

正是看中了湟水河谷的水草丰美，可农可牧，吐谷浑人在西迁到湟水河谷以后，以湟水河谷为据点，在青海湖西岸建立了都城，成为吐蕃之前与中央王朝抗衡多年的强敌。当年，文成公主便是沿湟水河谷西行，翻越日月山，经行玉树，一路抵达西藏。湟水河谷不仅成为吐蕃等少数民族地方政权与关中平原联系的要津、茶马古道交易的市场，还成为中央政权防御吐蕃等边患的最后防线。

文成公主当年翻越的日月山，不仅是湟水（黄河）与青海湖水系的分水岭，还是中国气候的分水岭，畜牧业和农业的分水岭。日月山东峦，湟水河谷的上源，曾经是吐蕃和唐王朝争夺的最后防线。吐蕃在此修建石堡城。唐朝当年的大将哥舒翰便曾经在此与吐蕃作战多年。唐诗"北斗七星高，哥舒夜带刀。至今窥牧马，不敢过临洮"，描绘的便是当年吐蕃强盛时，东下占据湟水河谷，以洮水下游河谷为界的场景。

云南金沙江上游、四川西康大渡河以及青海湟水河谷是西藏与中原文化交融的三大通道。相较而言，东部的湟水河谷，显然离当时的中央政权所在地关中平原长安最近、最便捷。

当年，从洮水和黄河的交汇处，扼守河西走廊进入关中平原要道的险关兰州，沿黄河河谷西行，便可达到湟水河谷。某种程度上，湟水河谷曾经一度是藏文化与中原文化交融的东部中心。

正是有了富饶的湟水河谷为中心和依托，唐代中期吐蕃强盛时，不仅占据了河西走廊和

青海湖日月山，唐文成公主进藏纪念地

宁夏河套地区，甚至一度势力范围抵达陇山、六盘山，向东威胁到关中平原和长安，成为继匈奴、突厥之后，中原王朝最大的抗衡者。

湟水河谷海拔2000米，其支流亹源河所在的祁连山南坡自古是亹源马（古称"龙驹"）等优质战马的产地。湟水河谷的名马以及洮水上游的临洮马，成为明代战马的主要产区，明清均在此设立茶马司和皮毛交易的榷场。

湟水作为西宁、海东等青海主要城市的母亲河，湟水河谷自古以来的战略交通位置，以及富饶的农业河谷平原，再加之近在咫尺的青海湖（中国最大的咸水湖）的湖盐，使得湟水河谷不仅历史上便是割据政权的中心以及边防要地，直到今天依然是青海省主要的城市群和人口的主要聚集地。

第三节
古城现代化

一、西决生死，东决繁华

1935年，我国著名地理学家胡焕庸先生发现一条区分中国东、西部人口差异的分界线，这条线后来被称为"胡焕庸线"。这条人口分界线提出以后，专家学者很快发现胡焕庸线不仅是一条人口分界线，还是一条地形气候分界线、森林草原分界线、游牧农耕分界线。新中国成立以后，围绕这条线实施过建设兵团垦荒戍边、支援大西北、三线建设、西部大开发等一系列战略举措。这条线不仅仅是经济发展的分界线，还成为路网分界线、教育资源分界线和旅游资源分界线。

截至2023年，中国人口1000万以上的城市，年国内生产总值1万亿以上的城市，均集中在东部地区。虽然东部是繁华富庶之地，但是真正决定中国国家战略安全的是西部。中国传统上是一个内陆国家，从自然生态资源的战略价值、国家的地理与军事安全、国家的精神内核方面而言，西部是中国的生死线，东决繁华，西决生死。

西部是中国战略安全最大的屏障。西部山系纵横，东有横断诸山，南有喜马拉雅山，西有昆仑山，中有祁连山，北有阿尔泰山、天山，这将中国与南亚、中亚天然隔绝。历史上，西部是中原的屏障，东西线是中国的生死线。唐之前的千年中，强大政权多定都长安，借河西走廊控制西域，西域从无强势政权崛起，汉代的西域各国都是小国，不足以与中原政权抗衡。汉代因重视经营河湟地区而开拓了大西北辽阔的疆域，唐代因吐蕃占领河湟地区，形成对唐的军事威胁，吐蕃甚至攻克长安。

隋唐以后，人口增长过快，关中地区资源无法满足人口需要，黄河中上游过度开发，生态资源遭到破坏，战争频繁等原因，导致中国的政治经济中心东移，东西部的差距越来越大。

汉唐盛世，中原王朝通过西域与中亚和欧洲来往，扬威于天下。安史之乱以后，经济中心东移，逐渐失去了西部这个最重要的屏障，失去了战略空间。

俯瞰西宁市郊

西宁东连内地，西接新疆，南连青藏高原、四川盆地，处于地缘过渡带，战略地位极为重要。西宁同时是主体传统文化与多元民族文化的过渡带，对于稳定中国边疆民族结构，保持国家统一与团结至关重要。西宁是丝绸之路南线和唐蕃古道的交会点、青藏高原的门户，因此要实现国家的稳定与长治久安，复兴陆上丝绸之路，扩大对外开放，西宁就处于向西开放的战略核心位置。

要使西宁等西部地区经济不断发展，就要发展当地具有比较优势的产业，比如农业、旅游、自然资源以及基于资源的本地有优势的现代制造业，依托青藏高原独特的动植物优势资源，大力发展藏毯、藏药、生物医药等传统特色产业以及文旅产业、光伏制造、锂电储能、特色化工和合金新材料等新兴产业。

政府在财政资金的预算和使用中，应减少投入本地没有竞争优势、生产效能低下的产业，增加对公共服务和基础设施的投入，为欠发达地区提供教育、医疗等公共服务，这有利于民族地区的和谐稳定，有利于生态环境保护与可持续发展，有利于西部地区的长治久安。

对于西宁的发展，应该追求国家的统一、生态环境的保护、经济效率的提高以及区域之间的平衡发展。例如产业投资要考虑环境保护、人口基数、投资效益等问题，避免大规模建设产业园区和文旅设施。因为西部地区的生态环境脆弱，经济基础薄弱，过度进行产业园区与文旅资源开发不仅造成大量地方债务，而且因财政收入有限，长此以往将影响区域稳定。

考虑西宁的发展问题时，首先应该站在国家统一的高度，将西宁当作引领青藏高原与大西北发展的增长极。作为青藏高原的门户、"海藏咽喉"，西宁的和谐稳定直接影响着青藏高原的长治久安，这是我们经略西宁的核心宗旨。

二、以河为脉，横贯东西

古往今来，黄河滋养着沿岸的土地和城市，它们见证了王朝的兴衰，传承了文明的薪火。现如今，面对区域经济发展的东西差距、南北差距，黄河沿线城市应该充分找准定位，深度融合，以河为脉，联动发展。

甘肃玛曲与青海久治交界处黄河蜿蜒奔流

2021年，《黄河流域生态保护和高质量发展规划纲要》发布，相较于长江经济带，国家对黄河流域的规划其实更倾向于安全稳定、环境保护和水土保持。对于西宁来说，应当从以下几个维度做好工作：

　　一是加强与兰州的深度合作。作为省会城市，西宁和兰州相距很近，从历史上讲，自汉代到近代，西宁和兰州同属于一个行政区划，两地有相似的民族、宗教和文化。兰西高速、兰西高铁贯通以后，驾车3小时、高铁1小时就可以跨越两个城市，2022年兰州国内生产总值3343.5亿元，西宁国内生产总值1644.35亿元，两个城市加起来年国内生产总值5000多亿元。如何实现联动发展，不能空谈城市群的概念，而是应该在农牧业深加工与文化旅游领域交流合作，全面提升产业链、供应链现代化水平，打造黄河上游地区的经济发展增长极。

青海海东黄河段

青海玉树三江源国家公园美景

　　二是打造青藏高原经济增长极。西宁是青藏高原第一城，西宁所处的河湟谷地是中原通向青藏高原腹地的咽喉。西宁有青藏铁路和青藏公路两条运输动脉，工业门类齐全，初步具备承南启北、连东接藏的能力，可打造为青藏高原资源开发的前沿基地和农牧产品加工中心。

三、生态第一，文旅融合

　　青藏高原被誉为"世界屋脊""地球第三极"，在我国、亚洲乃至全球的水安全、生态安全、气候安全和环境安全中发挥着重要作用，生态保护地位极其特殊。保护好青藏高原生态，是对中华民族永续发展的巨大贡献，也是对全球生态环境保护的贡献。

　　西宁是黄河上游第一座人口百万以上的大城市，坐落于湟水中游河谷盆地，南连河套，西接青海，北倚祁连，是"三江之源"和"中华水塔"，是国家安全屏障建设的服务基地和大后方。相比经济建设，西宁更重要的是要保护环境，发展本地有竞争力的产业；同时不是要吸引人口流入，而是要鼓励更多人口迁出；避免招引破坏生态环境的企业，要积极支持高

青海湖风光

西宁青海湖二郎剑景区的蓝天白云

原特色藏药和农牧业深加工的产业，避免粗放式发展，走向集约化发展道路。

2024年1月1日，《西宁市生态环境保护条例》颁布施行。其既注重对上位法的补充和细化，充分体现可操作性，又注重西宁实际，聚焦解决实际问题，为全市生态环境保护制度化、规范化、法治化提供重要依据。该《条例》明确乡（镇）人民政府、街道办事处以及网格员的职责，规定单位和个人保护生态环境的权利和义务，建立"三线一清单"管控体系，细化生态环境损害赔偿制度，规范生态环境监测机构行为。由此看来，西宁市对生态环境保护工作的高度重视。

对于黄河上游城市，应该以生态环境保护和地区稳定作为主要目标，避免西部地区继续盲目建设工业园区，招引污染较大的工业企业。

西宁市文旅资源富集，塔尔寺、青海湖、日月山都是全国闻名的景点；地理位置优越，位于丝绸之路南线与唐蕃古道的交会处，又是黄河沿岸第一座城市。因此，西宁有着无可比拟的文旅产业发展优势。在当下，应从三个方面重点打造文旅产业基地：

一是打造中国西部旅游集散中心。西宁应该借助位于新疆、甘肃、青海等地区旅游线路节点的区域优势，通过酒店民宿产业升级、特色美食街区打造、历史民俗文化探寻以及交通出行的更新迭代，让西宁成为中国西部旅游集散中心、西部旅游的首选城市。

二是打造青藏高原特色旅游服务基地。西宁是青藏高原的门户，游客到青海、西藏旅行一般首站都选在西宁；西宁是青海省的省会城市，住宿、餐饮和交通配套设施最为齐全。因此，西宁打造青藏高原特色旅游服务基地，具有得天独厚的优势。

三是打造黄河文旅带第一城。西宁是黄河沿岸第一座省会城市和人口过100万的城市。近年来，建设黄河文旅带的呼声越来越高，国家"十四五"规划重点强调建设黄河文化旅游带。如何通过深入研究黄河文化，推广黄河文旅带概念，突出西宁黄河文旅带第一城的价值，将成为西宁文旅建设的突破点。

2023年7月"东方甄选"甘肃之行，网红主播们从兰州出发，沿着河西走廊走访武威、张掖、嘉峪关、酒泉等地文旅景区，开展旅游直播、文化讲解和特产带货，强势提升甘肃文旅的影响力和知名度。作为毗邻城市的西宁，应该学习和借鉴甘肃省的先进经验，借助互联网平台的载体，在"引流"和"吸粉"上下足功夫，不断提升西宁文旅的知名度和影响力，实现文旅产业新的突破。

西宁湟源，工作人员在绣制丹噶尔皮绣作品

西宁丰富多彩的皮绣手工制品

第二章

黄河上游金城——兰州

兰州地处我国西北黄土高原、青藏高原、内蒙古高原交会处，约略位居中国版图的中心，故有『陆都』之称。山原环抱，九曲黄河穿城而过，加之宜人的温带大陆性气候，与周围地区相比，兰州毫无疑问是地理条件优越的所在。自秦汉以来，沿岸的众多渡口，就将大西北与中原地区紧密相连，因此兰州一直是中原政权开拓西北、经营西北的军事政治重镇。从『隔绝羌戎』的边镇到控驭西北的政治、军事、经济、文化中心，兰州逐步成长为西部大地上举足轻重的城市。『两山夹一河』的特殊地理特征造就了兰州『控河为险、依山为屏』的城市形态，白塔、黄河桥、筏子、五泉等景观自北向南形成城市的山水人文轴线。在新时代背景下，兰州势必会抓住契机，实现跨越式发展。

航拍兰州西固区黄河交通枢纽

兰州水墨丹霞地貌

第一节
城市兴起

　　兰州城市的兴起首先是由优越的地理位置决定的，同时，民族关系、中西交通等因素，也对兰州城市的发展起了一定的促进作用。

一、群山环抱黄河谷

　　兰州基本位于祖国的几何中心、黄河上游的小盆地，周围群山环抱，黄河横穿其中，地理形势十分险要。它的南面是海拔2159米的皋兰山，西南郭外是皋兰山的西支龙尾山，东南是皋兰山的东支长台山，向南延伸与红山、天马、凤凰诸山相接。高大的皋兰山东西环拱兰州，延袤10余千米；北面是海拔2067米的九州台，位于黄河北岸。两山南北对峙。高山的外围，青藏高原、黄土高原、内蒙古高原分别从西南、北、东三面环绕。

　　皋兰山的南侧，属于祁连山的延伸部分，山势高峻，气候阴冷潮湿，有峰青峦秀、林木葳蕤、谷幽泉鸣、芳草萋萋的连城林场、奖俊埠林场、马衔山林场、阿干林场和关山林场。西面与之相接壤的乌鞘岭，有"凝素积花"的雪山，雪山脚下就是"天苍苍，野茫茫，风吹草低见牛羊"的坪城松山草原。

　　青藏高原、内蒙古高原和黄土高原与兰州接壤的部分，一般为草原。只有黄土高原植被稀疏，沟壑纵横，另有一番景象。可是，历史上的董志塬、早胜

鸟瞰兰州地形地貌

塬、宫河塬、屯子塬、孟坝塬等，地势平坦，土壤肥沃，是甘肃省的著名粮仓。民间广泛流传的"八百里秦川不如半个董志塬的一个边"，就是有力的证明。

滚滚的黄河横穿盆地流过，以她丰沛的乳汁孕育了兰州。兰州横跨黄河，是黄龙背上的一颗明珠。从地形图上来看，兰州南北两山蜿蜒起伏，犹如两条长龙环拱整个市区，形成了"两山夹一河"的地理面貌。据《水经注》记载，在今兰州盆地注入黄河的较大河流有漓水（今大夏河）、洮水（今洮河）、湟水以及匼河（今大通河）、逆水（庄浪河），诸多河流汇集，使兰州具有"控河为险"的战略地位。同时，这些支流为兰州市的发展提供了宽广的河谷平原，也为工农业生产和人们日常生活提供了丰富的水源。黄河与这些支流在盆地相汇，冲积形成了众多的平原、河滩，如河口平原、西固平原、安宁平原、城关平原和七里河平原、盐场平原等。这五块平原就像五颗珍珠被黄河串缀在一起。兰州市的城关区、七里河区、安宁区、西固区和红古区就坐落在这几块河谷平原上。这几块平原上不仅高楼大厦拔地

兰州黄河段风光

兰州千山万壑的黄土高原风光

而起，工厂林立，大道纵横，而且也是瓜果和蔬菜的主要产地。

兰州盆地周围群山环绕，高原莽莽。东起东岗街道，西至西柳沟，东西长达35千米，南北最宽处西城至沙井驿约8千米，最窄处华林山至金城关不足2千米，形势十分险要。

二、温带大陆性气候

兰州不仅地势险要，而且气候也比较宜人。这里是冬暖夏凉的温带大陆性气候。兰州深居我国的大陆中心，处于东部季风区、西北内陆干旱区和青藏高原高寒区的衔接过渡带上，是我国东部季风区的西部边缘（东部季风区的界线：大兴安岭—阴山—贺兰山—乌鞘岭—巴颜喀喇山—唐古拉山—冈底斯山一线的东南部），夏无酷暑，冬少严寒。就干湿状况而言，兰州处于400毫米至200毫米的降水带（我国400毫米的等降水量线大致沿着大兴安岭—张家口—呼和浩特—兰州—拉萨附近一线）。兰州地区降水量少，变率大，蒸发强，属于大陆性干旱气候。

兰州地区日照比较充分。年平均日照时数为2446.4小时，最大年（1963年）为2940.1小时，最大月（1962年8月）为337.7小时。由于降水少，蒸发旺盛，日照强烈，因而气候偏干旱，湿度较小。

尽管兰州市的气候受到了许多不利因素的影响，但由于地处山间盆地，得天独厚，与周围地区相比，仍是我国西部地区气候条件优越的所在。气候宜人，正是这座历史名城兴起和发展的必备条件。

第二节
从金城到兰州

从西汉的金城郡发展到隋唐的兰州，不只是名称的变更，更是兰州城市兴起发展的必然规律。这是因为兰州地理形势险要，能够成为控制整个大西北的军事重镇。

民国初期的黄河与兰州城　狄化淳摄

一、金城

　　兰州地区，秦以前是羌人和匈奴人活动的地方。秦统一后为陇西郡辖地，秦始皇三十二年（前215），派蒙恬北逐匈奴，秦王朝在兰州地区设置了榆中县，并修筑了长城。西汉武帝时代，由于取得了对匈奴反击战的彻底胜利，打通了河西走廊，兰州地区就在西汉政府的牢固控制之下。汉武帝元狩二年（前121）设置"武威、酒泉郡"；元鼎六年（前111），又"分武威、酒泉地，置张掖、敦煌郡"，这就是历史上著名的河西四郡。西汉昭帝始元六年（前81），"以边塞阔远，取天水、陇西、张掖郡各二县置金城郡"。

甘肃省博物馆馆藏青铜器——战国时期的酒樽

金城郡的治所金城县，据《史记·卫将军骠骑列传》记载："其秋，单于怒浑邪王居西方数为汉所破，亡数万人，以骠骑之兵也。单于怒，欲召诛浑邪王。浑邪王与休屠王等谋欲降汉，使人先要边。是时大行李息将城河上，得浑邪王使，即驰传以闻。"据说李息所筑的城，就是西汉的金城县治，今天兰州市的西固区。关于金城的得名，臣瓒说："称金，取其坚固也，故《墨子》曰'虽金城汤池'。"颜师古又说："瓒说是也。一云，以郡在京师之西，故谓金城。金，西方之行。"因为这里的皋兰山、凤凰山南北拱卫，黄河之水横贯东西，故取"金城汤池，不可攻也"之意而名之；同时，也表明了西汉王朝对于这个地处要津的新城的重视。金城被山带河，形势险要，显示了金城地位的重要性。当时的金城县恰好处于羌戎之间，西控河湟，北扼朔方，"陇右安危，常系此地"。正像北宋穆衍所说的那样，兰州弃则熙州（临洮）危，熙州危则关中震动。因此，金城固若金汤，就成为封建王朝西北安定的关键所在。

甘肃省博物馆馆藏文物——銮铃

金城郡治于金城，就是因为这里"控河为险"，高原群山环绕，具有易守难攻的优点。同时，又能控制通往河湟和河西走廊的两条大道，成为丝绸之路上的咽喉。从国防安全来看，金城郡又起着"隔绝戎羌"的作用，地理位置尤为重要。秦末汉初，匈奴强盛，控制了西羌等许多少数民族，共同侵扰汉朝的西部边境。西羌主要分布于湟水谷地，匈奴主要分布在祁连山—兰州以北的地区。金城郡设立后，控制了河西走廊，切断了匈奴与羌人的联系，"单于失援，由是远遁"，因而才出现了"漠南无王庭"的大好形势。

二、兰州崛起

汉宣帝神爵以后，金城郡治迁至允吾。这是由于武威郡的辖境迫近金城，其北方的防务统归武威郡；加之呼韩邪单于降汉，匈奴对汉朝的威胁已基本解除，金城郡不再承担"隔绝羌戎"的任务，郡治西迁是很自然的事情。金城郡治西迁以后，其主要任务就是开发湟水流

甘肃省博物馆展出的东汉时期的铜奔马

域，安抚和管理西羌事宜。实践证明，金城郡治的西迁符合当时政治、经济发展的形势，推动了湟水流域的开发。

关于允吾的具体位置，一般认为在今青海民和县上川口与下川口之间，或者就是北古城。北古城在湟水以南、黄河以北，与湟水的上川口、下川口相对，恰好呈三角形。允吾对开发湟水流域和控扼河湟相汇地区，无论在地理位置或交通上，都比金城县更为优越。当时，从长安到湟水流域，一般要取道陇西郡（郡治狄道，今临洮），由此向西北行，比由此北行再西行更为便捷。金城郡治允吾正好是长安到湟水流域大道的必经之地，郡治由金城西迁允吾也势在必行。

东汉光武帝建武十二年（36），金城郡治又从允吾迁至陇西郡的襄武（今甘肃省陇西县东南）。这次迁郡，实际上是把金城郡并入陇西郡。《东汉会要》记载："十二年……省金城郡，属陇西。"由于羌人大起义，金城郡治深居羌人活动的中心地区，首当其冲，不得不向内地迁徙。

甘肃省博物馆馆藏文物——东汉铜车马仪仗队

建武十三年（37），东汉政府又重设金城郡县，郡治允吾。到了东汉中叶以后，羌人的反抗斗争更为激烈，安帝永初四年（110），金城郡又迁于陇西襄武。可见，金城郡迁回原地的时间并不很长，终东汉一代，金城郡主要还是侨居他郡的，对河、湟地区的开发建树甚少。曹魏政权控制陇右、河西以后，即以陇右、河西作为对付蜀汉的战略基地，恢复了当地的农业生产。同时，把金城郡治迁至榆中（今兰州市东45千米的黄河南岸），以适应政治斗争的形势。由于东汉献帝建安年间，又分金城郡置西平郡（治西都，今西宁市），金城郡仅领六县，形状犹如一个钝角三角形，范围进一步缩小，郡治迁移，也势在必行。迁至榆中，这同榆中形势险要有密切关系。榆中恰好位于一个马蹄形的盆地之中。东南有龛山，东有兴隆山，西有妻云山，西南有马寒山，只有一面濒临黄河，易守难攻，地势十分险要。加之榆中距蜀汉较近，金城郡迁此，就近指挥，有利于对蜀汉的斗争。实际上，在曹魏与蜀汉的斗争中，金城郡处于前沿阵地，已成为重要的军事重镇。曹魏以金城为基地，迅速平定河西的叛乱势力，使自己在与蜀汉的斗争中处于有利地位。

北魏时，金城郡迁至今榆中县苑川，西魏又把郡治迁至金城县，并改金城县为子城县。西魏灭亡后，北周及隋初金城郡均治此。当时金城郡领有一县，即子城县。隋文帝开皇元年（581）改郡为州，置兰州总管府，并把金城郡治子城县迁至今兰州市城关区。兰州之名始见于此，《元和郡县图志》说"取皋兰山为名"。隋炀帝大业初，废府，又置金城郡，领有二县，即金城、狄道。

唐朝初年，重置兰州，州治五泉县，领五泉、广武二县。五泉县就在今兰州市区，为今兰州市的兴起和发展奠定了根基。唐代以前，尽管金城郡迁徙不定，但最终归宿为兰州盆地，证明兰州盆地有发展大城市的地理基础。

唐王朝复设兰州，就是要把兰州作为经营西域的基地，唐代的丝绸之路必经兰州，正是这种情况的有力证据。安西都护府和北庭都护府建立，管辖西北广大地区，兰州位于国都长安与两都护府间，实际上是唐王朝经营西域的前哨阵地，战略地位十分重要。另外，活动于西藏等地的吐蕃逐渐强大，兰州在防御吐蕃方面也负有特殊的使命。唐代复设兰州，显然是当时政治斗争发展的必然结果。当然，兰州盆地形势险要，位置适中，在支援西域和防御吐蕃方面都能起到非常重要的作用。尽管中唐以后，吐蕃强大，曾一度侵占兰州，但兰州后来又被张议潮收复，仍然是唐王朝西北的军事重镇。

另外，隋唐在今兰州市区设置兰州，也和黄河逐渐北移、今兰州市区的平原不断扩大有密切关系，因为平原广阔，土地资源丰富，是城市兴起和发展的必备条件。唐代以后，兰州城址再未转移，也正好证明兰州地区自然环境优越，隋唐两代为今天的兰州市找到了最佳的地理位置。

三、隋唐后兰州——甘肃省会

隋唐在今兰州市区设立兰州以后，今天的兰州市一直在这里延续发展，再未迁徙。北宋初年，兰州被党项人占有，神宗元丰四年（1081），北宋才收复了兰州，划归熙河路，后隶属秦凤路。从此以后，兰州就成为北宋抗击西夏和防御吐蕃的前沿阵地，驻扎重兵。北宋灭

甘肃省博物馆镇馆之宝——
八思巴文虎符圆牌

亡以后，兰州为金朝所有，仍然是与西夏、吐蕃相抗衡的军事重镇。元灭金以后，兰州隶属于陕西行省巩昌路，下领阿干县。元世祖至元七年（1270），废阿干县并入兰州。

明朝初年，沿用元代行省的建制，明太祖洪武二年（1369）置陕西行中书省，洪武九年（1376）改为布政使司，甘肃隶属于陕西布政使司。兰州曾一度降为兰县，隶属临洮府。洪武十一年（1378）以后，朱元璋为控制要害，"分制海内"，相继分封诸子为藩王。惠帝建文元年（1399），以兰县为肃王治所。宪宗成化十三年（1477），升兰县为兰州，辖金县（今榆中县），归陕西布政使司临洮府管辖。明代藩王统帅军队，有明一代，兰州一直是明王朝控制西北的军事重镇。当时，兰州卫所应该驻兵1098名，实际有马步官军927人，有172人因事常在外。兰州仅仅是一个小所，驻兵如此之多，由此可以想见兰州地位之重要。兰州驻军以防守黄河桥、州城为主要任务，平时操练军马，修理城池，提调各守备官，防御虏寇，增修边防，对出境流民设法巡察，务在擒捕。可见，兰州驻军的任务还是以防守瓦剌势力为主，进一步体现了兰州军事地位的重要性。

清圣祖康熙五年（1666），设立甘肃行省，与陕西分治，甘肃布政使司移驻兰州。清高宗乾隆三年（1738），移临洮府治于兰州，改称兰州府，并置皋兰县为兰州府治。兰州府领二州四县，即狄道州、河州二州，皋兰、金县、渭源、靖远四县。乾隆二十四年（1759），陕甘总督由西安移驻兰州。乾隆二十九年（1764），陕甘总督又督领甘肃巡抚，成为统治西北的封疆大吏。兰州从一个小小的县治一跃而成为西北地区政治、军事中心，担负起守卫西北地区的重任。兰州位置适中，山川形势险要，交通大道必经，有发展成为西北政治、军事中心的一切必备条件。

总而言之，兰州位于亚欧大陆的腹地和我国领土的几何中心，自古以来就是中原与西域等进行经济文化交流的必经之地，军事上兵家必争势所必然。我国古代的经济重心在黄河中下游地区，早在秦汉之前，这里就与中亚和西方有经济和文化联系。西汉王朝为了政治、经济和军事上的需要，开通了自长安经河西走廊、新疆至中亚、欧洲的贸易交通线，即丝绸之路。兰州周围高原、群山环绕，黄河穿流其中，形势十分险要，不仅能保护关中一带的安全和护卫丝绸之路的畅通，而且是经营大西北的主要基地。因此，早在西汉时代，兰州就同敦煌、武威一起，被视为丝绸之路上的门户和军事要地，与河西四镇齐名。

兰州不仅因丝绸之路而有发达的商品交换，而且地处草原游牧区与农业区的交界地带，自唐以来，就成为地区茶马贸易的中心。兰州是联系河东、河西的重要渡口之一，是控制青海、宁夏、内蒙古、新疆的咽喉之地，加之又有发达的灌溉农业，兰州遂成为西北地区货物集散的中心。尽管自唐宋以后丝绸之路逐渐衰落，但是，茶马贸易依旧兴旺繁荣。因而，兰州后来居上，终于发展成为西北地区的重要城市。

第三节
控河为险，依山为屏

　　兰州筑城始于西汉初期，据《史记·骠骑将军列传》记载，汉武帝元狩二年（前121），霍去病奉命出征匈奴，是年秋，在返回长安途中，"大行李息将城河上"，即由负责礼宾的军官李息主持，在黄河之畔筑了一座城，此城就是后来的金城。地点在黄河南岸的西固城附近，是西汉在兰州一带修筑的第一个要塞。此时，金城郡是一个依托优越的自然地理背景而发展起来的军事重镇，是西汉经略西域重要通道上的要塞，同时也是隔绝北面匈奴和西南面羌人的屏障所在。西汉在设置金城的同时，也不断打通从金城通往四周的交通路线。金城在此时形成的交通网络、确定的城址，为日后兰州的发展奠定了基础。从陆路交通而言，以金城为中心沿河谷主要开辟了四条交通线，形成了较为完备的陆路交通网，其中有的道路还与今天的交通线相重合。从渡口而言，西汉时期最主要的渡口为石城津渡口（金城渡口），位于汉金城县北，今兰州市西固区河口镇，地处庄浪河注入黄河处。西汉时期，黄河的古河道（位于今兰州城关区所在的金城盆地）还是河道及河心滩广布的地方，不宜建城。而西固盆地有一定的发展空间，这就确定了兰州发展的初始位置和范围。在此后较长的时间，金城盆地处的河道逐渐北移，从而促使了城址位置和范围的变化。

航拍兰州市河口古镇

　　隋文帝开皇三年（583），在今城关区南侧构筑五泉县县城，城址大约在今皋兰山麓北侧和鼓楼巷之间。隋文帝开皇年间（581—600），置兰州总管府，在兰山以北偏西的黄河南岸建府城。隋炀帝大业元年（605），废兰州总管府。隋炀帝大业三年（607），复置兰州总管府及金城郡，金城县制，郡治金城。

　　隋唐时代兰州的行政区划有较大变动，兰州的省废，是政治军事斗争发展的结果。兰州位于西域安西、北庭两都护府和长安之间，西南面临近吐蕃，可作为唐代经营西域和防御吐蕃的基地。唐代兰州城址选择的重要地理基础在于黄河河道北移。西魏时，黄河南岸平川逐步扩大，滩地不断和南岸地面相连接，逐渐形成金城盆地，具备了设县的土地资源。随着金城盆地的形成，位于今城关中山桥北岸1000米范围内的金城关渡口出现并日显重要。金城关城市聚落于6世纪取代西固盆地成为整个兰州盆地的主要城市聚落。

　　唐朝时，五泉县虽几易其名，城址却一直未变，城北仍为古黄河河道。从史料记载来看，城区规模很小，东西长600余步，南北宽300余步。因系唐代所建，故名"唐城"，俗称

"唐堡"。唐城修筑得非常坚固，所以使用时间很长。据《新唐书·吐蕃传》说，唐穆宗长庆元年（821），刘元鼎途经兰州前往拉萨和吐蕃会盟时，还看到"故时城郭未隳"。

北宋时，兰州是北宋抗击西夏和防御吐蕃的前沿阵地，受到了宋、西夏长期的争夺，继续延续西汉以来军事重镇的地位，加之河道继续北移，城池离黄河越来越远，给防守带来很大困难，兰州的城址再次有了变化。北宋时黄河河道北移，已基本与今日之河道重合，这说明河道于此时定型。北宋从西夏手中夺回兰州后，宋神宗元丰四年（1081），于隋城旧址上重修兰州城。为把守渡口，元丰六年（1083）三月废唐代旧城，在河边筑新城以守渡口，诏令兰州"展筑北城"。又因金城关渡口离兰州古城较远，于是宋在今金城关对岸另建成一新城，废弃了古兰州城。位于唐代五泉县县城北面的黄河南岸滨河新城就是这时修筑的，城址大约在今市区北部中山桥南端偏西的黄河南岸。《元一统志》载："石龟城在兰州城北河畔。"其石呈红色，穹窿如龟盖，伏城垣下，故名"石龟城"。命名者借助仿生象物的营造意象，试图达到城市防洪的目的。北城建成之后，南城即废弃。

明太祖洪武十年（1377），"指挥同知王得增筑城墙"，使宋代所建的内城（即子城）呈东西略长的矩形。这就是最早修筑的兰州城。当时为军事设防的需要，在城墙东、南、西三面各开挖深沟，灌满水，叫作"护城河（壕）"。架设吊桥于"护城河"之上，遇有军情发生，必须验明证件，方可放吊桥入城。

明宣宗宣德年间（1426—1435），由金事卜谦、指挥戴旺在内城的东、西、南三面增筑外郭（即外城，俗称"东关"、"南关"和"西关"），自此兰州城初具规模。明英宗正统十年（1445），指挥金事李进重修郭门及镇远桥门。正统十二年（1447），又增筑承恩门外郭，自东南至西北"凡九百九十七丈有奇"。因在修筑时间上较东、南、西三关较晚，故命名"新关"。明孝宗弘治十年（1497），都指挥梁瑄修筑东关外城，并将郭门由原来的5个增加到9个。由于外郭面积大于内城，所以兰州素有"关比城大"之说。

明世宗嘉靖二十一年（1542），兵备副使朱梳对兰州城墙进行修葺，并将护城河加宽加深。明神宗万历八年（1580），兵备副使李尧德修葺北城墙，将原来的"砖石城堞，俱易为砖"。经过几次修筑和增筑，兰州城郭的规模基本定型。

清高宗乾隆三年（1738），甘肃巡抚元展成奏准清廷，将甘肃政治中心由狄道（今甘肃省临洮县）迁至兰州，改为兰州府，并始置皋兰县以为府治（原址在今兰州市城关区永昌路百

1874—1875年的兰州城墙、水车和黄河　鲍耶尔斯基摄

民国初年，水车、黄河以及兰州城墙　狄化淳摄

货大楼后百货市场，今武都路中西段，当时叫县门街）。元展成再次对兰州城"募民修葺"。此时适逢连年大旱，灾民流离失所，元展成便用"以工代赈"的办法进行修葺。这次修葺，将东、南、西三面城墙"甃以砖"（在原筑土墙外以砖包砌，俗称"砖包城"），又在濒临黄河的北城墙，用巨石条砌衬，"筑石堤里许"，以防水患，保护河岸。这是自明代兰州建城后规模最大的一次修葺工程。

清宣宗道光十三年（1833），陕甘总督杨遇春重修金城，并改内城、外郭城门名称。清穆宗同治元年（1862），护理陕甘总督恩麟在内城城门之外增筑瓮城（俗称瓮城子）。清同治年间，分别于1863年和1867年对"护城河"进行了浚修。今兰州市城关区东、西、南城的地名由来，就是因清朝开壕注水、防敌入侵的旧"护城河"的遗址而得名。

兰州城（郭）经明清两代多次扩建修葺，东、西、南三面皆展筑三四里不等的"关"，唯独北城墙濒临黄河，无地扩展，在城墙根只有一条仅容一辆大车通行的便道。因此，旧兰州城有东、西、南三"关"，而独无北关。

从明初到清末的400多年间，兰州城郭基本维持原状，没有太大的扩展。原兰州城的北门、东门、西门、南门及桥门均建有城楼，其中北门楼最古，南门居城郭中心，最为雄伟。"万里金汤"四个大字的巨幅匾额悬挂于雄伟壮观的南门楼上，堪与城郭山川相应。兰州城的这一规模，一直延至1949年8月26日兰州解放。新中国成立后，为了适应城市建设的需要，兰州城墙、城楼逐渐被拆除，城郭（关）墙，只有在今顺城巷北遗存一段。

西汉至明清，在自然地理背景和历史人文环境的综合作用下，兰州陆路交通和渡口、桥梁等水陆交通、城址位置范围发生了一系列变化。西汉开发西固盆地及陆路交通，城市初具规模；隋唐经营金城盆地，城市逐渐兴盛；北宋向北筑城，拓展了发展空间；明清时期，兰州政治地位下降，经济地位上升，城池经多次展筑后最终形成。

河谷盆地地形为兰州城市的发展提供了城市地域形状的基础背景。兰州所处的是黄河及湟水、洮水、大通河等河流的交汇之地，这些河流冲积而成的城关平原、七里河平原、西固平原及盐场平原，被横穿盆地而过的黄河连结在了一起，为兰州城市的发展提供了广阔的河谷平原。自建城开始，历代兰州城市无一例外都是在这一河谷平原区域中发展变迁，随着城市空间的不断扩张，兰州城逐渐拓展至与自然地形高度匹配。这种城市地域形状发展与河谷盆地制约在空间上所显现的一致性，使得兰州发展成为一个具有地形封闭、向外拓展困难的

俯瞰兰州地区的梯田

典型盆地式封闭型河谷城市。另一方面，自然山水空间格局成为不同时期兰州城市空间形态格局特色形成的基础。受自然山水格局中"大山""大河"空间要素的制约与影响，地处陇中皋兰山北麓的兰州在其城市空间以"黄河为轴，南北两山为界"的发展变迁过程中，形成了与山水要素紧密结合的城市空间形态格局。

第四节
山水人文景观

黄河对于古代兰州的城市形态产生了重大的影响，包括众多支流都是兰州城址变迁的重要因素。在历史上，兰州城址经过多次变迁，最终河道两侧成为聚落发展的核心区域，主要是为了满足军事防御和交通需要。同时兰州位于甘肃省域中部，是黄河、洮河、大夏河、庄浪河等主要河流汇聚之地，这些河流形成的河谷成为重要的城市对外交通要道和连接中原的咽喉要道。因为自身所处的地形优势既满足了军事防御，又是重要的交通咽喉，所以在漫长的历史长河中，兰州虽经过多次变迁，但始终都没脱离原有的城市格局，即南部皋兰山（五泉山）、北部白塔山、中部黄河穿城而过的这种"两山夹一河"的城市自然格局。

"两山夹一河"的城市形态构成了古代兰州主要的城市空间格局，黄河南北部的山脉为兰州古城提供了生态和景观屏障，白塔山、五泉山等与黄河共同构成古代兰州特有的景观。

一、白塔层峦

白塔山位于兰州市城关区黄河北岸，正对黄河铁桥，海拔1700多米，有拱抱金城之雄姿，为兰州北面的天然屏障。此山东接王保保城，西至拱北沟，南

［清］马五《金城揽胜图》

金城攬勝圖

二十年前
感舊游
夜復有
夢到蘭州
五泉頂
上重題内
偕明山靄
許我不
東巫廿謹
農郭出岡
索題漫成
一詩東廛
郭白迴憶
肯游不勝今
暗三感也
兑緒内午
夏四月
紫琅戇升識

兰州"两山夹一河"风貌

临黄河，北依马头山，占地面积约150万平方米。

山高坡陡的白塔山层峦上，坐落着一组组明清古建筑，其中最著名的要数白塔。白塔始建于元代。据史料记载，成吉思汗为了和平统一青藏高原，曾致信吐蕃乌斯藏区的萨迦派法王，希望通过会谈，和平统一青藏高原。萨迦派法王遂派一著名的喇嘛前往蒙古拜见成吉思汗，喇嘛走到兰州就不幸病逝。为了纪念这位喇嘛，就在山巅建佛塔一座。佛塔在阳光下洁白晶莹如雪，白塔山遂因此而得名，并成为当时的宗教重镇。

原塔在明代时倾圮，现存白塔是明景泰年间（1450—1457）镇守甘肃的内监刘永成重建。重修后的白塔八面七级，实心，通高17米，形制奇特，由塔基、须弥座覆钵塔身、楼阁塔身、塔刹等几部分组成，塔尖有绿顶，塔底立于圆基。白塔为砖石结构，具有喇嘛塔与密檐相结合的形式。最底层为八角形束腰须弥座，上为覆钵，覆钵之上又有一层束腰座，再上为密檐七层。四面开龛，龛内有小佛像。塔顶加宝瓶镶火珠。每层檐角挂铃铛，共56个，微风吹过，清脆动听。塔上还有塔刹、宝珠。全塔形体玲珑高峻，显示了我国古代建筑工程的高超技巧。明代时，白塔山已成为陇上胜境，时人常登高望远。清圣祖康熙五十四年（1715），甘肃巡抚绰奇"增其旧而新是图，更于塔院西创梵刹一座，而以'慈恩'颜其寺额"。"慈恩"一名几乎为一般人所不知，群众仍沿用旧名叫白塔寺。

二、镇远浮桥与中山铁桥

据史书记载，宋神宗元丰四年（1081），李宪收复兰州，宋军与西夏军隔黄河对峙。宋哲宗绍圣四年（1097），宋将钟传率步兵出其不意，用短短6天时间，搭建黄河浮桥，收复河北，并于桥北岸筑金城关。明太祖洪武五年（1372），宋国公冯胜奉命征伐河西残元势力，为了"济师"，派守御指挥金事赵祥在兰州城西的黄河河面上架设了一座简易浮桥，供军队渡过黄河天险，冯胜班师凯旋后遂撤去浮桥。洪武九年（1376），卫国公邓愈在兰县城西（位于今兰州市城关区）建造了一座浮桥，过黄河平定河西走廊及河湟地区，设立了西凉、西宁、庄浪诸卫。这座浮桥保障了军队的往来、粮饷辎重的运输，因此被命名为镇远桥。但是，由于河流湍急，堤坝不固，不能长久，所以到洪武十八年（1385），兰州卫指挥金事杨廉经"询问父老"，又将浮桥改置于"河水少缓""近且易守"的城北白塔山下，也就是现在的中山铁桥处。

据明人徐兰《河桥记》载，杨廉改置浮桥的工程于当年六月开始筹备，翌年二月冰桥解冻后施工。冬季黄河结冰浮桥则拆除，春季则又重搭浮桥，故有"冬有冰桥，夏有浮桥"之说。这种春架冬拆的渡河方式延续了600多年之久。清同治年间，陕甘总督左宗棠奉命督师过陇西征时，就深为黄河中阻所忧烦，曾提议借用外资在兰州建造一座铁桥，但因洋商索价过高而作罢。

直到清德宗光绪三十二年（1906），陕甘总督升允借推行"新政"的有利时机奏请朝廷拨款修建黄河铁桥，委派兰州道甘肃洋务总办彭英甲于同年十月以16.5万两白银的总价承包给德国泰来洋行，由美国桥梁公司设计，德国驻天津泰来洋行经理喀佑斯承包修建，在白塔山下镇远浮桥原址上修建黄河铁桥。中国百余名铁、木、泥技术工匠参与施工。黄河铁桥竣工之后，实际耗资30.6691万两白银。修建铁桥用的构件钢材、水泥及各种器材、机具设备等均在欧美购置，海运到天津，由京奉铁路运到北京丰台火车站，再由京汉铁路运到河南新

兰州白塔山公园

乡，从新乡取道西安，分36批，用马车运到兰州，自光绪三十三年（1907）农历八月起运，次年农历五月止，耗时10个月，途经数省，运回建材150万斤。

该桥于清光绪三十四年（1908）四月十日开工，至宣统元年（1909）七月初四竣工，同年八月验收通车。竣工后的铁桥为橘红色，为使它更为中国化，在桥的南北两岸各建一座三楹牌坊，正面均有升允题额"第一桥"，背面分别题"三边利济""九曲安澜"，概括了建桥的意义。桥建成后，陕甘总督升允还撰写《创建兰州黄河铁桥碑记》立于北岸桥头。桥长250米，宽8.36米，中间车行道6米，两旁各有人行道1.18米。桥面上铺木板砂石，因系偷工减料，九月又由承包商拆除桥面砂石，改铺为较厚木板。全桥5孔，下设45孔，均系钢骨混凝土基础，上为石块砌筑。桥身5段，每段9格，板面边设扶栅，穿廊式钢桁架高5.1米，桥面上为加厚铁托铁桥，铺木板、碎石。南北两岸桥台系水泥、砂浆砌条石，中间四个桥墩为高强快凝水泥砌料石重力式桥墩。铁桥可中驰车马，左右行人，载重8吨，保固期80年。黄河铁桥为黄河上游第一座近代钢架构公路桥，被誉为"天下黄河第一桥"，并与郑州黄河大桥、济南泺口黄河大桥在旧时代称为"黄河三大铁桥"，也是新中国成立前黄河上仅有的三座桥梁之一。抗战时期，兰州为大后方，为保护黄河铁桥，将桥梁的橘红色改为铁灰色。1942年，为纪念孙中山先生，将铁桥改名为"中山桥"。

三、羊皮筏子

兰州有黄河天堑，从城关区桑园峡到红固河湾近100千米之长，滩险峡窄，水流湍急，不易渡过。筏子是新中国成立前兰州至包头顺水运输的重要工具。筏子有木筏、皮筏之分。木筏运载原木和大重量货物，皮筏侧重运载一般货物或作为渡河工具使用。兰州境内主要使用皮筏，从明清开始到民国，由青海经兰州再顺流而下至包头的皮筏运输线基本形成，兰州的皮筏业户发展到二三十户，著名的有林盛奎、马万有、马阁亭等。

皮筏称浑脱、浮囊，分牛皮筏和羊皮筏两类。明代文学家李开生有"不用轻帆并短棹，浑脱飞渡只须臾"句，描绘出了皮筏的轻便灵巧，赞颂了劳动人民的智慧。

羊皮筏以山羊皮制作而成。制作皮筏子，先要制皮胎。宰羊后，去头，去后肢，将其倒挂起来，从臀部剥皮，剥至前肢，将蹄割去，最后剥至颈部，羊皮则被囫囵剥下。然后"熟皮子"，就是把带毛的皮胎浸泡在加硝的水里，待其发酵，取出淋干，持刀将毛刮净，再把皮胎翻过来，刮尽残存肉丝、脂肪，然后脚踩鞣制，使其变软。之后在皮胎内注入适量胡麻油、盐水，使其柔韧而防腐。置烈日下反复暴晒，晒到皮呈红褐色时，皮囊就算制成。再用细绳将颈部、臀部及一只前肢扎死，从另一只前肢充气后，用活扣扎紧。吹气实之，滚圆鼓满，即可使用。用大小木杆数根制成筏排，皮囊分3排，每排4只，置于筏排下。皮筏长4米，宽2米，一至二人用木桨划筏，操作灵便。昔日在兰州城关黄河段常见的是羊皮筏，用作水路短途运输，主要用以摆渡，运输黄河上游的瓜果、蔬菜。

牛皮筏以牛皮制作而成，与羊皮筏制作方法雷同，但不充气，而以羊毛或草等轻软物体，将牛皮囊串联起来，再用大木杆6根做排纲，小木椽40根做排目，然后用扎绳和蚂蟥钉扎牢实，便成筏排。大筏用皮囊128个，小筏用皮囊64个。大筏长25米，宽7米，

游客在兰州标志性建筑——中山桥上自拍

装置木桨6双或7双不等，小筏长宽减半。牛皮筏一般都担负长途水运。其特点是吃水浅，有利于在复杂的河道中航行；不怕触礁，划破一两个牛皮囊，也不影响航行；不用码头，有适当地点就可靠岸；造价低廉，经济实用。

四、五泉飞瀑

五泉山在皋兰山的北坡，位于兰州城南，被誉为"屏山"，因山上有"甘露泉""摸子泉""掬月泉""惠泉""蒙泉"五眼清泉而得名。五泉山地势南高北低，中间两条山谷将山坡分割为三片，主建筑群都建在中间坡地上。山谷的尽头各有数股清流从断崖石缝中泻出，如链如珠，潺潺有声，宛若龙口吐涎，称为龙口。东侧山谷为东龙口，西侧山谷为西龙口。东龙口、西龙口是天然胜景，泉水自岩缝中湍流而出，形成小瀑布，龙口下古树参天，浓郁幽静。其间丘壑起伏，林木葱郁，层楼叠阁，参差错落，更有清泉吐泻，山环水绕，自然清幽。

兰州黄河边上制作羊皮筏子的人

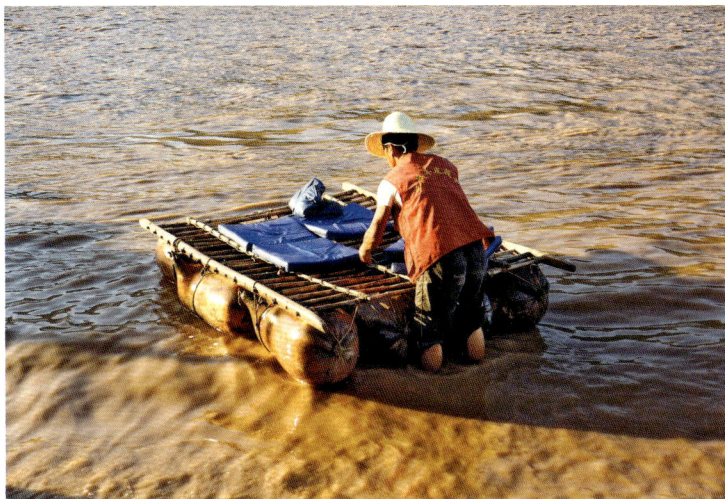

兰州黄河边驾驶筏子的船工

游客乘坐黄河上的羊皮筏子

银装素裹的五泉山

　　山上建有崇庆寺，旧为五泉寺，位于城市南北轴线上。再往南的皋兰山山巅处，修建有三台阁（魁星阁），则是城市轴线之最南端。明清时期邑人通过营建五泉山上的崇庆寺与皋兰山巅处的三台阁，将山脉体系纳入城市中轴线的序列，营造出城市与自然山水融为一体的格局。

　　五泉山紧邻城市，长期以来都是观游胜地，当地文人或在五泉山上品茶，或在山上吟诗作对，留下了大量诗文。明代探花黄谏在其《游五泉山》诗中写道："水结禅林左右连，萧萧古木带寒烟。共夸城外新兰若，自是人间小洞天。"清代诗人宋琬曾写下《寄兰州司马赴紫垣》："城郭皋兰北，衙斋面翠微。雪中千帐驻，树里五泉飞。"

第五节
古城现代化

一、立足"一带一路"，构建枢纽地位

兰州是西北的交通枢纽，区位优势明显。从全国来看，兰州处于中国陆域版图的几何中心，是古"丝绸之路"的交通要塞和商埠重镇，是丝绸之路著名的"茶马互市"，自古就是连接中原和西域的交通要道和东西交流的中转站。兰州具有"座中四连"的地理优势，地据南北之中，为东西咽喉扼塞。兰州作为我国东西合作交流和通往中亚、西亚、中东、欧洲的重要通道，承东启西、连南济北，在连接中国东西部大市场、沟通和促进中西经济文化交流中发挥了重要作用，在国家发展战略中占有重要位置。"一带一路"倡议的核心是在通路、通航的基础上通商，即依托"一带一路"开放通道串联起沿海内陆地区，并逐步与世界接轨，形成对内对外互动、向西向东开放的格局。"一带一路"倡议中，兰州是重要的节点城市，兰州市政府响应国家的政策要求，出台相关政策，借力"丝绸之路经济带"，全力打造新兰州。

第一，推动兰州产业发展，尤其是物流业。随着经济的发展，兰州商品交易量将日益增加，经济的发展对物资集散场所和物流通道等也将提出更高的要求。发展现代物流产业，建设兰州物流中心势在必行。在"一带一路"倡议背景下，物流业会在国家政策支持、资金支持、网络信息技术发展、交通运输、

兰新铁路和黄河大桥

国际交流与合作等方面获得有利的发展条件。兰州市是"丝绸之路经济带"上重要的节点城市，是国家向西开放的门户，扼守南亚地区贸易的重要铁路通道，尤其是"兰州"号南亚班列常态化运行以来，兰州的物流业发展迅速，将会为兰州经济转型发展、甘肃经济发展甚至西北经济助力。

第二，带动区域发展，实现新时代西部大开发。兰州立足自身区位优势，可带动周边区域发展，应致力于把兰州—西宁城市群培育发展为维护西北地区繁荣稳定的重要城市群，从而带动整个西北地区经济文化长足发展。加快推进兰西城市群建设，依托国家区域政策，紧抓黄河流域生态保护和高质量发展、新时代西部大开发、西部陆海新通道、"一带一路"倡议、乡村振兴战略等机遇，充分发挥沟通西南西北交通枢纽的优势，打造兰州—西宁全国性综合开放门户，促进城市群产业结构优化升级，强化城市间的空间联系，提升城市群内外区域通

2016年9月22日，兰州北环路工程全线建成通车，缓解了过境车辆对兰州市区的交通压力

达性，加快推动区域要素流动，提升市场一体化进程。聚焦绿色发展，完善在开发中保护和在保护中开发的政策和机制，全面融入生态文明理念，保障城市群可持续发展。

二、依靠丝路黄河，历史生态并重

兰州位于青藏高原、内蒙古高原、黄土高原交会地带，地居南北之中，东西扼塞之处。黄河横穿境内，地势沿河起伏。悠久的历史、绚丽的文化，形成了集民族文化、黄河文化、丝路文化于一身的兰州历史文化。这种文化不仅奠定了兰州淳厚朴实的文化基质，而且影响着一代代兰州人的物质和精神生活。

兰州文化是民族文化，是自古以来多民族文化相互碰撞、相互交往、相互沟通的历史沉淀，是中华民族文化中不可或缺的一部分，具有绚丽多彩的民族文化特色。各民族交往交流交融，成为兰州文化丰富多彩的历史底色。

兰州铁路口岸

兰州文化是黄河文化，早在四五千年前，兰州先民就依河而居，筚路蓝缕，耕牧渔猎，筑屋制陶，创造了灿烂的马家窑文化。自此，兰州文化就具备了"海纳百川，有容乃大"的博大胸襟，形成了一种不屈不挠、勇往直前的不懈精神，产生了一种尊重自然、呵护环境，追求"天人合一"的文明意识。

兰州文化是丝路文化，作为自古以来丝绸之路上的重要商埠重镇，兰州文化不仅起着沟通东方和西方、边陲和中原的作用，而且通过漫长岁月的历史延续，不断丰富着东方和西方的物质生活和精神世界，并进而形成了心态开放、气度恢宏、学习吸纳、增损消化的丝路文化。

具体的做法是构建兰州全域以历史、人文、自然景观要素为载体的展示平台，建设历史文化保护体系，打造魅力多元的兰州。分别以人文景观和自然景观为主要内容，建设兰州丝路文化带和兰州黄河风情带两条景观线路。两条景观带交会在兰州中心城区，实现历史遗产与生态文化的应保尽保。

第三章

塞上江南首府——银川

银川市位于银川平原的中部，是一座历史悠久的文化名城，建城以后就是黄河上游的军事与经济中心，为「塞上江南」首府。早在三万年前，人类已在此繁衍、生息。秦朝时，蒙恬击败匈奴，在这里建城戍边，银川一带开始成为军事要地。北周武帝建德三年（574），始设怀远县。宋仁宗宝元元年（1038），西夏定都兴庆府，使银川成为大漠南北最大的都会。元、明、清三朝，这里是宁夏地区政治、经济、军事和文化中心。作为宁夏回族自治区的首府，银川城市现代化建设获得巨大发展。

航拍银川市区主干道

第一节
城市兴起

银川城市的兴起，首先便得益于其优越的自然地理环境、良好的地理区位条件以及较为繁荣的农牧业。这些因素均为城市的兴起奠定了坚实的基础。

从万米高空航拍银川附近的山水地貌

一、自然环境

　　银川之所以能在银川平原兴起，首先是因为这里有优越的自然环境。黄河的摆动与贺兰山山洪的淤积，使这里成为冲积、湖积、洪积平原。冲积、湖积部分的土壤细腻，土层深厚，十分肥沃，流经这里的黄河，为银川平原提供了丰富的水资源。

　　平原西部的贺兰山，南起马夫峡子，北至巴音敖包，延绵200余千米，呈南北偏东走向。贺兰山严密地遮挡着西北戈壁的尘沙和滚滚寒流的侵袭，是护卫银川平原的天然屏障，对调节平原内的气候、保护生态环境起着重要作用。历史时期，贺兰山上森林繁茂，绿波浩瀚。

初夏的银川正值水稻种植季节，黄河两岸水田成片

贺兰山迎来飞雪

贺兰山上的云海

贺兰山麓为广阔的草原，是放牧的良好场所。

银川平原日照充足，蒸发强烈，四季分明，是典型的中温带大陆性干旱气候。历史时期，银川平原的气候并不像现在这样干冷。由于有贺兰山作为屏障以及众多的河渠、湖泊和沼泽所产生的"绿洲效应"，银川气候较同纬度地区要温暖湿润。银川平原得天独厚，自古以来就是西北干旱区气候最好、生态环境最宜人的地区，是茫茫荒漠中最大、最美的绿洲。

这里优越的自然环境为城市的兴起奠定了基础。《管子·乘马》中所说的"凡立国都，非于大山之下，必于广川之上。高毋近旱，而水用足，下毋近水，而沟防省。因天材，就地利"的筑城条件在银川平原完全具备。自古银川平原就是人们繁衍、生息的主要场所。

二、地理区位

银川地理形势险要，往往是政治集团激烈争夺的目标。银川城的兴起，正是银川平原地理形势险要的必然产物。

交通枢纽

银川平原西倚贺兰山，东邻鄂尔多斯高原，南接关陇，北连内蒙古高原，历史上是北方多民族聚居和交往最为频繁的地区。正因为如此，很早以来这里就道路辐辏，交通四面八方。秦代开辟的从咸阳到九原郡（今包头市西）的直道和西汉

银川平原上的水稻田

时从长安至居延城（今额济纳旗东南）的居延古道，都距银川平原很近。秦汉二朝与匈奴不断发生战争，银川平原为南匈奴南侵与秦汉军队出击的必经之地。随着交通道路的发展，西汉已在这里设立驿站，东汉也置有亭。从丝绸之路开通起，银川平原就成为内蒙古高原避向关中、进入中原，以及华北平原通往关陇、河西走廊的交通枢纽，有"关中之屏蔽，河陇之嗌喉"之称。

银川平原不仅陆路交通四通八达，而且水路交通也很发达。纵贯银川平原的黄河，自古以来就是这里与外界联系的主要交通线。《禹贡》中有"浮于积石，至于龙门"的记载，证明积石到龙门之间的航运早在战国时代就已经开辟。秦始皇时期，从今山东半岛"转输北河"的粮食，也是利用了黄河水运。东汉明帝永平八年（65）屯居这里时，南匈奴企图联合北匈奴叛汉，北匈奴曾经"作马革船，欲度迎南部畔者"。马革船是在黄河上航行的皮筏。北魏时期，由银川平原运往沃野镇的粮食就是通过水路运输的。北宋仁宗皇祐元年（1049），辽军兵分两路大举进攻西夏，其水路西渡黄河进入夏境时，战舰延绵数百里。元朝建立后，从银川平原到东胜"立水驿十"，并且命令西京宣抚司造船"备西夏漕运"。明初，太仆寺丞梁野仙帖木儿曾说银川平原"土田膏沃，舟楫通行"，建议朝廷招募百姓屯垦，说明黄河在明代依然走这条重要交通线。清代时，黄河水运更加繁忙，西北几省的土特产绝大多数靠水路运到华北，黄河两岸新增设了许多渡口。直到包兰铁路通车前，宁夏、甘肃的土特产和运到包头的京津工业用品70%以上仍依靠黄河运输，甚至石嘴山的大型设备也是从包头装木船上运，到兰州再用皮筏运输的。因为黄河上游多峡谷，河床比降大，水流湍急，木船难以运行，于是便出现了皮筏这种比木船轻巧、灵活的交通工具。银川平原发达的水陆交通为城市的兴起和发展提供了必要的条件。

地势险要

银川平原的形状略呈南北两端狭窄、中间较宽的橄榄形，据有河山之胜，是一个独立的地理单元。它既有一般平原地形的地理优势，又有一般平原所缺少的山川险要。这里不仅水陆交通方便，而且凭黄河之险、贺兰山之固，易守难攻，是"中国有之足以御外夷，外夷窃之足以抗中国"的宝地。贺兰山南北延伸，成为平原西界的天然屏障，犹如一道天然长城，不仅为银川平原阻挡着寒风的袭扰，而且像一列伟岸的卫士护卫着平原，在军事上极其重要，使银川平原成为进可攻、退可守的战略要地。北魏时期，关陇地区"无病患

青铜峡境内的冰封黄河

者几百年"，原因就是控制了银川平原，并且与高平、沃野镇相互为援。西夏主李继迁看中这里"西北有贺兰山之固，黄河绕其东南，西平（今灵武）为障蔽，形势利便"的优点，才定都怀远镇。西夏政权也正是凭借这里的有利形势，才能与宋、辽、金三朝鼎立两百年之久。

三、农牧业繁荣

银川城之所以能在银川平原兴起，除了自然条件优越、地理形势险要，更重要的是这里物产丰饶，有发达的农业和畜牧业作为基础。

牧业兴旺

今青铜峡、灵武、贺兰等地细石器文化遗址的发现表明，畜牧业是银川平原最古老的生产方式。这里水草丰美，野兽出没，气候宜人，作为畜牧的场所再好不过。银川平原上，先

石嘴山自然风光

后有羌、匈奴、鲜卑、突厥、党项、蒙古等游牧民族登上历史舞台。《史记·货殖列传》记载银川平原所在的北地郡，"北有戎翟之畜，畜牧为天下饶"。西汉六牧师苑中的两宛也设置在这里。东汉时，人们更是以"牛马衔尾，群羊塞道"来描绘这里畜牧业的繁荣。从三国到唐代，活动在这里的少数民族的生产方式仍然是以畜牧业为主。北宋时，银川平原依然是"水深土厚，草木茂繁"的好地方。明代，这里出产的良马还作为贡品进奉朝廷。直到今天，银川平原仍然是宜农宜牧的地区。

农业发达

早在秦代，银川平原已有农业生产，当时还只限于部分地区的水浇地和小块旱田，引河灌溉还没有开始。汉武帝派兵击败匈奴后，积极徙民实边，元朔二年（前127），"募民徙朔方十万口"。迁到银川平原的移民在贺兰山洪积扇上的今平吉堡、贺兰暖泉一带屯田。这一带泉水丰富，适宜发展小规模的灌溉农业。从这里出土的文物来看，当时的农业生产水平、人们的生活方式与中原没有什么差别。北魏初年，刁雍组织人力在河西的艾山以北开凿了一

银川水洞沟遗址

条新渠道，能够"溉官私田四万余顷"。经过一段时间的开垦，银川平原生产的粮食不仅能满足本地军需，而且还有剩余漕运到沃野镇。

到了唐代，银川平原的农业生产得到空前的发展，银川平原的地位已具有战略意义。因而，唐王朝在这里大规模屯田。水利的兴修使银川平原的渠网较以前更加密集。农业经济的大发展，使银川平原呈现出一派繁荣富庶的景象。

元、明、清三朝，作为"塞北江南"的银川平原，渠网布局更加密集，农业生产走上了稳步向前发展的轨道。如今银川平原的灌溉渠网，就是在历代不断开凿的基础上发展起来的。今天银川平原已成为全国著名的商品粮基地，这同历代垦田、经营是分不开的。农业是整个社会经济的基础，也是城市兴起和发展的必要条件，银川城在银川平原上的兴起和发展，正是这里农业经济持续发展的结果。

银川西夏博物馆内的展品

银川西夏博物馆文物展示现场

第二节
城市发展

银川历史悠久，为塞北名城，尽管在不同历史时期，城市的形态不同，名称也各异，但都为今天银川市的发展奠定了基础。

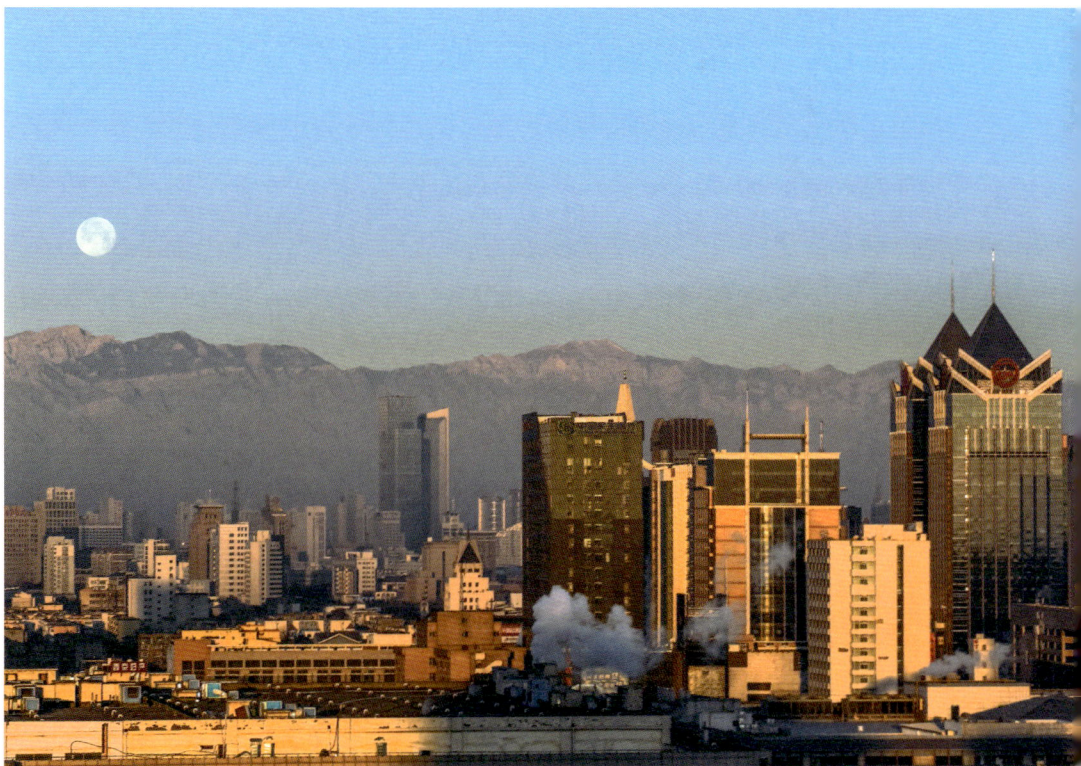

银川冬日的黎明，一轮圆月仍挂在贺兰山上

一、典农城与怀远城

秦代时，蒙恬北上击胡，"城河上为塞""筑四十四县"，银川平原上诞生了以军事职能为主的城和最早的县城。西汉武帝时期，在这里大兴水利，开垦农田，银川平原上又出现了为屯田而筑的城，如典农城、上河城等。最迟于西汉时，在汉延渠畔已有典农城、上河城和北典农城。北典农城的方位就在今银川市东，是距今银川老城最近、最古老的一座城。它实际上就是今银川市的雏形，距今已有2000年的历史。

据文献记载，北周武帝建德三年（574），在今银川附近始设怀远县，隋唐两代承袭而置。怀远"本名饮汗城，赫连勃勃以此为丽子园。……其城仪凤二年为河水汛损，三年于故城西更筑新城"。怀远县治为今银川市的兴起和发展打开了局面。唐高宗仪凤二年（677），怀远县城遭河水袭击被毁，次年西迁到唐徕渠东今银川老城城址上筑新城，称为怀远新城。怀远县城由汉延渠畔迁到唐徕渠东，原因除唐代银川平原的经济重心已由汉延渠两岸转移到唐徕渠畔，而要求政治中心（县治）也同时西迁外，主要是今银川老城东距黄河14千米，西离今银川火车站以西的荒滩11千米，位置适中，在这里建设新的城市，既可避免黄河泛滥的威胁，又可防止贺兰山洪水袭击。这里不仅是银川平原南北中心点，而且地势较高，选作城址成为必然。正因为怀远新城城址优越，西夏建都和元、明、清几代建府，才均未再选择他处，这里成为唐以后银川平原、宁夏地区乃至大漠南北最大的都会。

二、西夏兴庆府

怀远城迁到唐徕渠畔后，经济不断发展，人口迅速增加，唐肃宗至德元载（756）升为上县，北宋改怀远县为怀远镇，成为河外五镇之一，隶属于灵州。当时的灵州为银川平原政治、军事的中心。由于政治斗争形势的急剧变化，银川平原很快被西夏所占据。崛起于鄂尔多斯高原的党项族，唐末已割据称雄，后来成为北宋的劲敌。宋真宗咸平四年（1001），党项首领李继迁轻取银川平原东大门灵州，改称西平府，两年后即以此为都。灵州失守后，银

西夏王陵

川平原门户洞开，党项军队连连攻克河西的怀远镇、保静、永州等地，占据了整个银川平原。李继迁之子德明，又于宋真宗天禧四年（1020）改怀远镇为兴州，并迁都于此。宋仁宗明道二年（1033），元昊又升兴州为兴庆府。宋仁宗宝元元年（1038），大夏国正式建立，兴庆府一跃而成为塞北地区政治、经济和文化中心。

西夏之所以把统治中心从鄂尔多斯高原的夏州迁到银川平原，同这里土地肥沃、农牧业经济发达、交通方便、地理形势险要密切相关。怀远镇东有黄河之险，西据贺兰山之固，易守难攻，而且河渠绕城河过，形成天然屏障，使兴庆府固若金汤。

之前兴庆府已初具规模。元昊继位后，在原有基础上不断扩建、加筑，使兴庆府成为一座壮丽的都城。兴庆府城外有高耸的浮屠、繁华的离宫、宏伟的西夏王陵，它们都为兴庆府的繁荣增添了光彩。

三、元明清时期的城市发展

元王朝统一全国后，银川平原险要的战略地位在军事上已失去意义，但交通枢纽的地位依然存在。明代，银川成为明王朝抗击鞑靼的前沿阵地。明太祖洪武二年（1369），立宁夏卫；九年（1376）改设宁夏镇，成为九边重镇之一。清代，银川成为宁夏府城，成为西北几省与华北地区物资转输的中心，为西北贸易的一大门户。

清代时，府城内的穆斯林人数大增，他们修建的建筑物也越来越多。1913年，宁夏府改为朔方道。1944年，朔方道城更名为银川，这是银川得名的开始。取名银川不仅因为这一名称与这里的盐碱土壤、冬季河流所构成的景观相一致，更重要的是同银川平原的经济发达、物产丰饶、土地珍贵似白银密切相关。

第三节
城市形态演变

历史时期，随着银川城市的不断建设发展，其城市形态也不断发生变化，大致分阶段概述如下。

一、格局发源

银川自汉武帝元狩四年（前119）起始建，但直到西夏定都兴庆府（今银川古城），城市才开始大规模发展。

宋真宗天禧四年（1020），李德明决定由灵州迁此，改怀远为兴州，并遣"贺承珍督役夫，北渡河城之，构门阙、宫殿及宗社、籍田"，进行首次扩建设。宋仁宗明道二年（1033），李元昊准备登基称帝，升兴州为兴庆府，再次大兴土木，并进一步"广宫城，营殿宇"。从宋仁宗庆历六年（1046）起，更"于城内作避暑宫，逶迤数里，亭榭台池，并极其胜"；于城东饮汗城故址建高台寺及诸浮屠；于贺兰山东麓营离宫数十里，台阁高十余丈。到宋仁宗皇祐二年至圣和二年（1050—1055），元昊子凉祚兴建承天寺（俗称西塔），宋哲宗元符二年（1099）后，崇宗顺帝再修都城，是西夏民族文化、艺术的发源地，城市遂形成一定的格局。宋理宗宝庆三年（1227），蒙古军队灭西夏，兴庆府城遭受极度破坏，民众四处逃亡，一度成为空城。13世纪初，元世祖忽必烈西征后东归，大批西亚、中亚信仰伊斯兰教的民众随迁中国定居，宁夏逐步成为回族主要集聚地。

蒙古中统二年（1261）始予修复，城郭东西长度倍于南北。元末因其难守，弃其西半（今银川古城进宁街以西地片），修筑其东城区。

这一时期的古城形态特点是：在西夏建都时期，银川古城得到了空前的发展，城市建设主要为帝王服务，城内宫殿、殿宇、亭台构成了城市的主要建筑群。然而由于战争，一切皆不存在，只有承天寺塔仍保留至今。元朝时期城市开始逐渐恢复建设，但城郭大小有所变化，直到明代，城市建设才逐渐完善起来。

虽然古城在清朝时的地震中毁于一旦，现存的古城是在此后重建的宁夏府城基础上发展而来的，但古城格局沿用旧制。因此可以说，现在的银川古城的格局发源于西夏时期，修建于元朝时期，完善于明朝时期。

西夏王陵出土文物——妙音鸟

二、明朝城市形态

明太祖洪武三年（1370）设宁夏府城于此，城池仍延续元末旧制。70多年后，明英宗正统年间（1436—1449），因府城人口众多，即将原弃守的西半部城池修复，时称"新城"。元末在修筑宁夏府城的东半部城池时，削去城墙四角，以表示此城尚未全部修复，整个城郭并不完善。在明正统间扩建西半部城郭时，依然保留元代府城的城墙高度，并甃以砖石，且保留东北一角，未加修整，存其元末旧制。

经过大规模的扩建后，明代的宁夏镇已成为明代九边重镇之一。明宁夏府城在西夏兴庆府故址上修建，采用均衡对称的矩形城郭模式，并环城引水为池，水四时不竭，产鱼鲜、菰蒲，镇城有6座城门，东曰清和，西曰镇远，东南曰南薰，东北曰德胜，西南曰光化，西北曰振武，城墙的东西南北四角建有角楼。在6座城门之上均建有城楼，分别为清和楼、南薰楼、光化楼、镇远楼、德胜楼、振武楼。清和门、镇远门、光化门、振武门之外建有月城，城上建有城楼；南薰门、德胜门外建有关城，时称南关、北关。南关门曰"昭阳"，北关门曰"平虏"，关门之上均筑门楼。从中可以看出，明代的宁夏镇人口众多，较为繁盛。另外，据资料考证，当时城内还有85座悬楼、70座铺楼。整个城郭门楼、角楼及悬楼、铺楼之设，达171座，雄伟工绝，"以至炮铳具列，闸板飞悬，火器、神臂之属，制备极其工巧"，一显九边重镇之武威。此外，城内还建有都察院、太监宅、帅府、总兵官宅、公议府、按察司及宁夏卫、宁夏前卫、宁夏左屯卫、宁夏右屯卫、宁夏中屯卫等30处公署、卫所、官邸。镇城内除了设置必备的署衙司所及地方显贵的府院宅第，还建有文庙、儒学、书院、射圃、演武亭等修文习武的场所。有用于祠祀及庙宇寺观20多处。为满足生产军事装备和贵族生活日用品的需要，又在镇城设官营作坊"杂造局""兵车厂""神机库"等。镇城内有熙春、清和、永春、南薰等28处街坊，以及羊肉市、柴市等10余处集市。

当时的宁夏镇还是一座风景优美的城市。镇城内外，建有丽景园、金波湖、南塘、小春园、静得园，寓乐园、凝和园等53处景观。其中，建于今城区东门外红花渠东岸下的金波湖，"垂柳沿岸，青阴蔽日，中有荷芰，画舫荡漾，为北方盛观"。在南薰门外红花渠西南的南塘，"周方百亩，菰蒲萍藻、鸥鹭凫鱼，杂然于中，泛以楼船，人目之如西湖，居民喜为乐土"。

这一时期古城形态有以下演变特点：

骨架。明朝时期，银川古城已经形成了较完善的格局风貌。城市道路骨架清晰，基本为方格网状，主要道路呈"一横两纵"式，街巷多为十字路、丁字路和袋状路，这主要是从防御上考虑，比较容易截击敌人，这也是古代军事城镇道路规划的特点之一。

轴线。城内东西大街将整个城市一分为二，它既是主要街道，也是城市的东西轴线。东西大街连接城市东西两个城门，另有两条连接南北城门的副轴线，它们共同构起了城市的轴线空间。

标志性建筑。明代宁夏镇城的地标性建筑应该是六大城门以及旧谯楼、承天寺塔和黑宝塔（即今海宝塔）。承天寺塔、海宝塔、旧谯楼在空间上构成一个等边三角形，相信明朝时它们之间就存在视线走廊。而今银川古城在建设的同时，已将这条空间视线走廊纳入古城历史格局的保护范畴中。

城市中心区。明朝时城市的政治中心区是以占地面积最大的庆王府为中心。它处于城市轴线东西大街的东南边，正对旧谯楼。在它的周围分布着其他王府、公署、卫所、官邸等。庆王府东临的大街连通南关和北关，是城市主要的商业街，也是全城的商业中心。

三、清朝城市形态

府城

清世宗雍正二年（1724），裁卫、所，改置宁夏府，明代宁夏镇城时称宁夏府城。清高宗乾隆三年十一月二十四日（1739年1月3日）宁夏大地震，"官民房舍，瞬息之间一齐倾圮，而城垣亦俱倒塌，仅存基址"。府城内"抬埋之压死大小口一万五千三百余躯"。乾隆五年（1740），清廷重修宁夏府城，在明代宁夏镇城的旧址上，向内"收进二十丈建筑"，城垣规模较明代大为缩小。地震前，宁夏府城"人烟辐辏，商贾并集，四衢并列"，人称"西边一都会"，被时人誉为"小南京"。震后虽重建城郭，规模小于旧宁夏城，但因人口骤减，"地多闲旷"，府城"非复向时饶洽之象"。直到乾隆中后期，境况才逐渐得以恢复。据成书于乾隆四十五年（1780）的《宁夏府志》记载，恢复元气以后的宁夏府城，建有万寿宫、宁夏府署、宁夏县署、宁朔县署及所属司院部局等官衙署所40余座，学宫、书院、社学共7所，城内外坛庙祠阁、寺宫庵院、堂台殿观计80余处，石坊30余座，有米粮、柴炭、猪、羊、牛、骡马、青果、番货等市集17处。

府城 + 满城

清雍正年间，在宁夏府城外东北修筑了一座小城，旗兵一部，自京城移驻宁夏，俗称满城，其址在今银川东郊满春乡境内。这座满城的形制很少记载，因为在乾隆三年宁夏大地震中，满城被毁。这座城池建成时间仅15年。新中国成立后，银川郊区成立人民公社，其中满春人民公社的"满春"二字，即由"满城"演变而来。

府城 + 新满城

满城被震毁后，清乾隆年间又在宁夏府城西平湖桥东南兴建新满城。新满城的修建成为形成现在银川市城市格局的重要影响因素。新满城城址在今新城以西，新平巷以东，新城东街以北，周城巷以南。

城内东西南北大街呈十字形，道路将全城均匀划分为16个方格，将全城官兵衙署房屋分为面积相等的4个区，皆整齐布列。城内有将军府一座，位于城中心位置，副都统衙门两座，其他官衙署所80所。建城之始，因为这里要驻扎八旗军队，新满城的规划都是以"八"来做计数单位。满城的周长、城墙的高度、垛口数、炮眼数、炮台数、水沟数及房屋间数、兵房间数，无一不是"八"的倍数。

另外，在新满城内还建有万寿宫、关帝庙、城隍庙、马王阁等多处汉族群众奉祀的庙宇，在城中心十字大街口建4座牌楼，东曰"承恩"，西曰"威远"，南曰"定功"，北曰"拱极"，这些庙宇和牌楼建筑冲淡了森严的军城气氛，迎合了驻防旗人顺应地方民俗的心理要求，为他们与宁夏汉、蒙古各族人民和睦相处提供了信仰上的感情联系。

四、民国年间城市形态

府城—宁夏省政府

从唐代怀远县城、西夏兴庆府至明代宁夏镇城、清代宁夏府城、民国宁夏省城，都是以一城之建置兴废。民国期间的宁夏省城，城郭依然沿袭清代宁夏府城的旧制。1944年，宁夏省政府呈报国民政府行政院，在宁夏省城设置银川市，并着手进行建市的准备工作。1945年，宣布改宁夏省城为银川市，1947年银川市正式成立，1949年宁夏和平解放，中央人民政府正式成立宁夏省政府，1958年中央人民政府在宁夏成立了回族自治区，首府设在银川市。这一时期，银川古城的城市形态变化较大，呈现如下特点：

骨架。明清以来，银川古城的主要道路是"一横两纵"的轴线模式，连接六个城门。从1936年宁夏省会图上可以看出，城市道路的主要骨架是以东西大街（当时称为中正路）为脊线，其他城市街巷基本与之正交。由于历史遗留下来的丁字路、袋状路较多，街道布局比较复杂。新中国成立初期，城市的建设主要集中在古城的南部和东部，这里街道密集，街巷较多；城北主要是部队驻扎，而城西建设较少。

轴线。古城主轴线仍是连接东门和西门的东西大街（当时称中正路，现称解放大街），这条轴线至今未变，贯穿了古城的建设发展。这一时期城市的两个南北纵轴有所变化，西面纵向的轴线越来越不明显，但连接南关和北关的南北轴线仍然作为主要的城市道路存在。

城市中心区。这一时期的城市政治中心在紧邻东西大街的省政府，新中国成立后这里是自治区人民委员会所在的位置。民国时期的政府大楼在20世纪70年代被拆除，现在取而代之的是新兴的城市建筑。而城市公共活动区域在玉皇楼（现称玉皇阁）和四鼓楼（现称鼓楼）周围，这里街道密集，分布着许多商业街市，是当时城市主要的商业中心区。这一时期的商业分布由过去单一的街巷布局发展为成片集中布局的形态。现在银川古城的商业中心仍然在这里，加之商业步行街的开辟，这里已成为现代化的城市商业中心区。值得一提的是，一直作为界定城市界域的城墙，在新中国成立前后几度破损；到七八十年代，因城市道路整修，古城墙彻底被毁，目前只在中山公园内残存西墙北段400余米。随着城墙的消失，城市开始逐步向外扩展，突破一城的樊篱，从清代宁夏府城发展到今天辖有一市两县三区的现代城市格局。

新满城—新城区

新满城自清高宗乾隆五年（1740）建成后，经驻防旗人200多年的经营，逐渐成为银川古城向西发展的依托。1913年宁朔县从省城移治于此，新满城成为宁朔县城，后县治迁出，新满城仍属宁朔县。1935年秋，宁夏省政府决定在新满城修建飞机场，将城内房屋尽拆，居民外迁。而新满城被迁后修建起来的飞机场，终因跑道太短，飞机无法起降而报废。兴建近

200年的新满城从此成了城垣尚在、城内无人的一座空城。在新中国成立前夕，新满城已是一片荒凉破败的景象。1951年，新满城划归银川市，不久便成立新城镇，1961年成立新城区，新满城成为银川市的一个市辖区。古城虽已不在，但在其原址上逐渐扩建的街区则日益繁盛起来。

古城＋新城＋新市区

包兰铁路银川站火车站选址在新城西侧，另外考虑到旧城所在地带为地震断裂带，城市在原有旧城基础上向周围发展，具有相当大的风险，而且旧城所在地周围均为灌溉良田，考虑到城市以西的新城周围地区多为荒地，城市发展不占农田，具有很大的用地潜力，所以在包兰铁路以西建设了"新市区"，开辟了城市发展的新空间，进一步强化了新、旧两片城区的空间格局。银川市区从东到西依次展现出古代、近代、现代三个历史时期城市发展的清晰历史脉络。但是由于城市社会经济发展缓慢，城市整体功能比较弱，建设规模有限，因此城市基本上是在东西两片的基础上发展，是一种大范围的分散与小片区的集中相结合的发展模式。

第四节

文化遗产：边塞与城市

银川地处边塞，历史悠久，名胜古迹甚多。这些历史文化遗产不少都留存至今，体现了边塞城市的地方特色。其中，不少名胜古迹在西北乃至全国都占有一定的地位，被列为全国、自治区和银川市的重点文物保护单位。银川这座边塞城市所散发的文化魅力，穿越千年的时光，至今依然熠熠生辉。

一、"人形"城市形态

兴庆府"周回一十八里，东西倍于南北，相传以为人形"。所谓"人形"，是指成人躯干的平均高宽为1.6∶1的比例。西夏的兴庆府城，城郭为躯干，头部是城东黄河西岸的高台寺，双足直抵贺兰山。这说明当时西夏国的建筑设计师已有"人形"设计思想。

"人形"建筑的平面与人体一样，具有均衡、对称的特点，整个城市有明显的纵轴线和横轴线，城门、道路、河渠、宫殿、坊里、市集及各类建筑的布局，均呈左右对称、前后有别、上下迥异的规则。兴庆府城池的布局就是这样安排的。

西夏王陵中的西夏碑林

西夏王陵景区里游人络绎不绝

二、贺兰山岩画

　　贺兰山是我国古代匈奴、鲜卑、羌、柔然、党项、吐蕃、蒙古等少数民族游牧、狩猎之地。在这里发现了早自春秋战国直至西夏、元、明各代当地民族留下的岩画，记录了不同时期人们的生产、生活活动。因此可以说，岩画是前后延续2000多年来贺兰山一带诸多民族前后相继共同完成的、内涵丰富的艺术画库。贺兰山上的岩画分布广而密亘，从北至南近200千米，已发现有20多个分布点，数以千幅，个体图案近2万余个。大多数岩画都刻制在黑色光滑、石质坚硬的石英岩或玢岩石上。刻制岩画的地理环境也是经过精心选择的：周围一般都有开阔的草地，沟内有清泉流出，是历史上人类经常活动和出入的地方。

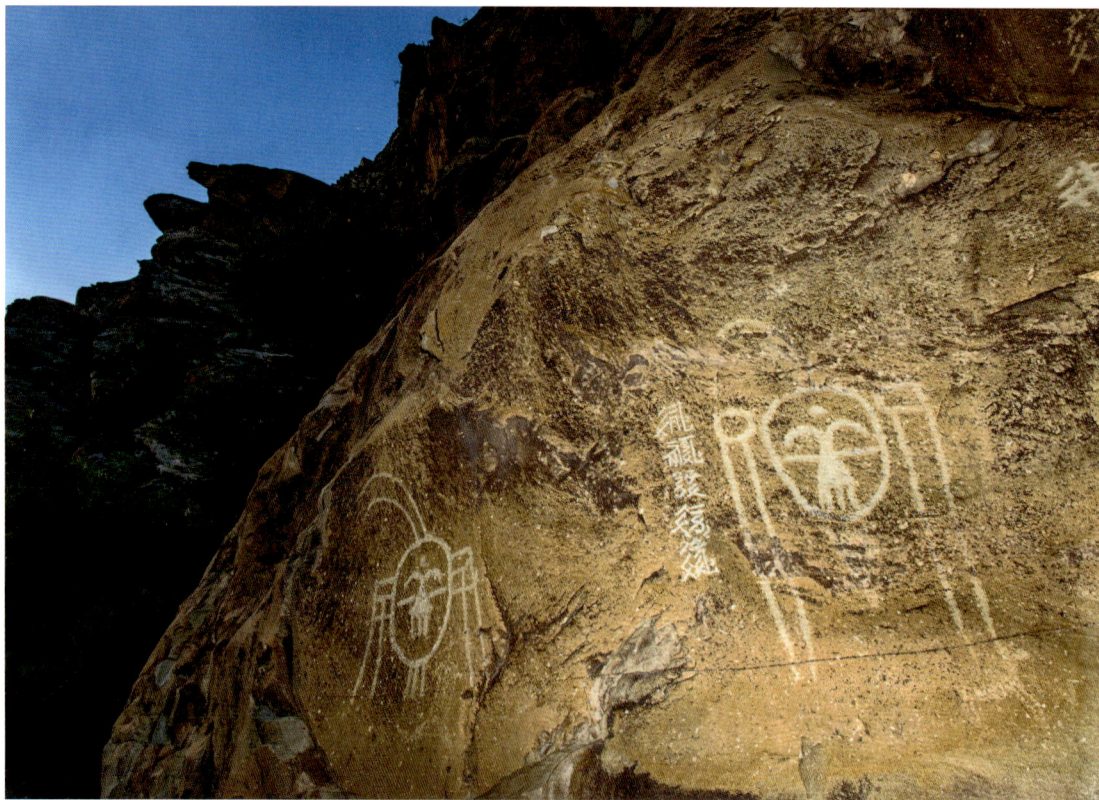

贺兰山岩画

岩画题材十分广泛，大到宇宙日月星辰，小至动物足蹄和人的细小部位如手口图形。有个体图案，也有组合图案，以个体图案为主。有动物如羊、狼、虎、鹿、骆驼、牛、兔等。人物形象也是岩画的主要内容，如人首像在每一个岩画分布点都有发现。另有车辆、狩猎工具、武器以及房屋、塔等建筑，有树木、花草等植物，还发现少量的手印、脚印，此外还有西夏文题记、西夏文字、棋盘符号等。岩画大部分是单体图形组合成的复杂画面，这也是岩画的精华所在，如放牧图、狩猎图、战争图、舞蹈图、杂技图以及少量的交媾图。不少岩画还反映了图腾崇拜、自然崇拜、神灵崇拜等原始宗教信仰内容。

三、城、郊主要历史建筑

三关口明长城

三关口长城是明世宗嘉靖十年（1531）宁夏佥事齐之鸾耗巨资修筑的，位于银川城区40余千米外的贺兰山东麓。它南起大坝堡，北连三关口，长达80千米。

拜寺口双塔

位于银川市西北约50千米贺兰县金山乡的拜寺口内。在三面环山、东面开口、沟口向南的山坡上耸立着一对西夏时期建造的古塔。两塔东西对峙，相距约百米，为八角密檐式砖塔。

海宝塔

亦称黑宝塔、赫宝塔。因位于银川市北郊，故称北塔。相传407年为大夏国王赫连勃勃重建。现在的塔是清圣祖康熙五十一年（1712）和清高宗乾隆四十三年（1778）遭到两次大地震严重破坏后重修的。此塔坐西朝东。寺内殿宇主要有山门、接引佛殿、大佛殿、韦驮殿、卧佛殿等。

宏佛塔

位于银川市城西贺兰县潘昶乡。宏佛塔建于西夏时期。清世宗雍正年间（1723—1735）曾经维修。此塔是一座外形结构比较奇特的密檐式厚壁空心砖塔。塔身上为塔刹，由刹座、刹身、刹顶组成，其形制基本上是一个喇嘛塔。建筑形制和建筑方法都体现出各民族文化交流的特点。

银川三关口明长城

拜寺口双塔

海宝塔

银川市内的鼓楼

玉皇阁

承天寺塔

承天寺始建于西夏毅宗天祐垂圣元年（1050），是西夏皇太后没藏氏为保佑其周岁登基的儿子第二代皇帝毅宗"圣寿无疆""役兵数万"而修建的。内为11层的砖砌楼阁式佛塔，呈八角形，为绿色刹座，其上再立塔刹。全塔通高64.5米。

鼓楼

矗立于银川市老城中心繁华的商业区。始建于清宣宗道光元年（1821）。通高26米，呈四方形，高台基上各有一个拱门洞，分别在东南西北四面门额上镌刻"迎恩""来薰""挹爽""拱桥"。清德宗光绪三十四年（1908）又重建，历经8年完成。

玉皇阁

位于银川市解放东街北侧和玉皇阁北街交会处，是一座坐北朝南的木结构大屋顶式的古建筑。始建于明代。据史载，今日玉皇阁的位置，是明代宁夏府城的鼓楼。清代康熙、乾隆年间，银川多次发生地震，玉皇阁被毁。乾隆后重修此楼。楼内置铜铸玉帝像，于是改称为"玉皇阁"。

第五节
民族传统文化

　　银川这座黄河古城历史悠久，自古以来便是游牧民族生产、生活的家园，具有鲜明的民族特色，并且保留下了大量的民族文化遗产。

一、西夏王陵

　　西夏王陵位于银川市西郊约35千米的贺兰山东麓，为西夏王朝的皇家陵园。陵区约50平方千米。顺着地势的起伏，交错有序、星罗棋布地布列着9座西夏王陵园和253座陪葬墓。

　　由于八九百年来自然的侵蚀和人为的破坏，地面建筑已被破坏，仅存遗迹，但9座王陵陵台金字塔式的独特造型，依然高耸，巍峨壮观，依稀可辨昔日神采。每座王陵独立占地都在10万平方米左右，形制与布局大体相同。从南到北布列着双阙、碑亭、月城和宫城，宫城内有献殿和陵塔等建筑。王陵陵台以夯土筑成，八角七层，逐层内收。专家认为，每层收分处原为檐木结构，并挂有瓦当、滴水和屋脊兽；夯土台外部应有砌砖包裹。现仅存夯土陵台、残垣断壁和一片瓦砾。

西夏王陵被称为"东方的金字塔"

西夏王陵近景

二、西夏文字

　　随着党项族的强大与建立以及封建国家的迫切需要，李元昊亲自主持，命大臣野利仁荣创制记录党项语言的文字（属汉藏语系藏缅语族），在西夏景宗大庆元年（1036）颁布，当时被称为"蕃书"，尊之为"国书""国字"，后世称为西夏文。西夏文"字画繁冗，屈曲类符篆"，它仿汉文楷书，基本笔画与汉字同，字形方整，但笔画繁多。另有草书和篆字，多撇捺，无直钩。

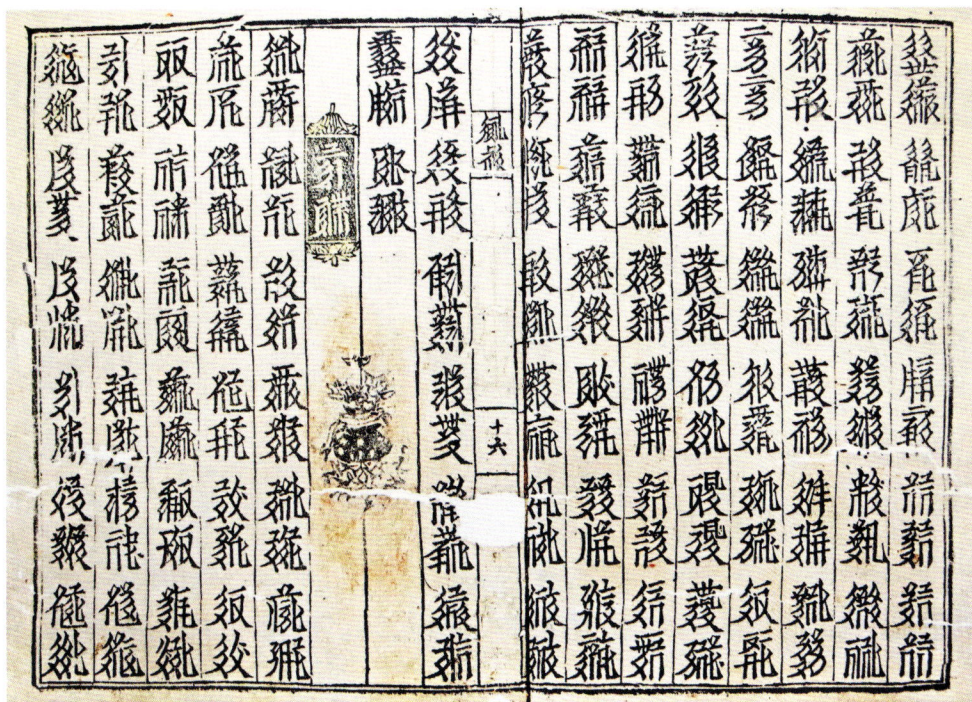

西夏文字

三、传统节日

回族的传统节日大多与宗教礼仪有关。开斋节、宰牲节、圣纪节是回族的三大节日。

开斋节

斋月过后，穆斯林为庆祝斋月圆满完成而举行开斋活动，举行仪式的日期以新月（月牙）初现为标准。开斋节这天早晨，人们沐浴净身后，头戴白帽或缠巾，手持经香，到清真寺礼拜，听阿訇讲经布道，然后走亲访友，互致祝福。长者向晚辈讲述祖上的为人、功德，教育青少年好好做人。整整一天，街头巷尾，人流如梭，节日食品都摆上街头，异常热闹。

宰牲节

宰牲节又称"古尔邦节"，时间为伊斯兰教历十二月十日，即从"开斋节"那天开始往后推七十天。"古尔邦"是阿拉伯语，原意为献牲，"宰牲节"是其意译。

阿拉伯人每年都宰羊祭祀，以示对安拉的忠诚。穆罕默德创立伊斯兰教后，继承了这一风俗，将伊斯兰教历十二月十日定为"宰牲节"。节日这天上午，人们个个头戴小白帽，衣冠整齐地去清真寺参加会礼。会礼以后，开始宰牲献祭。一般在条件好的地方，每人要宰一只羊，七人合宰一头牛或一峰骆驼。所宰之肉要分三份：一份自己食，一份用来待宾和馈赠，一份济贫施舍。

圣纪节

圣纪节的时间为伊斯兰教历三月十二日。相传这天既是伊斯兰教创始人穆罕默德的诞辰，也是他的逝世忌日，故亦称"圣忌"。穆斯林在这一天到清真寺集会，集体诵经，盛赞、评述穆罕默德的生平事迹，以缅怀他的功德。

第六节
古城现代化

　　中华人民共和国的成立，拉开了银川市城市建设的序幕。经过20世纪60年代及80年代两次大规模的城市建设，银川市已成为一个现代化的工业城市，成为宁夏回族自治区政治、经济、文化中心。

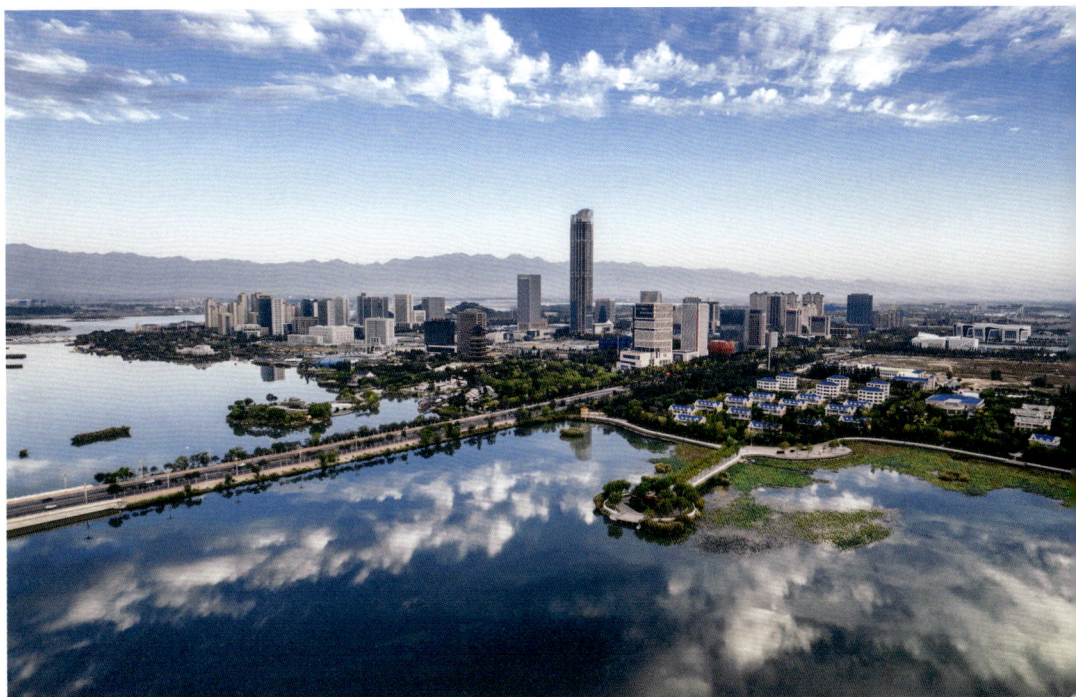

银川阅海湾中央商务区

一、日新月异的市政建设

中共十一届三中全会以来，银川市城市建设步伐加快。20世纪90年代开始，银川市进行了大规模的成片危房改造。与此同时，新建各类住宅楼总面积达150万平方米。至1998年底，银川市居民人均居住面积9.15平方米，农村人均居住面积24.29平方米。城市主要街区道路经拓宽改造和边缘道路的建设后，形成了交通方便、纵横交错的城市道路网络，全市道路总长度达194千米。

1992年，宁夏炼油厂建成，开始少量供应石油液化气，这为缓解城市供气不足做出了贡献。城市园林绿化事业有了长足的发展，银川市政府不惜代价在黄金地段拆楼征地，发展园

银川绿博园风光

林绿化景点。1994年以来的5年中，就建成了120万平方米的园林绿地，市内公园、街心公园13个，银川市向着园林式城市的方向发展。

银川道路日新月异。市中心的繁华街道解放街、新华街、文化街等经更新改造后，道路质量等级提升。环城路、二环路、银新南北路的建成，拓展了城市的发展空间，方便了市民的生活。

银川在城市建设中，注意保留历史文化名城街、巷、道路的传统格局，注意在总体布局和群体建筑形象中，体现西夏古都的历史特色、回族自治区首府的民族风格和"塞上江南"的自然风貌。在城市建设的民族形式、地方特色和时代精神的创新方面，迈出了可喜的步伐。银川市已规划并将逐步建成全国独一无二的"高原湖城"，建设以湖泊湿地为主的生态园林，重点开发建设宝湖、北塔湖、金波湖等26个湖泊湿地，建设八一公园、南郊公园等市区小公园、植物园、小游园及街头公园，绿化覆盖率将达到30%，实现"城在园中，园在城中，城在湖中，湖在城中"的目标。银川古城将更加绚丽多彩，更具魅力。

二、极具优势的农业

银川市充分发挥自然条件优势，开展以兴修水利为中心的大规模农田基本建设，进行田、林、路、沟、渠综合治理，不断改善农业生产条件，使全市农业生产水平有了大幅度的提高，农业经济迅速发展。银川市的农业生产基本设施较为完善，现已基本形成了"灌有渠，排有沟，辅之以井站"的灌排水体系，灌溉面积达百分之百。农业机械化程度逐年提高，生产条件日益改善。农业机械化、电气化在全区、全国均居较高水平。

20世纪80年代以来，银川市的农村产业结构发生了很大变化，种植业结构由单一的粮食生产向粮食、饲料、经济作物三元结构转变。林、牧、渔业产值在农业总产值中的比重有了较大增长，农业结构渐趋合理，正在形成全面协调发展的格局。

1985年，银川市被列为全国利用世界粮食计划署援助开发低洼地、发展渔业生产的"2814"项目区之一，建设精养鱼塘667公顷，有力地推动了全市渔业的发展。

银川黄河灵武段，塞上江南又到丰收季节

三、日益繁荣的商业贸易

银川是西北地区著名的商业城市。中共十一届三中全会以来，银川市的商业部门贯彻对内搞活、对外开放的方针，在商品流通方面发展多种经济成分，开辟多条流通渠道，在努力办好国有商业的同时，恢复和发展集体、个体商业，从而形成具有国有、集体、个体多种经济成分、多渠道流通、多种经营形式的商品流通体制，繁荣了城市经济，活跃了城乡市场。开放型流通网络覆盖全市，辐射宁夏和外省（区）毗邻地区，城乡市场呈现出前所未有的繁荣景象。银川市已建成新华百货商店、银川商城、宁夏商都、银川百货大楼等一批销售额过亿元的大中型商业企业，其中新华百货商店是西北最大的综合商场之一。

在重视商业网点建设、注意大网点覆盖面和合理布局的同时，银川市兴建了49个集市批零交易市场，其中大型综合贸易市场17个，总占地面积约30万平方米，年成交额达5亿元。由于流通领域的扩大和商业网点的猛增，全社会消费品零售总额连年增长，1998年比1978年增长100多倍。

四、快速发展的交通事业

中华人民共和国成立后，尤其是宁夏回族自治区成立以来，银川市交通事业迅速发展。在"先普及，后提高"的建路方针指导下，不断改造土路，开辟新路，并有计划地建立起完整的公路运输系统。截至1999年，已修成国道109线、211线、110线和307线，共计4条；银平、银巴、石营、银古4条省道及宁定等跨省公路，连接内蒙古、陕西、甘肃等省（区）。市内四通八达的公路运输遍及全市城乡。

1958年，包兰铁路在银川市接轨通车。上达包头，经北京同京广、京沪、京哈铁路大动脉相通；下抵兰州，与陇海、兰新大陆桥相连，直达沿海各口岸。1994年建成通车的中（卫）宝（鸡）铁路，进一步改善了银川市的交通条件。

1985年，宁夏民用航空管理局在银川成立，陆续开通了银川至兰州、北京、广州、上海、成都、乌鲁木齐、昆明、重庆、西安、沈阳等民航线路。新建的银川国际机场，开辟了

航拍穿过黄土高原的银中高铁

银川至中国各大城市及国际主要都市的航线。银川市铁路交通运输、民航交通运输事业的起步与发展，从根本上改变了银川市交通运输业的落后状态。经过几十年的发展，一个以银川为中心，以公路、铁路、航空为主要交通手段的现代化运输体系已基本形成，促进了银川市工农业生产的发展，使银川成为一个对外开放型的现代化新兴城市，成为宁夏回族自治区发展对外经济和文化交流的交通枢纽。

五、欣欣向荣的文化教育

自宁夏回族自治区成立以来，文化事业日趋繁荣。银川地区已建立各类文化机构287个（包括自治区属39个），已基本实现市、县有文化馆，乡镇、街道有文化站。电影放映单位、公共图书馆和县专业剧团的数量，按人口普及计算，在各少数民族自治区首府城市中名列前茅。银川市有公共图书馆5个，藏书达170万册。1996年银川市区公共图书馆人均藏书2.43册，丰富了人民群众的文化生活。

中华人民共和国成立后，银川市的教育事业也发生了巨大变化。1949年，全市共有小学113所，中等专业技术学校5所。1958年，宁夏回族自治区成立。人民政府要求形成一整套完整的适合少数民族特点的教育体系，银川各族人民克服重重困难，扩建和新建了各类学校310所，其中高等院校3所，即宁夏大学、宁夏农学院和宁夏医学院。自此宁夏有了高等学府。银川市提出"科技兴市，根在教育"。到1999年，全市有各级各类学校418所，构成了幼儿教育、中小学教育、大学教育、职教与成人教育、电大与函大、正规学习与短期进修、科研与教学完备的教育体系。

六、未来规划愿景

银川市有着周密的城市规划，其中亦体现着银川城市发展的愿景。近年来，《银川市城市更新专项规划（2021—2035年）》（以下简称"《规划》"）经银川市人民政府常务会议审议通过并正式生效。

《规划》以建设"高质量发展、高品质生活、高效能治理的西北地区重要的现代化中心城市"为目标，紧紧围绕"宜居、韧性、智慧"三大维度，提出了空间结构提质、特色风貌升级等六大任务，积极探索渐进式、可持续的有机更新模式。

《规划》作为银川市城市更新的顶层设计，承载了市级国土空间总体规划指引，明确了"内—中—外"三级更新圈层结构。内圈层（银川历史文化名城）关注保护，把建筑保护、社区营造和文化传承三者融为一体，强化文化核心建设；中圈层（城市更新主要功能区）关注提升，优化北京中路两侧城市用地功能及空间布局、建筑布局肌理与形象风貌；外圈层（中圈层以外所有建成区）关注旧改，对产业区转型发展、老旧小区基础改造、旧市场集约式发展进行更新提升。依托圈层指引、更新分区及更新方式划分，为城市总体发展结构的优化和城市功能服务的完善提供支撑和保障。《规划》的实施，将有力推动银川市城市的更新进程，提升城市品质和形象。

第四章

河套明珠——包头

提起包头，大家都会认为这是一座现代新兴的工矿业城市，包钢以及稀土生产在中国乃至全世界都占重要地位。不仅如此，再向前推溯，在中国传统社会后期，包头为畜牧业发达的地方，是蒙古族经营的草原鹿城。而秦汉隋唐时代，包头更是中国北部边疆的政治、经济、军事重镇，其以九原、五原与中受降城的名字闻名于世。包头在中国古代和近现代持续发挥着政治、经济、军事和文化的作用，成为河套地区的明珠。之所以如此，是因为其位于黄河「大几字弯」顶端，具有区位优势。河套明珠包头在中华民族走向伟大复兴的新时代，必将在祖国北疆文化的复兴与发展上发挥更大作用。

黄河包头段

黄河流经河套地区

第一节
套河顶点，直道北端

包头城市兴起发展于黄河北岸、阴山之南的河套之地，符合《管子·乘马》所说大都市的立地条件："凡立国都，非于大山之下，必于广川之上；高毋近旱，而水用足；下毋近水，而沟防省。"若论其山水的宏观区位形势则更显优势，包头地当阴山中部南北山口，古称高阙，为北疆门户。位居黄河中游，正当"大几字弯"北河的中部，为万里黄河的最北部，可以说扼守着河套的顶点。

阴山山脉位于中国内蒙古自治区的中部，东西长约1000千米，南北宽50千米至100千米。高峻的山岭犹如一道屏障，阻挡了南来的湿暖富水的气流，同时也隔挡了来自北部蒙古高原的干冷气流南下的步伐，因而阴山山脉南北温差较大。这也导致其南北的景观和农业生产差异显著，大概山南为农业区，山北为牧业区，为中国北部的重要分界线。阴山山脉历史上为中原农耕文明与西北游牧文明交流融合的过渡地带，先后有獯鬻、土方、鬼方、林胡、娄烦、匈奴、鲜卑、突厥、回鹘、党项、契丹、女真、蒙古等北方游牧民族，在这里繁衍生息、游猎驻牧。秦汉大一统王朝移民开发河套，修建城市与长城，阴山成为北疆重要边塞。唐代诗人王昌龄《出塞》写出了这个特点："秦时明月汉时关，万里长征人未还。但使龙城飞将在，不教胡马度阴山。"

阴山山脉呈东西走向，西起狼山，中段为乌拉山、大青山、灰腾梁山，东段为大马群山等七座山，各山间天然形成的峡谷成为过往阴山的重要通道。包头位居阴山中段，自古为兵家必争之地，是农牧两大文化交会的典型区域。在包头有六条历史古道横亘青山，贯通南北，为经济文化的交流及民族融合发挥了极为重要的作用。这六条古道由东向西分别是美岱沟道、五当沟道、色拉淖大坝、本坝沟道、昆都仑沟道、哈德门沟道，其中最重要的为包头市区通往固阳县的昆都仑沟道，古称中道、稒阳道、呼延道等。

唐代诗人歌咏黄河称"九曲黄河万里沙"，多个弯曲形成了黄河万里长，"大几字弯"是其中最大的一个弯曲处。黄河从贺兰山东麓向北延伸，遇到阴山山脉的阻挡，折而东流，此后向南穿越黄土高原。包头正当"大几字弯"北河的中部，为万里黄河的最北部，可以说扼守着河套的顶点。

黄河"几字弯"围绕起来的广大地区是广义的河套地区，内蒙古阴山下的河套是狭义的河套。那么包头正位居狭义河套的中间位置，也是北河的中心位置。

即将冰封的包头黄河段

"黄河之水天上来"，黄河给河套平原带来了丰富的水源，使河套成为水草丰美的地方，宜农宜牧，所以古有"黄河百害，唯富一套"的说法。黄河还给河套地区带来了东西的水运交通之便。历史文献记载，北魏时此段黄河水运已很普遍。北魏道武帝拓跋珪曾在五原（治今内蒙古自治区包头市西孟家梁古城）进行屯田，河套地区成为重要的农业区。北魏道武帝登国十年（395），后燕慕容宝统兵进攻北魏，七月军队打到五原，"造舟收谷"，准备把魏国屯田收获的粮食百余万石运回燕国。北魏积极备战，"八月，（道武）帝亲治兵于河南。九月，进师，临河筑台告津，连旆沿河，东西千里有余"。当时包头至宁夏的千里黄河上，战舰、船只如梭，双方都利用黄河作为战争与交通的手段。北魏太武帝太平真君七年（446），北魏为了防卫北方，需要从河西运军粮五十万斛至沃野镇，北魏刁雍上表说："今求于牵屯山河水之次，造船二百艘，二船为一舫，一船胜谷二千斛，一舫十人，计须千人。臣镇内之兵，率皆习水，一运二十万斛。方舟顺流，五日而至，自沃野牵上，十日还到，合六十日得一返。"太武帝善之，下诏曰：非但一运，自可永以为式。

巴彦淖尔河套灌区

在内蒙古包头附近有横渡黄河的渡口，最有名的就是昭君坟摆渡处，自古便利南北交通。北魏道武帝登国六年（391），道武帝从五原金津今黄河岸边昭君坟一带渡过黄河，消灭了黄河南岸的匈奴刘卫辰。

包头位居黄河与阴山间河套中部，交通便利。秦汉至隋唐时期，中国的政治中心长时间选在关中平原的长安城。与长安南北相直的包头此时期军事文化价值特别重要，成为中国北部边疆的门户。

秦朝北逐匈奴收复河南地后，秦始皇于公元前212年下令修建了一条能快速直达北疆、抵御匈奴入侵的高等级战备路，后人称之为秦直道。直道南北通达，北起九原郡，今包头市九原区麻池古城，南端终于秦国都城陕西咸阳附近的云阳甘泉宫。可以说，这是一条世界上最早的高速公路，路面宽广可并行四辆战车。《史记·秦始皇本纪》载："三十五年，除道，道九原抵云阳，堑山堙谷，直通之。"

在秦汉两代，这条秦直道成为中原王朝与匈奴兵戈交锋与和平交往的要道，也促进了中

秦直道遗址甘泉段

原文化与草原文化的交融。据考证，汉代昭君出塞，因扈从、辎重车辆甚多，走的就是这条道路。至今包头的黄河岸边还有一个昭君坟的存在，也是黄河的重要渡口。从宋代开始，中原王朝京都东移，他们与蒙古高原上北方民族交往的道路也随之东移，秦直道才逐渐退居次要地位。

著名秦汉史学者王子今教授从秦咸阳大十字轴线规划上研究出直道直通北疆门户九原（今包头）的价值，认为咸阳、长安以北是子午岭，又有秦始皇时修筑的直道直通九原；以南则是子午谷，沿线又有子午道、直河。秦都咸阳规划时"表南山之巅以为阙"，说明有南行的重要通路，也说明当时的建筑蓝图包含有贯通南北（子午）的意识。王莽时这条道路又加以整修，称作"子午道"。子午岭—直道，子午道—直河，在咸阳—长安正北正南形成了纵贯千里的轴线，包头以及阴山上的高阙则可以视作秦帝国面向北方草原的国门。与此类似，《史记·秦始皇本纪》载："立石东海上朐界中，以为秦东门。"《汉书·地理志上》"东海郡"条下也有："朐，秦始皇立石海上以为东门阙。"如果以咸阳作为秦帝国地理坐标系的原点，秦东门则可以视作坐标系横轴上的端点。而朐县的东门则可以视作秦帝国面向东方海洋的国门。

高阙为秦北部边疆重要的关口，位于阴山山脉上，距秦直道终点包头不远。《水经注·河水》记载了其建设过程及险要形势："《史记》赵武灵王既袭胡服，自代并阴山下，至高阙为塞。山下有长城。长城之际，连山刺天，其山中断，两岸双阙，峨然云举，望若阙焉。即状表目，故有高阙之名也。自阙北出荒中，阙口有城，跨山结局，谓之高阙戍。自古迄今，常置重捍，以防塞道。"《史记·秦始皇本纪》张守节《正义》说其位置及命名原因："高阙，山名，在五原北。两山相对若阙，甚高，故言高阙。"《史记·匈奴列传》张守节《正义》引《地理志》说："朔方临戎县北有连山，险于长城，其山中断，两峰俱峻，土俗名为高阙也。"高阙因其在阴山上具有险要的地理位置，成为历代塞防重地。高阙在阴山上没有问题，但具体地望众说纷纭，至今尚无定论。包头当地学者鲍桐通过考察得出的结论，基本获得学界认同。他认为最早建设的赵国高阙在乌拉山昆都仑沟，秦统一后沿用了赵国高阙，后蒙恬出兵占据今河套地区，又在河套北侧的狼山沿线修筑了新的长城，高阙也随之北移至狼山石兰计山口。

阴山高阙基本处于咸阳正北，南北超长建筑基线所属的经线又恰好经过乌拉山之西，

乌拉山大桦背风光

　　与阴山高阙所在的乌拉山西段的经度相距并不遥远。这不能不让人有所联想，九原若果是秦帝国北疆的军事重镇，也可以将高阙视作秦帝国设在北疆的国门。高阙所在的长城沿线，正是秦帝国领土的边界，而阴山高耸，北面即匈奴领地，在这里立一座国门，也有某种象征意义。

第二节
北疆门户：秦汉隋唐的九原

包头地区建设城市始于战国。据《史记·匈奴列传》，战国时，赵武灵王"变俗胡服，习骑射，北破林胡、楼烦。筑长城，自代并阴山下，至高阙为塞"。赵国在河套地带筑长城，移民屯垦，在包头建九原城，设置九原县，这是有史料记载以来第一个在包头地区建立的行政建置。赵武灵王苦心经营九原城，除防御匈奴外，也有从此南下袭秦之企图。当年他假扮使者冒险入秦都咸阳，就是自九原南下，考察行军线路。

战国时期赵国修筑的九原城，学者一般认为是包头市九原区麻池镇的麻池古城。秦时为九原郡郡治，也是秦始皇所修直道的北方端点。汉时为五原郡郡治，两汉之际卢芳称帝时，以此为都城。唐朝时为中受降城。从战国经秦汉到隋唐时代，一直作为中国北部边疆重镇，发挥着重要的政治军事与文化价值。

战国末年，赵国衰落，匈奴乘机南下占领河南地（今鄂尔多斯市北部及巴彦淖尔市），九原因此被匈奴占据。秦统一六国后，于始皇三十二年（前215）派蒙恬率三十万大军北击匈奴，遂将匈奴逐至阴山以北。秦沿黄河修建了三十四座县城，并以今包头市以西、后套平原以东、黄河南岸（今鄂尔多斯）以北的广大地区新设一郡，作为天下三十六郡之一，将之命名为九原郡，郡治设在九原城。九原城承袭赵之九原县。为便于政治统治和军事调动，秦朝修筑了直道，还在九原郡修筑长城，至今在包头固阳县境内依然能够看到保存比较

赵长城遗址

完整的秦代石头垒砌的长城段落遗迹。

公元前210年，秦始皇在最后一次巡视全国的途中病死，九原城就是其准备巡视的重要城市。他活着时没能到达九原城，死后，尸体在秘不发丧的情况下由直道运回咸阳，很有特殊意味。

秦朝灭亡后，匈奴乘机占领了阴山以南的大片疆土，后来汉武帝刘彻不仅收复了失地，而且将统辖势力扩展到了阴山之北，并改秦九原郡为五原郡，郡治九原县。西汉武帝元朔二年（前127），汉将卫青率军出云中，过九原，一举收复河南地，阴山以南的大片区域再度回到中原王朝手中。汉武帝以秦代九原郡故地"置朔方、五原郡"，原来的九原郡被分作朔方、五原二郡，其中五原领十六县，而郡治在九原县，即包头麻池古城南北二城之北城。整个五原郡的辖区，相当于今日内蒙古包头市区、固阳县、乌拉特前旗、达拉特旗以及准格尔旗东北部。

汉武帝修筑长城，移民屯田，发展农业，大大促进了包头河套地区的发展，五原郡成为汉代重要的农垦区，九原城也得到了相应的发展。西汉后期，汉匈和好，结束了两个民族150多年来的战争状态，推动了双方政治、经济、文化的广泛交流。汉宣帝时，"呼韩邪单于款五原塞，愿朝三年正月。汉遣车骑都尉韩昌迎，发过所七郡郡二千骑，为陈道上。单于正月朝天子于甘泉宫，汉宠以殊礼，位在诸侯王上，赞谒称臣而不名"。汉代人对此很是津津乐道，使用"款五原塞""款塞来享""款塞自至""款塞称藩"等充满自豪感的文字来描述此类事件。北疆地区出现了"三世无犬吠之警，黎庶无干戈之役"的安定局面，阴山以南的五原郡也得到了60余年休养生息的发展机遇。

公元初，王莽篡权后，对匈奴采取了一系列歧视和干涉其内部事务的错误政策，激起匈奴不满。九原城一带居民南逃，城市陷于衰败之中。东汉初年，一些边郡势力与匈奴勾结，于光武帝建武五年（29）迎卢芳立为帝，"十二月，卢芳自称天子于九原"。卢芳，字君期，安定郡三水县（今宁夏同心东）人。在王莽统治后期，卢芳有意识编撰了一个可资凭借的离奇身世，自称武帝曾孙刘文伯，占领五原、朔方、云中、定襄、雁门五郡，趁机建立割据政权，并定都九原。建武十二年（36），五原守将隋昱胁迫卢芳降汉，卢芳不从，逃亡匈奴，隋昱归东汉。两汉之际的九原曾经为卢芳割据政权的都城，也是一段特殊的历史。

东汉仍因前汉之制在包头一带建立五原郡，下辖九原、五原等十个县，户口数大为减少。据《后汉书·郡国志》，领4667户，22957人。三国时的名将吕布，也出自九原，人称"九原吕布"。《三国志·魏志·吕布传》说："吕布，字奉先，五原郡九原人也。"吕布擅长骑马和射箭，人称"飞将军"。

赵国在包头地区建设九原城，其后秦汉继承并有所发展，其具体位置被学者们考证为麻池古城。根据《水经注》注文所载："（河水）又东径九原县故城南……西北接对一城，盖五原县之故城也。"学界一般认为，麻池古城北城是战国、秦汉九原城，也是汉五原郡郡治，麻池古城南城则是汉五原郡五原县城。

据考古资料，麻池古城即九原城，位于包头市九原区麻池镇镇政府所在地西北，昆都仑河以东3.5千米，黄河以北的二级台地上。城址保存较好，分为南城和北城，呈斜"吕"形。北城东西长800米，南北长550米；南城东西长680米，南北长675米。南城向东凸出360米后，其西北部与北城相连，总面积90余万平方米。北城北墙正中和南城南墙正中各设一门。城池方位为北偏西8度，地形北高南低，高差3米。南城又分为内外城，正中有方形台基，城西北又有长60米、宽40米的大型建筑物基础。

20世纪50年代初，保存的城墙最高处达7～8米。北城有东门和北门两座城门，南城内外城的南墙均有城门。从南城城墙发现的秦砖推测，南城似为秦代扩建。考古挖掘时，城郊曾发现赵国刀币。城南召湾汉墓中，曾发现"四夷尽服""单于和亲""单于天降"瓦当。这是迄今为止包头地区发现规模最大的古代城池。

魏晋南北朝时，包头地区成为北方少数民族政权的属地，北朝有名的《敕勒歌》中所描绘的"敕勒川，阴山下"就包括今包头地区。至北魏时，包头地区属六镇之一的怀朔镇辖地，后怀朔镇改为朔州，包头地区复为朔州广宁郡地。从三国、西晋、十六国到北魏、北齐、北周，在这前后近400年的时间里，包头地区的变化是最为剧烈和复杂的。匈奴、乌桓、鲜卑、高车、柔然、突厥等北方民族都曾先后到这里驻牧，汉族人民也曾在此垦殖，因而南北政权摩擦乃至战争频繁。所以包头地区在这一时期的建置也时存时废。

到了唐朝，基本上复制了汉朝的形势，包头再成为中原王朝防御北方突厥的军事重镇。唐朝在包头西郊的黄河北岸修建了一座中受降城。此城在唐朝不仅为北疆军事重镇，而且发展成为陆上丝绸之路的交通枢纽。唐后期由于与回纥关系密切，中受降城逐步成为中国北方的交通枢纽，使臣、马市、贸易络绎于道，最后发展成为通向中亚、欧洲丝绸之路的东端起点。

包头响沙湾风光

唐太宗贞观四年（630），唐朝灭东突厥。中宗景龙二年（708），朔方大总管张仁愿在黄河北岸的阴山以南地带建筑了中、东、西三座受降城，割断突厥南下的通道。这三座重要军事据点各距约400余里，各据交通要道，首尾可互相照应，因此有着战略上的重要作用。中受降城简称中城，位于今内蒙古包头市内，唐玄宗开元二年（714）为安北都护府治所，唐德宗贞元十二年（796）后分隶属于振武军，唐宪宗元和九年（814）转隶于天德军。筑城前，此地原有一座拂云堆神祠，南为黄河渡口金津，默啜可汗时突厥将领入寇，必先诣祠祭酹求福，牧马料兵后渡黄河。张仁愿筑三受降城时，以拂云堆神祠为中城。从722年至749年，中城为安北都护府的治所。

有学者认为，中受降城城址即今包头敖陶窑子古城，位于滨河新区，城池平面呈方形，周长1500米，城墙厚7米，残高1.5米，城中偏北有建筑物遗址一处，地面颇多碎砖乱瓦。从该遗址中还发现有三彩瓷片和粗瓷碗片，证明辽、元时可能延续使用。

李益那首《夜上受降城闻笛》，可以称为唐代边塞诗的名篇："回乐烽前沙似雪，受降城外月如霜。不知何处吹芦管，一夜征人尽望乡。"

第三节
草原鹿城：辽至民国时代的包头

五代以后，包头地区成为游牧民族的牧场，也有一些农业种植，到清代随着"走西口"的规模扩大，包头地区的农牧业更加发展，包头城市开始复兴，到民国时期逐渐发展成为西北地区的重要商镇。

包头是蒙古语"包克图"的谐音，意为"有鹿的地方"，所以包头又有"鹿城"之称。包头在历史上是大青山附近原始森林的一部分，生态环境良好，

希拉穆仁草原风光

鹿群出没频繁，因此被称作"包克图"。包头这片肥沃的土地，阴山阻其北，黄河行其南，山水相夹处正是河套平原中部的沃野，其属于古代著名的敕勒川。北朝民歌《敕勒歌》就描写了当地水草丰美与牧业景象："敕勒川，阴山下，天似穹庐，笼盖四野。天苍苍，野茫茫，风吹草低见牛羊。"

五代后，包头属辽统治。辽在这里设云内州，隶西京路。据《辽史·地理志》，"云内州，开远军，下，节度。本中受降城地"。至金时，仍为西京路云内州，但以黄河为界，河南属西夏，河北为金属地。元代大体因金制，包头归德宁路管辖（一说仍归云内州）领柔服一县。后来蒙古族各部落陆续进驻河套，包头地区又成为土默特部落游牧之地。

明穆宗隆庆五年（1571），"隆庆和议"之后，阿勒坦汗归附明朝，被封为顺义王，实行通贡互市，建立"大明金国"，大板升城（今土右旗美岱召）成为其政治中心，也是藏传佛教传播的重要弘法中心。阿勒坦汗是成吉思汗的十七代孙，善征战，曾经六次征讨兀良哈，四次进军青海，征服了卫拉特和撒拉卫郭尔，称雄于北疆，被尊称为"圣狮"。其富有政治眼光，坚持蒙古族、汉族两族友好共处，和平互市达数十年之久，维护了祖国北疆的统一与安定，促进了民族团结和文化交流，也推动了北疆的经济繁荣。在其夫人三娘子的辅佐下，蒙古族各部落与明朝在沿边建立了11处互市贸易市场，同时还发展了农业和手工业生产，改变了当地的单一畜牧业经济。其轻徭薄赋，广招内地汉族人，升版筑墙，盖屋以居，给他们土地、牛羊和耕畜，推广农耕技术。一些匠人如手艺匠人、皮毛商、皮匠等随之到来，就有了烧砖、造纸、制作奶食品等行业。当时汉族移民发展到十余万人，为蒙古族的农耕文化和手工业发展做出了不可低估的贡献。

清太宗天聪六年（1632）征服土默特部。崇德元年（1636）清廷将归化城土默特分为左右二翼，包头这时开始隶属于土默特右翼旗五、六甲地，归理藩院管辖。随着清中期来此地垦殖的人口日渐增多，这里的行政建置也在相对较短的时间内发生着变化。清高宗乾隆四年（1739），"置萨拉齐及善岱二协理通判。六年，隶归绥道。二十五年，改理事厅，以善岱协理通判省入"，是为"口北六厅"之一。包头到乾隆年间已经成为大村落，人口发展到近一万人。当时商业发展较快，已经形成东西两条街道，开设十几家商号，经营皮毛、牲畜、日用杂货等。

清仁宗嘉庆十四年（1809），鉴于居民日渐增多，改包头村为包头镇，设置包头巡检，隶属萨拉齐厅。清宣宗道光三十年（1850）黄河码头移至包头南海子后，包头成为西北地区最大的货物集散地和转运码头，人口的增长更加迅猛，经济也日益兴旺繁荣。清文宗咸丰十年（1860），随着天津港的开放，包头皮毛业的出路得以扩展。包头凭借其相对重要的地理位置和交通之利，至清末逐步发展成为除归化城外最重要的商业城镇之一。

清穆宗同治初年因陕甘回民起义，烽火延及包头，清廷派大同总兵马升进驻，清穆宗同治七年（1868），马升受命修筑包头城垣，同治十二年（1873）建成。城垣依山势修筑，北高南低，城高近5米，周长8500米，开有东、南、西、东北、西北五座城门，形成了近代包头的城市规模。

1923年，京张铁路从归绥通车到包头，包头成为内蒙古和西北地区水路、陆路、铁路交通运输的枢纽。通过黄河水路，上起兰州、下至山西河曲的货物都可以运至包头，沿黄河下行的货物有从磴口至包头的吉兰泰盐，从五原运到包头的粮食、天然碱，从河口镇到包头的杂粮、盐、碱，从甘肃至包头的皮毛等，以西北和内蒙古沿途各地的特产为主。上行的货物主要有铁器、粗瓷、木料、布匹、糖、茶、海味、洋油等生产生活用品。一时间，包头水运、陆路和铁路相辅相成，繁华盛极一时。

白雪点缀的大青山

雪后的昆都仑召

福徽寺

福徽寺的雕梁画栋

　　1923年，包头镇改设为包头设置局。1926年，升为包头县，从萨拉齐县治的管辖中分离出来，成为一个新兴的县。1945年抗日战争结束后，国民政府设立包头自治市，属绥远省。这时的包头市、县并存，市级建置得到保留。1949年9月19日，包头市随绥远省全境和平解放。

　　随着黄河水运的发展和京绥铁路通车，老包头城内商贸兴隆，商店增加，街道布局逐步由北向南发展，形成了民生街、东前街、大圪料街、西前街、富三元巷、中行街、先天巷等街巷。据民国《绥远通志》记载，包头县城"城内有大街十道，小街十道，小巷七十道"。1945年至1949年包头和平解放前，城区道路没有多少发展，据统计，当时共有街巷121条。不仅有民用房屋、私家店铺，而且开始有了社会事业公共建筑。据包头旧市志记载，包头城内公产房之建筑多为各机关办公之所，亦有少量公共建筑。老包头城内还陆续建有包括文化、宗教、教育、卫生等属于社会事业的公共建筑。

　　辛亥革命时，人口增加到6.8万，有房屋2万余间。1945年至1949年，包头城市人口增至8.9万，房屋有111万平方米，其中住宅77万平方米。这些居住建筑多为土木结构，少数为砖木结构，市面营业房与富户的四合院虽为砖木结构与半砖木结构，但房子都很陈旧，而且道路、供水、排水、照明等市政基础设施落后。

第四节

钢城稀都：古城现代化

1949年，包头获得和平解放。1950年2月13日，包头市人民政府正式成立。新中国成立后，包头是首批国家重点布局的工业城市之一，1953年至1957年"一五计划"期间，第一类重点进行工业建设的8座城市中就有包头市。来自祖国各地的第一代建设者们在这里唱响草原晨曲，建设草原钢城。包头也是全国唯一由党中央直接批复规划的地级城市。1955年11月19日，中共中央通过电报对包头市城市规划等问题做出重要批示，城市规划方案由中央直接批复，在当时的新中国还是第一次。

从新中国成立初期到1960年，包头出现了一次移民高潮。新中国成立初期，包头城仅有8万人口，后来很多人从山西迁移过来，成了包头人。当时来到包头的这些人以府谷、河曲人居多，大部分住在包头市东河区的西脑包地区。20世纪50年代，一方面国家为了建设第二个钢铁基地——包钢，内蒙古一机、二机等西部大型机械制造厂，一大批河北、山东、天津、四川、辽宁等地的军转人员被分配到包头，加入大型企业的建设当中；另一方面，20世纪50年代末山陕地区连年旱灾，一大批民众也"口里出口外"，来包头或靠手艺为生，或打工务农定居下来。到1962年的时候，包头的人口激增到100多万人。

包头还是"一带一路"和中国、蒙古国、俄罗斯经济走廊的重要节点城市。

昭君黄河特大桥

2018年2月，国家发改委印发《呼包鄂榆城市群发展规划》，提出包头在呼包鄂榆城市群的功能定位是重要节点城市。2021年3月5日，习近平总书记参加十三届全国人大四次会议内蒙古代表团审议时，提到"齐心协力建包钢"的历史佳话，唤起了人们对那段光辉岁月的记忆。1958年，大规模建设的包钢一号高炉遭遇了材料和设备供应不足的问题，党中央高度重视，指出"要想办法为包钢解决困难"。全国上下掀起支援包钢的建设热潮，材料和设备源源不断地从全国各地涌向包头，8万多名创业者扎根祖国北疆。

总体来看，新中国成立后，包头社会、经济的发展历程经历了四个阶段。1949—1978年，社会主义工业化建设全面展开，城市经济发展较为缓慢，工农业是城市经济的主要增长点，第二产业快速增长，呈现"二一三"的产业结构，工业化发展推动了城镇化水平，城市人口进入快速增长阶段，增长人口主要集聚在城市新区。1978—1990年，社会经济体制改革，城市经济恢复快速发展时期，非公有制经济开始蓬勃发展，第二产业仍占有较大比重，第三产业逐步增长，呈现"二三一"的产业结构，城市人口在计划生育政策的控制下缓慢增长，自然增长率直线下降。1991—2000年，包头经济稳步快速发展，国有企业、集体企业和

土默特右旗磐安门广场

乡镇企业进行改制、重组，非公有制快速发展，成为推动经济发展的主要力量。第二产业的发展有所抑制，第三产业在逐步增长，呈现"二三一"的产业结构，城市人口处于平稳增长时期。2000年以来，"西部大开发"战略为包头城市经济带来了跨越式发展，新兴第三产业发展速度加快，城市产业发展调整，为外来人口提供了就业机会，城市中从事第三产业的人口比重增大。

包头市产业发展影响下的城市空间结构演变历程，总体来说，是从新中国成立前传统商贸业形成单中心块状空间结构，到新中国成立后工业区蛙跳式建设形成"双城"空间结构，再到城市职能由工业生产转变为提供综合性服务，形成多中心网络空间结构。城市空间结构发展的内在推动力，本质上是城市职能的转变要求城市空间结构不断地适应其发展。

包头是世界最大的稀土矿床——白云鄂博铁矿所在地，矿产资源具有种类多、储量大、品位高、分布集中、易于开采的特点，尤以金属矿产得天独厚。其中，稀土矿不仅是包头的优势矿种，也是国家矿产资源的瑰宝。以此为基础，现在的包头已经成为西北地区著名的商贸中心之一，也是内蒙古最大的工业城市，尤其以钢铁、稀土产业闻名，被誉为"草原钢

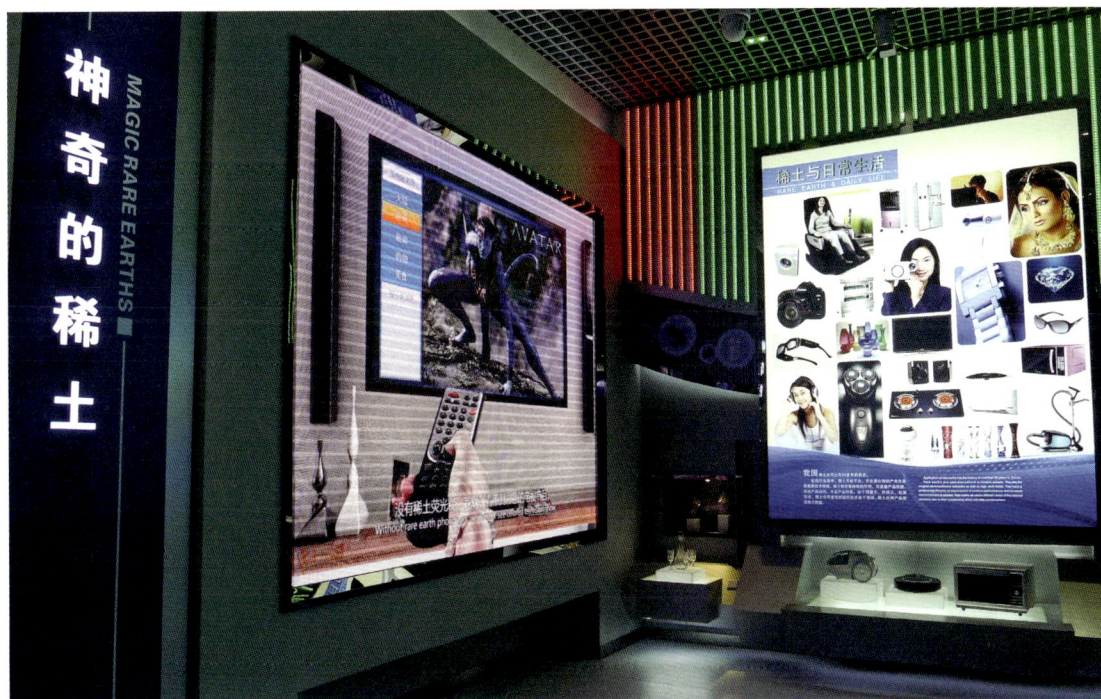

包头稀土博物馆展厅

城""稀土之都"。

包头的小白河湿地公园建设有黄河国家文化公园，成为很多市民亲河亲水的"打卡地"。公园核心建筑是面积达8979平方米的博物馆，史前黄河厅、千面黄河厅、人文黄河厅、治理黄河厅、生态黄河厅、未来黄河厅等展厅展示着黄河文化、包头区域历史文化和湿地保护成果，"沉浸式＋互动体验"等多种展陈方式，带领游客深入了解黄河湿地的历史、现状和未来。登上50米高的观景塔，向南远眺，可将大河风光尽收眼底，向北即可俯瞰一城繁华，城市与自然、生态与人文在这里相融相合，同生共长。

包头是农耕文化与游牧文化、阴山文化与黄河文化交流融合之城，形成了丰富多彩、特色鲜明的北疆文化，必将在新时代发扬光大，为中华民族的伟大复兴做出新的贡献。

第五章

黄河『几字弯』中心城市——榆林

榆林，地处陕西省北部，北瞰河套，南蔽三秦，地理位置优越，是明代九边重镇之一，有着『九塞岩险第一』的美誉，历来是兵家必争之地。早在秦汉时期，战火就在这片土地上燃烧；明朝时，因其位居『延绥五路之襟喉，三秦之要区』，军事地位骤然上升，获得了良好的发展机遇，榆林城在这一时期作为北部边防重镇而兴起。康熙皇帝曾御书『两守孤城，千秋忠勇』，以表彰军镇榆林将领的忠勇。榆林古城，自明迄今已历600余年，虽几经兵燹，却依然屹立于塞上。如今兵戈散尽，但历史给榆林留下了弥足珍贵的财富——独一无二的军事性古城特点，『南塔北台，六楼骑街』为脊柱的空间布局，个性鲜明的古建筑遗存。这座黄河『几字弯』内的历史文化名城，也迎来了新时代的高质量发展时期。

航拍榆林黄河龙湾

榆林市府谷县，即将汇入黄河的支流黄甫川河段

第一节

宝藏之地：城址选择

　　榆林城的前身是榆林庄，城址位于榆溪河东部的阶地，该城"东依驼山，西临榆溪，南带泥沟河，北锁雄石峡"，既是军事上的极冲重地，也是榆林城的龙兴之地。榆林之所以能发展成北部的军事重镇，除河套防线失守，榆林凭

航拍榆林古城

借险要的地形凸显军事地位外，该地素来有三山（驼山、红山、黑山）环抱，二水（榆溪、榆阳）绕流之说。从榆林庄—榆林堡—榆林卫—榆林镇的发展脉络看，榆林城的规模越来越大，地位也越来越重要，集军事、交通、政治、经济、文化中心于一身，直到今天，榆林仍然是陕北的区域中心城市。

一、山环水绕

古榆林城位于榆溪河河谷东侧的阶地上，东依驼山，西临黑山，北踞红山，三山环绕，西临榆溪河，南凭榆阳河，沙河、芹河蜿蜒流淌其间。此外，由于榆林城区地处东南沙漠滩地向黄土梁峁地区的过渡地带，含水岩层破碎，裂缝密集，存在大量的泉水，著名的普惠泉就是其中之一。一代封疆大吏左宗棠就曾在红石峡石刻上题下"榆溪胜地"四字来称赞有着"塞上江南"美称的榆林；清代榆林著名的书法家陈璋也写过"三山拱翠"的匾额，寓意红山的红石头、驼峰的黄土丘、黑山的黑土岭三座颜色不同的大山拱卫着绿意盎然的榆林城。景色之美，堪称天下独一无二。

榆溪河谷地是一条丰饶的河谷，成为榆林市发育的摇篮。榆溪河水自北向南流过，西面有芹河、小芹河等注入，东面有榆阳河汇注。在这些河流的润泽下，尤其是在红石峡以下，河谷宽阔平坦，水流分散，多心滩，漫滩及阶地发育完好，土层深厚，土壤肥沃，利于农作物生长；三面环山的地形阻挡了来自北方鄂尔多斯高地的强劲风力，使得谷地的气候相对温暖；充足的水源更是这里繁衍不息的动力，因此这里农业发达，物产丰富，有着榆林地区"鱼米之乡"的美称。正是由于此地水源充足、土壤肥沃、植被完好、人口众多、地势西北高、东南低，具有"高屋建瓴"之势等条件，所以，明英宗正统年间才将榆林庄改造成军事上点式防御的堡垒——榆林堡。

自明初东胜卫内撤后，蒙古军入据河套，屡犯中原，而位居要冲的西北延绥防区却无险可守，仅凭长城以及其内外的一些城堡阻挡，因而每当秋高马肥之际，敌骑便长驱直入，西安、固原往往因之一夕数惊，对都城北京也构成威胁。于是，延绥镇的战略地位开始凸显。而延绥镇治所在绥德偏南，距前线较远，于是巡抚都御史余子俊于明宪宗成化九年（1473）把延绥镇的镇治从绥德迁到榆林。榆林城东依驼山，凭借其境内外优越的山川形势，开始发挥西北重镇驻地的军事战略作用。

榆林城东有驼山，高数十丈，俗称为东山，"县城的东城半踞其巅"，"土人多穴山居之"。由于其山形类似驼峰，故城又名驼城。榆林城东依驼山，是典型的军事堡垒性城镇，这为日后榆林城作为延绥防区的军事首脑驻地奠定了基础。

红山在榆林城北5000米处，海拔约1150米，山皆红石，故名红山。此地近沙阜，因此修筑红山墩于其上，这就是被后人称为"万里长城第一台"的镇北台。镇北台是长城防御体系之一的观察所，站在台上远眺，北面几十千米大川之貌尽在眼底，有"一夫当关，万夫莫开"的雄踞势态。长城在镇北台东西两侧，沿黄土高原险要的地势延绵数百千米。榆溪河由北向南穿红山"石穴流下，陡落数千仞"，此处即红石峡，又名雄石峡，军事地位显著。榆溪河河谷在孟家湾乡及岔河则乡以下，两岸地势较坦荡，河道较宽，在红山一带河流切入基岩，形成峡谷。红石峡以下河谷又复宽坦，水流分散，多心滩，谷宽1500米至2000米，漫滩及阶地发育完好。因红石峡北通今内蒙古包头市，南连米脂、绥德，西达乌

红石峡摩崖石刻

审旗，东至神木、府谷，地势险要，道路依山临峡，扼控南北通道。明朝中期，鞑靼常常沿着榆溪河河谷南攻榆林、鱼河堡、米脂等地，继而沿着无定河而下，到达黄河岸边，所以红石峡的军事战略地位极其重要。

黑山在榆林城西北5000米，明代黑山附近有茂密的森林，水草甘美，是骑兵驻扎或埋伏重兵的理想之地。《读史方舆纪要》卷六一《陕西十》载："正统中，北骑内侵，率由此驻牧，成化中始筑寨堡，并植柳万株以防冲突。"

二、交通枢纽

随着边防形势的变化，榆林的军事地位骤然提升，榆林近可以作为延、绥等地的屏障，远可以作为西北地区守卫京师的重地，其重要性可见一斑。榆林军事地位的凸显，与它优越的交通条件有密切的关系。

榆溪河谷

榆林古城所在的榆溪河河谷自古以来就是交通要道。明朝，这里是扼控北方蒙古游牧民族诸部南下的要道，屏蔽全陕，榆林镇城的选址和迁址于此，就与这里举足轻重的枢纽地位有关。随着榆林军事重镇的兴起，其重要性就更加突出。蒙古族骑兵往往沿着榆溪河谷攻打榆林，一旦蒙古族铁骑通过榆林，南下会威胁延安、绥德、宁夏和固原等地，东渡突破宣大（宣府、大同）防区，兵锋就可直指京师，因此榆溪河河谷交通的重要性不言而喻。尤其是具有"一夫当关，万夫莫开"之险的红石峡，它扼守南北交通的咽喉，既是军事上的险要之地，也是蒙古族、汉族贸易的场所。商民互市贸易，盛况空前。

长城

明王朝为防御蒙古族骑兵的进攻，逐渐设置了长城之内的九大军事重镇，即辽东、蓟镇、山西、宣府、大同、延绥、宁夏、甘肃、固原，形成了北部边镇防线。

榆林镇辖庆阳、延安、绥德、榆林四卫，总兵驻榆林卫，东路参军驻神木县，军事上设有镇羌所，西路参军驻新安边营。为了加强这一地区的军事守备，沿府谷、神木、榆林、怀远堡、镇靖堡、定边营一线，修筑了内外两道长城，并在沿线构筑了很多卫、所、营、堡。

镇北台是明代长城遗址中气势最为磅礴的建筑物之一

龙洲明长城

其中，榆林镇所辖的东、中、西三段边墙即三条重要的军事干道。由于边墙内的堡寨、墩台之间均有道路相沟通，所以东、中、西三路又俗称"神木道""榆林道""靖边道"。在整个陕北的长城沿线，榆林基本上处于中心，它所属东、中、西三路诸城堡间的军事信道均汇聚至城镇。

驿路、粮道

自榆林镇建立后，陕西省省城北去的驿道历经延安府、绥德州而伸达榆林城；京师西来的驿道也经由井陉口入山西，历经太原、柳林，跨黄河，经吴堡、绥德，循无定河河谷而上至榆林城。这些驿道皆置马驿，以方便"递送使客，飞报军情"。此外，为了巩固边防，抵御鞑靼侵扰，沿边重镇在墩台、关口多设驿站，用于沟通联系。

三、从上郡、统万城（夏州）到榆林

更早兴起于黄河"几字弯"的中心城市上郡也在今榆林市域，又经过中间统万城（夏州）的变迁，明清时代遂兴起了上述边关重镇榆林。以下简要介绍其演变过程及其与黄河的关系。

榆林地区早在旧石器时代就有人类在此繁衍生息，商时期的清涧李家崖遗址为北方地区唯一的商代古城遗址。西周到春秋末期，榆林地区一度被北方少数民族占据。魏国最早在此地设置上郡，后被秦国占有，仍设上郡，也一直为秦汉王朝沿用，治所为肤施（今榆林市榆阳区鱼河堡附近）。西汉时在上郡设龟兹属国都尉治所，故城在今榆林城北牛家梁乡古城滩村。上郡为黄河"几字弯"地区中心城市，战略地位十分重要，为汉族和北方少数民族往来、征战最为频繁的地方。

三国至两晋，榆林地区为羌胡占据，未置郡县。东晋安帝义熙三年（407），匈奴人赫连勃勃称天王、大单于，建立大夏国。后来建设国都统万城，由于统万城位置冲要，处于阴山与横山之间的红柳河北岸，草原辽阔，向北可达阴山脚下，沿无定河、西芦河河谷可翻越横山，直抵关中，具有控制周围地区的重要作用，因而历经北魏、西魏、北周、隋、唐、北宋几个朝代，直到北宋太宗淳化五年（994）年才被废除，历时长达581年。统万城被废后，成为西夏国和夏州城的勃兴之地，到明朝才成为长城外的废城；它的行政建置前后分别称为统万城、统万镇、夏州城、察罕脑儿城。虽然大夏国在中国历史上仅存在20余年（407—431），但其都城作为北方军事重镇有近600年的历史。此后，统万城在建成之后的5个多世纪里一直是鄂尔多斯高原南部的政治、经济和军事中心，也是扼守"草原丝绸之路"的东西交通重镇之一。

黄河为晋陕界河，从府谷入境，流经府谷、神木、佳县、吴堡、绥德、清涧6县，凡270千米。今榆林市域主要河流中最大的河流为无定河。而历史时期交替兴起的三大中心城市也都与无定河密切相关。上郡治所与榆林城均位于榆溪河上，它是无定河的支流，而统万城也就是夏州则位于无定河边。

第二节
三拓榆阳：拓展过程

  榆林是作为军事重镇兴起的，因此榆林城的修筑多半考虑到军事防御的需要，它北依长城，东据驼山高地，西、南两面以河水护卫，完全体现了军事要塞的防卫特点。这种军事地形的选择，对榆林城的发展走向具有很大的影响，历史上三次大规模拓城，即"三拓榆阳"，均因受到东西山水形势的限制，而向南北方向发展。

从镇北台远眺榆林城区

一、明代"三拓榆阳"

一拓榆阳——北城的扩建

明宪宗成化八年（1472），延绥镇巡抚余子俊在城北（今官井滩）增筑城垣。次年，余子俊又以榆林堡旧城为依托，在其北侧建筑一座新城圈，称为"北城"，与旧城形成南北相连的两座城圈，即榆林镇城。原有的旧城墙俗称"南城"。这次扩建为榆林成为延绥镇军事驻地打下了基础，同年，余子俊将延绥镇镇治由绥德移驻于榆林卫城。

成化二十二年（1486），巡抚黄黻将"北城"东墙由驼山西坡向东推移至驼山山巅，依地形来看，此次扩建的军事目的突出——控制高亢之地而确保城镇之安全。此次扩城的城垣俗称北城。经过两任巡抚对北城的拓展，榆林古城的北城形状基本上在清穆宗同治二年（1863）以前未发生过大的变化。

榆林雪后的城墙

万佛楼上的狮子

二拓榆阳——展筑"南城"

榆林城成为延绥镇的军政首府后，城内诸多官署机构较前大增，驻守兵力也大大增多，城区日显狭窄。于是明孝宗弘治五年（1492），巡抚熊绣拆除原来的南城南墙，将城垣由南门（今新楼巷一线）又向南扩展至清代的凯歌楼一线（今已毁的万佛楼），清代的凯歌楼即明弘治五年以后南城的南城门，称作"怀德门"。据史料记载，明武宗正德末年（1521），都御使姚镆为巡抚时改称怀德门为凯歌楼。怀德门即二拓后的南门，此次拓展的南城城墙故址在今榆林市旧城区万佛楼上、中、下三巷之地。增设的西门叫宣威门，东门叫振武门。这次展筑的城垣，俗称中城。

三拓榆阳——接筑南关外城

随着榆林城常住人口的增加及配套设施的完善，短短十年间，明孝宗弘治五年（1492）巡抚熊绣展筑的南城已经不能满足需求了，明武宗正德十年（1515），延绥镇总制邓璋以"南关外人烟臻集，店铺栉比"，奏筑南关外城，将南城推至榆阳河沿，它的范围大致在榆阳区城内万佛楼——明代旧城区内万佛楼以南的部分。筑起的南门叫镇远门，并设西门二，北叫龙德门，南叫新乐门。这次展筑的城垣，俗称南城。

之后，明穆宗隆庆六年（1572），巡抚王遴筑南门逻城，"自水西门至讯敌楼"，始把南城墙推到现址。通过三次拓展及王遴添筑逻城，榆林城的空间布局基本奠定，构成北、中、南三城连为一体、南北长而东西窄的格局特征。

二、清代改筑榆林"北城"

清代道光以前，榆林镇城的平面布局、城区轮廓均沿袭明代的形状毫无变更。清朝同治年间，道宪常瀚"鉴于本省同州、朝邑之回乱，目睹北城（墙）沙压残废"，于清穆宗同治二年（1863）倡议改筑"北城"，也就是缩建"北城"，在广榆门东西缩筑北城墙，使原在北城内的东岳城、官井海子，今俱在新城外。威宁门因北城缩建而废，原西门龙德门也废除，原广榆门为新城北门，至此始成今城之廓。此次施工对榆林古城的空间布局影响较大，现在榆林市区旧城区的"菜刀状"格局就形成于此时。此后，清代同治、光绪年间曾多次兴举补修榆林城城墙和重要建筑设施的工程，但均没有影响榆林古城总体的空间布局。

第三节
南塔北台中古城：外观结构

　　榆林城作为榆林镇的军事驻地，不仅城池选址依山傍水，山川形势优越，而且城墙高大厚实，以青砖包砌。城墙四角设有角楼，东城墙上还设有讯敌楼和观远楼；七座城门，每座城门均设有箭楼和千斤闸。如此雄伟的外观，塑造了名副其实的重镇榆林城。

航拍古城南门城楼

一、榆林城的外观

明代，经三拓榆城，城池扩大，平面格局形成。从明世宗嘉靖十九年（1540）至明神宗万历十年（1582），又相继完成全城城墙的包砖，并进行了城墙的加高加厚修筑。此时的城墙高是原城墙的2倍，宽是原城墙的3倍，并且用青砖包砌城墙顶端的垛墙，还添建了榆林城四隅的角楼即高两层以上的城楼。到万历三十年（1602），榆林古城东西长约3250米，南北长约1212米，周长约8924米。城墙建城楼14座，即北城中部镇北楼、七座城门楼、四座城墙角楼，以及东城墙上的讯敌楼和观远楼。

榆林城的七座城门分别是东城门两座——威宁门、振武门，南城门一座——镇远门，西城门四座——新乐门、龙德门、宣武门、广榆门。北城墙未设城门，以防蒙古族骑兵冲入。为了满足军事防御的需要，每座城门均设有箭楼和千斤闸，其中东城振武门和南城镇远门下

节日期间，南门口城墙上，锣鼓喧天，游人如织

筑有瓮城。这些建筑构成了榆林古城的空中立体景观，使得榆林古城外观更加威武壮观，愈显军事重镇的特色。

清末时，榆林城的南城墙长约1060.4米，西城墙长约2124.5米，北城墙长约1168.9米，东城墙长约2435.5米，总长约6789.3米。城墙墙体用黄土夯筑，外则包以青砖，城墙高约12米，基宽约16.6米，顶宽约10米。城门五座：北门广榆门，南门镇远门，东门振武门，大西门宣威门，小西门新乐门。五门顶部均建有二层敌楼，东南两门设瓮城。东城墙上建有红砖砌筑的文昌楼，为全城的制高点。东南城角建二层高的魁星楼。虽然清代的榆林城受自然和人为因素破坏很大，但仍然能尽显古城军事重镇的威严。

二、南塔北台中古城

榆林古城是一座名副其实的军事城镇，这不仅体现在古城的选址及军事建筑风格上，而且还体现在其外部的布局上。南塔北台中古城即榆林城军事性特征的又一体现。之所以这样说，是因为榆林城西临榆溪河，东踞驼山高地，俨然是军事要地，若再与南面的军事瞭望台凌霄塔和北面的长城军事哨所镇北台连成一体，简直如虎添翼。

凌霄塔位于榆林城南、榆阳桥之东的山巅上，是榆林古城的标志性建筑之一。它建于明万历三十五年（1607），原为榆阳寺中之塔，寺毁于清代同治年间，只有凌霄塔栉风沐雨，历百年而依然巍然屹立。凌霄塔属军事性的古塔，该塔是榆林城附近的制高点，地势险要，登上凌霄塔塔顶，榆林全城尽收眼底，控制了凌霄塔就等于控制了多半个榆林城。凌霄塔除具有极高的军事价值外，其独特的建筑风格也令人赏心悦目。塔为楼阁式八角形空心砖石结构，共13层，高30多米，底层八边，各长4.2米，周长33.6米。塔身一至五层为砖雕斗拱，挑木飞檐，檐角悬挂风铃，五层以上为砖砌飞檐翘角；二层以上，每层各开4个券洞窗口，层层错位，顶覆琉璃瓦，上盖琉璃花宝顶。在榆林城内遥望凌霄塔，巍峨壮观，塔顶直插云霄。从凌霄塔底层洞口进入，拾级而上可达第三层，以上有木梯通往顶层。游人在塔顶俯瞰，古城景致尽收眼底，美不胜收。

镇北台在榆林城北5000米处的红山上，为延绥巡抚都御使涂宗浚于明神宗万历三十五年（1607）在款贡城内修筑。它依山踞险，控南北咽喉，锁长城要口，是古代重要关隘和军事哨

航拍凌霄塔

所，距今已有 400 多年。镇北台是一座四层正方形的高台建筑，外砌砖石，高 29.7 米，底大上小，逐层递减。第一层高 10.2 米，周长 320 米，进深 12 米，四面围以墙垣，是守台士兵的营房。东墙南侧设置城门，内侧为砖铺马道，南墙与长城相连。第二层高 11 米，周长 128 米，进深 5 米，南墙开设通道，砖石踏步直通第三层。第三层高 4.1 米，周长 86 米，进深 3 米，券口横额有巡抚涂宗浚所书的"向明"二字，北面原刻"镇北台"。第四层高 4.4 米，周长 35.44 米，进深 2 米。顶层台面积约 225 平方米，正中旧有砖木结构眺望哨棚，竖有旌旗。站在这里眺望，视野开阔，塞外风光尽在眼底。遥想当年，雄台高耸，军卒肃立，旌旗招展，刀戟林立，那是何等壮观的情景啊！镇北台既是榆林古城的门户，又是九边重镇之一的镇守台，同时也是明朝"蒙汉互市"边关和平环境的历史见证。

镇北台东北侧有款贡城，它与镇北台同时修建。款贡城周长 667 米，墙高 5 米，北城墙与长城相连，城头筑有女墙和垛口，东北角还有敌楼一座，建筑形式带有浓厚的军事特征。

清晨，镇北台出现树挂、云雾景观

遥看镇北台

镇北台长城博物馆内的展品——点心盘、酥油盒

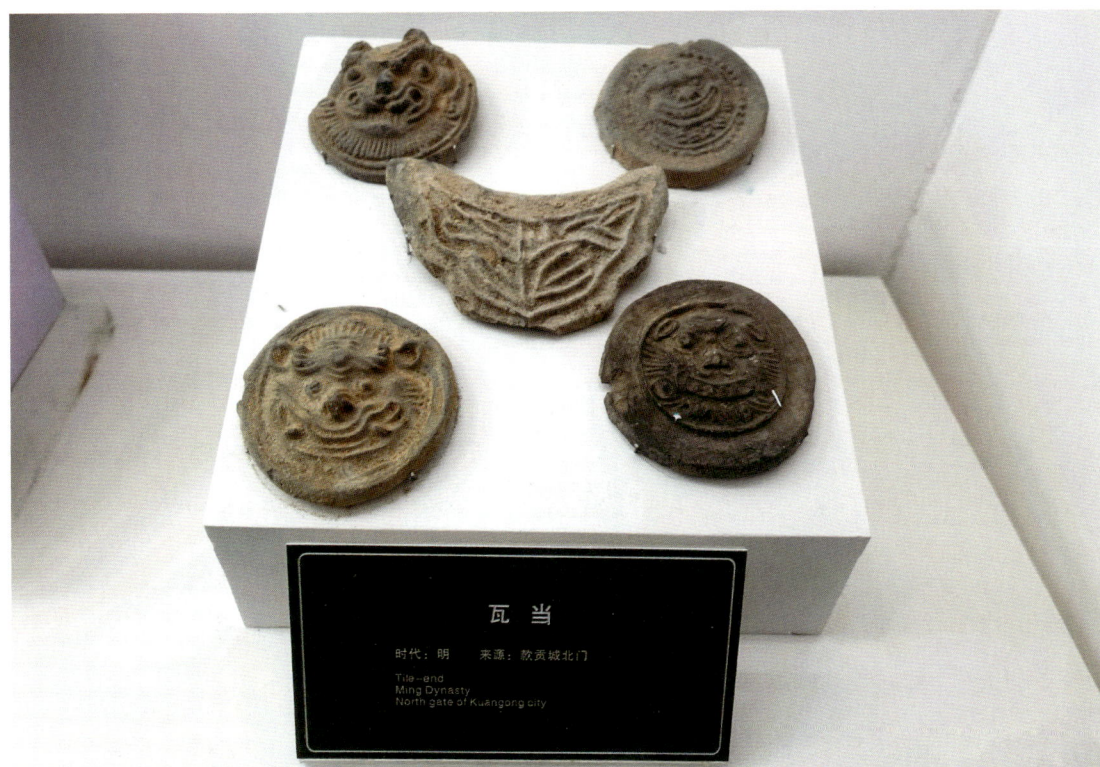

镇北台长城博物馆内的展品——瓦当

现在存一门，高3.2米，宽2.5米，门额石刻"款贡城"三字。款贡城是明朝蒙古族、汉族官员洽谈、受贡、赏赐及进行官方贸易的场所，俗称官市。镇北台设计的巧妙之处，就是它全建在款贡城内，成为城中之城，既可以登台瞭望，勘探敌情，也可以屯兵埋伏，迷惑敌军，还对正常的"蒙汉互市"贸易起到了监督的作用，实在是高明之至。与款贡城相对应的是易马城，该城在镇北台西侧1000米，它是专供民间自由贸易的民市。总体来说，镇北台、款贡城、易马城一台两城，实证了榆林在历史上作为蒙古族、汉族在政治、经济、文化、军事方面往来的重要处所的地位。

总之，"南塔北台中古城"的外部格局，使榆林城四面都有防御的功能，俨然是军事重镇！难怪榆林镇有"九边锁钥""雄镇三秦"之说。

第四节
六楼骑街

　　兴起于明代的榆林城是按军事要求选址建设的边防城市，所以该城的布局带有浓重的军事特色，城南高耸的凌霄塔与城北雄伟的镇北台遥相呼应，形成边塞古城独特的雄健轮廓。六楼骑街棋盘式的建筑格局，更是独具一格，军镇古城的特色尽显其中。

　　榆林城东倚驼山，西临榆溪河，城内以一条贯通南北的大街为轴心，由南至北依次分布着文昌阁、万佛楼、新明楼、钟楼、凯歌楼、鼓楼，这就是古城的主脉——六楼骑街。

一、文昌阁

　　文昌阁位于榆林古城步行街南端，南距南城门即镇远门百余米。据《榆林县志》记载，文昌阁建于清高宗乾隆十九年（1754），清仁宗嘉庆十五年（1810）举人叶沆等重建。文昌阁在1951年因妨碍交通被拆除，现在看到的文昌阁是2004年在原址的基础上修复起来的。文昌阁的楼体造型、建筑结构、工艺流程等与新明楼大同小异，只是规模略小，二者堪称姐妹楼。文昌阁又叫四方台。全楼为十字歇山顶重檐三滴水纯木结构，楼高19米左右，斗拱举檐，正中形成十字歇山四向八角顶，顶上覆盖绿琉璃瓦，气势宏伟。

文昌阁二层供奉的是道教主宰人间功名利禄的神——文昌帝君。古代读书人特别崇尚文昌帝君，认为定期参拜文昌帝君是一种争取功名的途径。三层为魁星楼，内祀魁星神像。魁星神也是掌管人间文运之事的神祇，有"魁星点斗，金榜题名"之说。该楼的兴建，也反映了历史文化名城士庶重视文化之风尚。

旧时，文昌阁又为当地民间传统的"泥娃娃会"场所。清明节前后，以文昌阁为中心，举行为期3天的以泥塑工艺品为主的例会，俗称"泥娃娃会"。届时，古城众多手工艺人纷至沓来，环楼周围，广列各类手工艺品，以众多泥塑工艺品为主体，另有木制、陶制、纸制等种类繁多的工艺品，琳琅满目，异彩纷呈，令人悦目赏心。会上，游人如织，热闹非凡，这一集会是榆林仕女四大集会之一，也是榆林重要的节日活动。

二、万佛楼

万佛楼原有佛像万尊，故得此名，寓有"万佛生万福，福德聚汇，广如大海，周而复始，循环往复，无穷无尽"的含义。万佛楼坐落于榆林古城的南大街，北向明星楼，南对文昌阁，建于清圣祖康熙二十七年（1688），是现存三座骑街楼中的一座。

万佛楼共有三层，底层为砖砌四孔拱洞式楼基台。楼基台四面开有门洞，可穿行。楼基南北门洞与南北向大街贯通；基台东西门洞与万佛楼巷相对。楼基北面东西两侧各有窑一孔，南面门洞两侧开有天门、地门，拾阶可通楼上。楼基之上建有两层砖木结构楼阁：一层分南、北院，两院东西各有三楹配殿，供奉着关帝、南斗、北斗、药王、三皇等神祇；二层为长方形通殿，殿内供奉着释迦牟尼佛、阿弥陀佛、药师佛等20多厘米高造型精美的铜质佛像近万尊。楼顶斗拱飞檐，美轮美奂，脊兽罗列，气宇非凡。万佛楼庄严秀丽，气势宏伟，当地人说这里是榆林城龙脉的龙心所在地，是榆林城的护身符。

旧时，万佛楼每年农历五月二十五、六月十九日为传统庙会，楼上香火鼎盛，楼下人山人海，热闹非凡，是榆林仕女四大集会之一。

三、新明楼

新明楼也叫明星楼，位于榆林城南大街中心，北与钟楼、南与万佛楼遥遥相对。榆林城原有鼓楼两座，由于城区向南扩展，原有的鼓楼便显得偏北了，所以新建了一座新鼓楼。故新明楼最初名"南鼓楼"或"新鼓楼"。该楼在明万历年间因年久失修，破败不堪，巡抚张珩等相继修葺、僧俗募化筹资才得以获得新生，因名新明楼。新明楼是现存三座骑街楼中的一座。

新明楼历史悠久，造型精巧，是榆林古城珍贵的古建筑遗产，驰名三秦。此楼与文昌阁是姐妹楼，但文昌阁的规模和工艺都明显逊于新明楼。

新明楼为十字歇山顶重檐三滴水纯木结构，共3层，总高20米。楼基台为大青石砌筑的4座石墩，基墩之间十字相通，连接着南北大街和巷道。每层楼都由柱、木梁、斗拱衔接，形成伸展飞檐，从下到上逐层收缩；四周均为外廊环绕，木雕护栏相围，檐角悬挂风铃，梁架、额枋、棂门、花窗都雕刻有栩栩如生的花卉、鸟兽等，楼内摆设更是精雕细琢，堪称极品。楼顶四檐龙脊收向正中宝顶，形成十字歇山，四向八角顶。各层楼檐及楼顶覆盖以黄色琉璃瓦。整座楼重檐叠斗，翘首衔尾，朱柱碧窗，雕梁画栋，建筑精美壮观，色彩绚丽，艺术价值极高。

新明楼二层供奉天、地、水三官神像，三层供奉着一尊魏忠贤铜像，此像高2.05米，宽1.23米，垂足而坐，双手合拱。据文物专家鉴定，此铜像为明熹宗天启七年（1627）延绥巡抚朱童蒙为宦官魏忠贤所铸，全国仅此一处，极其珍贵，也是迄今唯一存世的魏忠贤造像。

四、钟楼

钟楼坐落于榆林古城大街的中心，南与新明楼毗邻，北与凯歌楼相望。据史料记载，该楼建于明宪宗成化八年（1472），民国时称长春楼。因长春楼的顶端八角木质亭内悬挂着一口为城区报时的大铜钟，故后人称之为钟楼。钟楼是现存三座骑街楼中的一座。

钟楼造型独特别致，是榆林步行街上骑街六楼中唯一建造于民国初期的中西合璧式的独特建筑物。楼高24米，南北长20米，东西宽14.8米，包括台基在内共有4层。台基为青石所

榆阳区春节文艺汇演，新明楼上正在进行陕北说书表演

筑，四面中部都开有拱洞，且四面都有石刻匾额，南北分别为"南控乌延""北临雁塞"，寓含着榆林古城的军事地位，东西分别为"驼峰险峻""芹水流芬"，寓含着榆林古城所处的山水形势。楼内有上下楼梯，楼体四面均设有欧式门窗，且附有雨棚。三层南北中门外各有阳台。四层为重檐八角木质亭，内悬一口大铜钟，为古城报时；抗争时期为防日军空袭，还曾起到为民众击钟报警的作用。

五、凯歌楼

凯歌楼位于榆林古城北大街，北与鼓楼对峙，南与钟楼相望。该楼是明孝宗弘治五年（1492）巡抚熊绣主持修建的，系"二拓榆阳"时的南城门，原名"怀德门"。相传明时榆林守将每与蒙古族军队打仗取胜后就在此举行祝捷、献俘、庆功等活动，故明武宗正德十六年（1521）巡抚姚镆改其名为凯歌楼。明武宗正德十三年（1518），信奉道教的明武宗朱厚照曾

节日中的凯歌楼

驻跸该楼，改"怀德门"为"太乙神宫"。凯歌楼"文革"时曾被更名为"团结楼"，1974年修外贸大楼时被拆除，2005年在原址上复修。

　　凯歌楼台基高约8米，南北长29米，东西宽28.7米。台基为砖砌窑洞式，洞门和南北大街相通。台基上建有两层木结构大楼一座，高20米，把台顶分为南北两院，东西建有配殿。南院大于北院，南院还建有一座四柱三门的木制牌楼，它与南洞门口的二柱贴墙牌楼上下呼应，形成牌楼承接牌楼的升腾布局。凯歌楼一层南祀高约3米的铜铸真武祖师神像，北祀铜铸八臂观音佛像。二层供奉玉皇大帝。此楼气势恢宏，构图巧妙，工艺考究，是榆林城区难得的建筑艺术珍品。

六、鼓楼

　　鼓楼位于古城北大街，与凯歌楼相距百米远，因拆楼时石碑被毁，故建筑年代无从考证。原鼓楼的二层悬挂着一面大鼓，平时击鼓为古城报时，遇战事又击鼓报警，故名鼓楼。今天所见到的鼓楼是榆林市在2004—2005年在旧址上依原貌修复起来的。此楼是榆林古城六

鼓楼上面有一个露天舞台，是人们欣赏戏曲的好地方

座骑楼中最早的一座，其造型奇特，结构别致，国内罕见。

鼓楼包括台基在内有三层，方形台基高约8米，南北长22米，东西宽21.8米。台基为砖砌窑洞式的建筑，东、南、西、北四面居中部位都开有门洞。台基之上建有一座二层庑殿顶木楼，木楼各层四面都有明廊，斗拱举檐，楼顶为十字歇山式，四角攒顶向正中收脊。二层东、西、南三面中部分别悬有"誉驰丹青""宣威沙漠""永镇北方"的大木匾，不仅体现出榆林古城的军事地位，也凸显出鼓楼在古城中的重要性。木楼分南北两院，东西两侧建有卷棚顶式厢房配殿。大楼一层供奉着一座3米高的武财神铜像，二层供奉着速报神铜像。楼西南有暗洞可搭木梯抵达二层，如遇匪患，木梯随时可抽。

鼓楼周围是人们庆祝娱乐的场所。旧时，每逢年节，人们就在牌楼前及鼓楼西，用砖石黄泥垒起体形高大、面目狰狞的火判。夜幕降临时，点燃火判肚内的柴炭，火焰立刻从火判身体窜出，为喜庆的节日增色不少。

总之，六楼骑街——榆林古城中轴线上标志性的建筑物，以其珍贵的地面遗存和丰富的文化内涵，见证了古城600多年的沧桑历史，而尤以军事韵味独具匠心。

第五节
五省（区）交界中心城市

由于现代经济开发较晚，榆林市保存了相对完整的典型陕北文化，民歌、民乐、曲艺、石雕、泥塑、剪纸在国内外影响很大，作为汉唐上郡、夏州区域中心、明代九边重镇之一、第二批全国历史文化名城，榆林市确实有建成特色文化大市的基础条件，关键是要采取更加切实可行、科学合理的文化发展措施。

一、五省（区）交界中心城市

陕西、内蒙古、山西、宁夏、甘肃五省（区）交界地带，西北以黄河"几"字形弯道为界，东括黄河沿线的山西忻州市、南达陕西延安、甘肃庆阳地区，包括几十个县市，也就是大河套地区。该区域地理环境趋同，资源组合良好，区位优势明显，具有发展资源工业与农牧业的优越条件。由于山同脉、水同源、人同种、话同语，又属于鄂尔多斯台地与黄土高原之交界地带，故在历史上形成了密切的地缘关系。

可是，由于行政界限的分割，这个区域的中心都市一直都没有明确，难以形成带动区域经济快速发展的增长极和制高点。从区位环境、历史文化及交通条件等多个方面来分析，榆林具备成为本区域中心城市的最佳条件。

安塞腰鼓

已成为地方文化名片的榆林"陕北婆姨"剪纸

全长800余千米的沿黄观光路，号称中国高颜值的"1号公路"，即以榆林为起点

从地理位置上看，榆林位置适中，居于鄂尔多斯与延安的南北之间，东有忻州，西连银川，区位优势明显。从生态环境现状来看，榆林作为五省交界区中心都市也有一定优势，其位居黄土与风沙区的过渡地带，水土资源相对较好，而且地理单位的交界地区更是发育大都市的区位关键。从历史发展脉络来看，秦汉时期设在榆林市区的上郡，是本区域的政治、经济、军事与文化中心，到十六国北朝时代，统万城（夏州）成为本区的中心都市，而它也位于榆林市域范围之内。明代榆林市在秦汉上郡之基础上重新崛起，发展成了本区的军政指挥中心，后来更成为行政与经济中心。这种历史文化上的优势是形成本区中心都市的重要基础之一。从交通条件上看，从古至今榆林都是五省交界区的东西南北交通中枢。秦汉时代的直道、驰道经过上郡，秦皇汉武都曾来此巡视。唐太宗时代夏州更是参天可汗道、回纥道等丝绸之路、茶马贸易主干道上的贸易中心。明清时则是东西交通之所必经，康熙皇帝西征喀尔丹就经过榆林城。而到了21世纪的今天，榆林更发展成为中国东西南北现代交通干线上的重要枢纽。高速公路方面，包茂高速是全国南北交通大动脉，而青银则贯穿中国东西部，两条交通干线交会在榆林境内。铁路方面，西安至包头的南北线早已建成，现在榆林地段正在铺设双轨；而东西方面大同至银川铁道已经奠基，其交会点也在榆林市域内。榆林市的新机场也早已建成投入运营。这四通八达的现代化交通网络的中心正是榆林，乃榆林市建成本区中心都市的必要条件之一。

为实现把榆林建设成陕蒙晋宁甘五省交界区的中心城市，未来榆林应该高瞻远瞩，坚定信念，实行大规划，发展大战略；增强实力，拓展辐射面，增强吸引力；同时，加快城市建设和环境整治，强化城市功能，逐步把榆林建设成为历史文化

"复兴号"动车组从火车站缓缓驶出，一路向南开往西安

俯拍马场梁—卧虎寨生态林基地

特色突出、经济繁荣、环境优美的大都市。

二、申报世界文化遗产

榆林市的能源开发、农牧业创新等经济发展战略，是创立榆林区域中心城市的基础条件。同时，文化产业的创意也是榆林市增强城市魅力、可持续发展的重要途径。文化是一个城市的自信心和魅力之源，现在已经成为共识。榆林市应注重历史文化的发掘与研究，对现有的地面文化遗产进行科学的价值评价，制订保护与开发利用方案，积极开展申报世界文化遗产活动，扩大榆林文化影响力。现在榆林市已经有了"长城"这个世界文化遗产，同时还有3个具有申报世界文化遗产潜质的遗存，这在五省交界区域是没有其他城市能够比拟的。

第一个是现代位于沙漠之中的匈奴古都统万城。其价值首先在于它是1500余年前匈奴族大夏政权的首都，这在世界上具有唯一性；其次，遗址保存状况良好，建筑形制独特，具有视觉震撼力；再次，统万城现在处于沙漠之中，而初建时这里却是"水草丰美"，因而具有环境变迁研究的指示意义。

第二个是近几年考古发现的石峁遗址。遗址位于神木市高家堡镇东侧，秃尾河与其支流洞川沟流汇的梁峁区域。遗址体量恢宏，总面积约408万平方米，由190万平方米的外城、210万平方米的内城和8万平方米的皇城台三座基本完整并相对独立的城址组成，呈现以皇城台为中心，内、外城半包围环绕的套环结构，是目前所见我国规模最大的龙山时期至夏代早期阶段城址。随着考古工作的不断深入，石峁遗址以其重大的学术意义，在世界范围内产生了强烈的学术共鸣，先后荣获中国六大考古新发现、全国十大考古新发现、世界重大田野考古发现和全国田野考古一等奖。石峁遗址具有规模宏大的格局、完备的城防设施、层次分明的聚落分布和精美的玉器文化，是我国北方地区一处大型中心聚落遗址，为探究中华文明起源形成的多元性和发展过程提供了新的考古依据和研究方向，对进一步理解"古文化、古城、古国"框架下的中国早期文明格局具有重要的历史意义。2019年4月24日，国家文物局发文同意将石峁遗址列入《中国世界文化遗产预备名单》。

第三个是榆林城墙。2006年，国家文物局已经把"中国明清城墙"列入《中国世界文

榆林统万城遗址

遗产预备名单》，2019年1月30日提交的第三批《中国世界文化遗产预备名单》中就有"中国明清城墙"。榆林古城是明代所建的九座重镇之一，处于长城沿线，军事价值和古建筑意义很大，尤其是"六楼骑街"的布置，应充分认识其文化价值，开展修复、研究与保护工作，整治古城及其周边环境，争取加入"中国明清城墙"联合申报世界文化遗产的团队。

三、在榆林市建设上注重文化传承和山水地理条件

在城市建设方面，有以下几点应该特别关注。一是科学规划榆林市的扩展，注重文化传承和山水地理条件，把榆林建设成承古开今，既具历史文化传统魅力，又有现代科技都市色彩的区域中心城市。二是统筹全市范围内的城镇体系建设与布局规划，加强各地小城镇建设，重点发展榆林市周边的神木、靖边与绥德三个县城，使其尽快撤县设市，发挥补充辅助中心城市的功能。三是研究府谷与佳县两个省级历史文化名城的文化与建筑特点，以其为主体带动黄河沿线城镇体系的形成和发展，打造沿黄文化与风光旅游线路，使之与已经基本连接起来的明长城沿线城镇带、无定河谷城镇带一起，共同构成榆林城市发展的

三角稳定结构。

　　榆林市的渊源可以追溯到秦汉时代的上郡，但由于位置移动，上郡遗址破坏严重，对今天城市建设的参考价值不大。而明代兴建的重镇榆林是现代城市榆林的前身，其选址布局、扩展过程与周围环境建设的思想理念与具体实践，有许多特别引人注目的地方，值得研究借鉴。

　　榆林最初依桃花泉水兴起，整个大城北据红山，西凭榆溪河，东依驼峰山，南邻榆阳水，形成了自然山水四面环抱之势，是一种最佳的区位选择。据著名规划专家韩骥先生介绍，榆林古城的选址与扩展是中国古代地理地貌经验的结晶，即使在今天，仍有较强的科学意义和应用价值。

　　除了自然形成的地形龙脉，古人还讲究"龙首当镇"，于是在红山与长城交会处建设镇北台，成为榆林市的镇山。榆林城在明朝兴建以后，有过多次的扩建，而每次扩建都主要是向南北方向的扩展，城市主要街道也是南北布设，以顺应这种龙脉的效应。在南门外修建凌霄塔也有往昔经验的影响。北部城垣不开城门，除了军事防卫价值，也有一定的文化与环保

榆林石峁遗址

意义。榆林地处风沙边缘，北墙不开城门可以抵御西北风带来的沙尘，而且也有一定的防寒防风的实际效用。

研究榆林古城选址与布设的南北龙脉与轴向，对于今天榆林的现代化城市建设与规划具有参考价值。榆林的景观主轴是南北走向，这是历史发展与地理形势所决定的，今天的各种建设都要尊重这一特色。

中华人民共和国成立以来，榆林城市有了重大发展，榆林市的范围大大扩展，榆溪河成为现代榆林市的内核，因而也将成为榆林市的主脉所在。即在明清榆林城市建设过程中，对水的重视仍然值得我们研究。在传统的榆林八景之中，水文景观占了绝大多数。八景之一的"南塔凌霄"是人文建筑景观，"红山夕照"与"驼峰拥翠"是自然山丘的利用，除此三者之外，全都与自然水源有关。"芹涧春香"是说城区西北部的芹河，"寒泉冬蒸"说的是城内的普惠泉，"柳河秋色"是指城区西南部的一条河，"水帘飞雪"是指榆溪河流经红石峡崖岩形

榆林市园林风光

成飞瀑，"龙潭藏珍"是说城南黑龙潭的奇观。榆林八景是古城山水特征的主体部分之一，反映了古人的思想方式与周围环境的密切关系，人们对自然山水敬畏、崇拜乃至适应，同时还尽可能地利用，最终逐渐将其纳入自身的生活中，体现了中国传统思想"以人为本，天人合一"的主旨。

山水人工景观形成的"榆林八景"，还体现了古人巧于因借、富于联想、人文色彩浓厚的环境观。八景分布在古城的内部及东西南北郊外，"众星捧月"式地包围着古城，是古城整体环境的主要组成部分。其以较为松散的格局，成为被城墙包围的古城与周围自然环境间的一种延伸过渡，构成了平衡与补充的图画，在景观上丰富了古城的空间层次和内容，同时还体现了鲜明的地方特色。这也特别值得我们在现代城市规划和建设过程中合理地借鉴。

保护好自然河流，对于改善塞外名城榆林市的整体环境意义非凡。榆林新城区多是建设在沙地之上的，离开了水源，其景观建设将受到极大影响。1949年，榆林城东西北三面明沙起伏，直逼城根，生态环境较为恶劣。榆林现在的城区是在城郊治沙的基础上，向四周扩展的，东沙、西沙与红山三个新城区原来都是沙漠景观，南面的沿河工业园区建设在黄土地上。城市里城区扩展迅速，符合建设区域中心城市的需要。

借鉴古代城市环境建设的经验，可以促进榆林市文化保护与环境建设，应尽力使二者相得益彰，相互促进，和谐发展，为榆林市的可持续发展多做贡献。

榆林麻黄梁黄土地质公园

雪后波浪谷丹霞地貌

第六章

河东盐都——运城

运城位居今山西省西南端，扼守三晋南大门，与陕西、河南两省隔河相望，区位优势明显。万里黄河在中游拐个『几』字形大弯至此向东奔流，运城遂有『大河顾我掉头东』的地理特点，地理位置重要。运城地区正在黄河小北干流（古称西河）以东，故古称河东。运城依靠盐池成为财赋重地、商业重镇，明清为晋陕豫三省之盐业都会，其城市也因古代设置的盐业生产管理与运输专业机构盐运司而得名。

雨后的运城黄河段

运城万荣县飞云楼，被誉为"中华第一木楼"

第一节
运城兴起背景

运城建城之前，曾在盐池北设有盐氏、司盐城、监盐城等小规模的城堡。运城最早见于史籍是在战国时期，此时这里被称为盐氏。秦昭襄王十一年（前296），"齐、韩、魏、赵、宋、中山五国共攻秦，至盐氏而还"，中山此时属于赵，故为五国。西汉时，这里为司盐城，汉章帝时又称监盐城。这些不过是小村镇而已，并没有大规模的城池之建。运城设官筑城是在元末。

一、安邑—解州—运城

元代以来，盐池北边坐落着三座城池，分别是安邑、运城、解州。东为安邑，中为运城，西为解州。安邑的建城时间最早，其次是解州，最后才是运城。盐务机构的迁移也遵循了"安邑—解州—运城"这一顺序。不同的是，安邑、解州一开始就是行政治所，而运城则是从一个盐务专城发展成为行政治所，最后把管理自己的上级安邑县、解州归并为自己的下属。今安邑为街道办事处，解州为乡镇，皆隶属运城市盐湖区。

盐务官员最早的驻扎地在安邑（今夏县禹王城遗址）。汉武帝采用御史大夫张汤的建议，"笼天下盐铁"，实行盐铁专卖政策，在全国28个郡设置盐官，河东盐官称河东均输长，驻扎在安邑。安邑当时为河东郡治所，盐官驻扎于此，

运城秋季盐湖风光

方便管理盐池。北魏时，在安邑南设南安邑（今安邑街道）。

唐宋以后，随着采盐技术由"自然结晶，集工捞采"发展成为更先进的"人工垦畦，天日浇晒"，河东盐池的西池逐渐得到了开发，处于东西两池中间的解州地位上升，逐渐成为当地治所。金因恃盐利，在解州置宝昌军，又称丰宝、兴宝二军，这一时期安邑成为其属县。因盐利，城市经济繁荣了起来。

元代统治者放弃了垦畦浇晒之法，采用原始的自然捞采之法，同时西池盐业资源逐渐萎缩。为了适应盐池管理的需要，盐务机关势必东移才能更好地管理盐池，于是在东池相对居中的位置安邑县路村建设盐务专城，取名凤凰城。因盐务官署盐运司的驻扎，该地又称运司城，简称运城。运城建成后，盐务官员从此就驻扎于此。明清时期运城所在的地域属于安邑县的行政管辖区域，为安邑县的一个城镇，而县城安邑又隶属于解州，为解州的属县。运城虽为安邑下属的城镇，但规模比县城还要大，和州城解州的规模相当。

民国以后，运城受盐业经济的推动，城市规模和商业市场逐渐繁荣兴盛，而解州、安邑逐渐衰落，随后成为运城的两个属镇。

盐务机关驻地的变化，反映了河东盐池生产的状况。运城的建城和盐务机构的驻扎，则适应了这种变化。

二、建城过程

运城是我国唯一的盐务专城，伴随着盐池的开发而发展起来，它的建城与盐池的生产管理、池盐的运销息息相关。古人云："地效灵，天挺秀，爰有育宝之区；前创始，后增修，斯有凤城之建。运治非盐池不立，盐池非运治莫统也。"可见，没有盐池的发展，就没有运城的兴建；反过来，如果没有运城建城，盐池的生产、管理及运销也会受到很大的影响，也就没有盐池经济的兴旺发达。

历史上食盐政策或紧或松，松的时期，食盐并不专卖，盐池管理官员一般由地方官吏兼任，如后魏及隋实行不征税收的开放政策。隋文帝采取"盐池盐井皆百姓采用""通盐池盐井与百姓共之"的政策。直到唐玄宗开元十年（722）以前，也沿袭隋制，采取无税政策。只是到了唐宪宗时才置安邑、解县两池榷盐使，实行税征和食盐专卖制度。元代之前，管理运城

运城河东池盐博物馆

盐池的盐务机构多设在安邑和解州。

运城建于元末，特点是先建运司后筑城，而运司的驻扎则在元太宗时期（1229—1241）就开始了。元太宗时，同处一城（解州）的盐务官员与解州地方官员之间矛盾加深，"主盐之官与州有隙，遂置司于路村"。一方面为了使盐务机关不受地方行政机关的干扰，能更好地运作，另一方面由于西池的衰落，为适应盐池的管理，盐运使姚行简向朝廷绘图献议，主张将运司从解州迁往位于大盐池中部的路村。后来，由于解州地方官员和盐务官员先后易人，解州和路村两方面为争夺盐利，致使盐运司的迁移出现了反复，但最终还是选择了路村。

盐务机构迁往运城后，解州失去了盐业经济的支撑，逐渐萧条与破败。后任的解州地方官员为了本地方的利益，强烈要求将运司再迁回解州，并为之不懈努力。加之盐运司所处之地当时并未建城，处于荒郊野外，盐务机关没有城池可依靠，也产生了一些问题。到吴从仕任盐运使时，有了将运司迁回解州的想法。终于在盐运司迁往路村的50年之后，于元世祖至

河东池盐博物馆内古代先民盐池采盐的场景模拟

河东池盐博物馆各种盐展品

元二十年（1283），运司又迁回解州。

运司重迁解州后，虽然有了城池的依靠，但盐商运销以及管理盐池又产生了许多的不便。解州城位于盐池的最西边，盐商办理盐运事宜要跑好多冤枉路，因此盐商强烈要求将运司迁回路村。在盐商和解州地方官员势力的博弈过程中，这次盐商的势力占了上风。同时盐池的盐务管理也因解州的地理位置偏西而产生了许多的不便，新一届盐运使陕思丁、副使亢泽、判官郭荣上任后，认为盐务之根本在盐场、盐商，盐运司的驻扎不能避近就远。于是在运司迁往解州四年后，于元世祖至元二十四年（1287）再迁路村。从此，盐务机关就在路村稳定下来。

元初，路村尚是"弹丸一乡镇"。元仁宗延祐年间（1314—1320）更名为圣惠镇，当时虽尚无城垣，但在路村已筑有池神庙、学宫、谯楼和隶役处所。

元末，为了保障盐务机关的安全，迫切需要建立城池以资护卫。在盐务机关雄厚的政治、经济实力支撑下，建筑城池也有了可能。于是，当那海德俊出任盐运使后，筑城便纳入了议事日程。

城于元顺帝至正十六年（1356）八月开工建设。是时"丁夫星布，畚锸云集"，除庶民输财赴役者外，另有兵丁2500人参加，共历时5个月，当年十二月工程告竣。城外筑土为墙，开五门，并各构简易城楼。门的内外左右筑有军庐、讥察所，是巡警讥察所在之处。城四角各筑烽火屋，是觇伺防御之所。

运城建成后初名凤凰城，后因是盐运司驻地，故称运司城，亦名为运城。运城一名因此而来。

三、为何在路村建城

元末，为什么会在路村筑城呢？

运城有利的地理位置

盐池位于解州和安邑之间，而运城则在盐池中部北面的高岗上。盐池东部靠近产盐之母——黑河，相较于西部产盐更旺盛。因此对管理盐池的生产、防盗来说，运城的位置相对来说是居中的。河东池盐生产集中，运城地理位置相对于池盐生产来说又比较适中。这样，

航拍运城盐池文化广场与盐池神庙

选址于运城，有助于对盐池的生产管理。

更为重要的是，在运城南部已经建有盐池神庙，而且盐池神庙下有淡泉或曰甘泉，这是晒盐所必备的因素。河东池盐成盐需要搭配淡水，淡水水质越好，成盐的质量越高。另一方面，盐池周围水质苦咸，不适于饮用，唯有此处有淡泉，而且水质甘洌，方便了官员和盐工的饮水需要。因此盐池神庙和淡泉的存在对运城城址的选择起了非常重要的作用。

西池衰落

如前所述，历史上运城盐池主要由两大部分组成，即东池和西池。东池即大盐池（即今通常所指的运城盐池），女盐池和一些小盐池统称为西池。

由于长期开发，西池在宋以后产量逐渐下降。元代又放弃了"人工垦畦，天日浇晒"的生产技术，回到了"自然结晶，集工捞采"的生产方式。西池水淡，按这种生产方式，几乎无法出产较多的食盐，因而西池到元代基本上就废弃不用了。河东都转运盐使司设在解州，解州处在大盐池的西边，偏处一隅，给盐池的生产和管理带来了极大的不便。因此，需要在盐池的中部建立一座城池来管理盐池。运城的建立，则适应了这一需要。

盐业生产、管理、运销之需

古代社会，盐是政府重要的财政收入。河东盐池的盐税大致占到全国盐利的四分之一，占整个财政收入的八分之一。所以，历代均设官员予以管理。在元代以前，盐池治所多在解州。元政府出于控制盐池、征收盐课的需要，建立了一套庞大的盐政官僚机构——河东都转运盐使司，专门管理河东盐政，搜刮盐课。由于盐务繁杂，解州城小且偏，因此，为了满足管理盐池的需要，而"徙运司于路村"。

以池盐生产为主的产业带动了其他相关行业的兴起，延伸了产业链条，出现了饮食服务、交通运输、旅馆客栈、银号票号、百货等一系列行业的兴盛。解州城小不足以容纳，因此有必要另建一座较大的城池，来支撑盐池生产运销的发展。

具有一定基础设施

运城建城是先建运司后筑城。建城时，除了盐运司，还有盐池神庙、学宫、谯楼和隶役

运城盐池神庙大门

处所等设施，迫切需要修筑城墙来保护。这些基础设施的保护是运城建城的直接原因。

盐务和行政机关分离

州城解州既建有盐务机关，又有地方行政机构，带来的结果是既有好处也有弊端。好处是两者能够相互配合，协助对方处理好各自的事务。但所带来的弊端也是非常明显的，如两者互不隶属，各自为政，因此产生矛盾也就习以为常了。如前所述，盐司就是因为盐务官员和地方官员产生矛盾而东迁于路村的。

同处一城带来的弊端还有，解州城的土地供应和人口规模已经趋于饱和，不能适应盐务事业发展的需要。解州城内地方行政机构建有自己的官署，加之学校、祠堂庙宇就占了城市多一半的土地，再加上盐务官署、商业店铺以及居民住宅，城市拥挤不堪，不能适应庞大而复杂的盐务需要，因而另建新城是必然选择。

由此可见，运城的建立，适应了盐池生产、管理状况的变化，是盐务事业发展的需要，而非行政区划使然。长期以来地方行政中心并不在运城，而在州城解州和县城安邑。元末建城以后驻扎于此的多是些盐务官署，如明清两朝先后建有巡盐察院、运同署、经历司署、知事署、库大使署、三场大使署、解州州判署、都司署、把总署等，而地方政府长期并不在此设立衙门，所以运城享有"盐务专城"之称号。

第二节
明清城市发展

　　明清时期，运城虽然在行政上还是隶属于安邑县管辖的一个城镇，但从城镇的规模、人口的数量、经济的繁荣、文化的齐备、市内结构的完备、驻扎官员的品级各方面来说，它已不次于一个府州级城市的规模。

　　运城城市形制属于长方形，据记载："城周九里一十三步，广袤各四分之一，高二十四尺。"而同一时期的安邑县城只"高四寻，阔半之，周六里一十三步，池深丈余"。

　　运城从城市总体布局上分为九坊四街，"坊为商民所错处，而集则粮食所聚之场"。九坊，即厚德坊、和睦坊、宝泉坊、货殖坊、荣恩坊、贤良坊、甘泉坊、永丰坊、里仁坊。九坊把运城分为四条主要干道，即东西南北四条大街，四条主要交通道路以巡盐察院为中心呈"十"字形布局。四条街道对应东西南北四个城门。靠近城门的街道附近，运城人俗称之"关"，因而四条大街靠近城门的地方也就被称为"东关""西关""南关""北关"。

一、城垣与守备

　　元末建城后，运城有五个城门。万历《山西通志》曾记载五门"东曰□□，西曰货殖，南曰宝泉，北曰长闭，南右曰观音，今塞"。明英宗天顺二年（1458），运使马显将把原有的五门改为四门，东曰放晓，西曰留晖，南曰聚宝，北曰迎渠。

运城建城后，明、清两朝曾多次增修城垣。明武宗正德六年（1511），御史胡止将城垣增高，但未加石甓。明世宗嘉靖年间（1522—1566），盐业繁荣，地方也有经济实力来大规模砖甓城墙，运城四面城墙依次砖砌而成。这一时期还修建了四门重楼，并于城角各增望楼，一周增设台铺。明思宗崇祯年间（1628—1644），为防止农民起义军侵犯，增加敌台守望之具。"正德六年，御史胡止增高之，然犹未加石甓。嘉靖三年（1524），御史卢焕甓其东。四年，御史初杲甓其西。十三年，御史余光甓其北。十五年，御史沈铎甓其南。随治四门重楼，并于城角各增望楼，一周增台铺各一十九。嗣御史何瓒、陶谟相继成功。二十年，御史舒迁重作外城。万历间，砖甓浸剥。天启二年（1622），御史刘大受暨运使孙可撰修筑复完。崇祯七年（1634）御史杨绳武、九年御史姜思睿、十三年御史杨鹗连值寇警戒严，累增敌台、守望之具。"

清顺治、康熙、乾隆、嘉庆、同治、光绪等朝，城墙先后又进行了重修。世祖顺治六年（1649），姜瓖猖獗，重楼台铺悉被损毁，第二年（1650）运使陈哲鼎重修。圣祖康熙十三年（1674），御史何元英以三藩告变，大谋巩固并增武备，二十四年（1685）御史李时谦、运使张鹏翮又一次缮修。高宗乾隆四十八年（1783），运使沈业富又详请捐修。"由是，运城遂成金汤之固"。仁宗嘉庆二十年（1815），运城地震，河东道觉罗承光请盐商捐款重修。穆宗同治元年（1862），因豫、陕捻军入境，运城为盐务重地，城垣年久失修，难以自保，在盐商捐的团练经费资助下得以重修，并且挑挖城外壕沟。同治三年（1864），河东道杨宝臣下令城墙顶部一律用砖砌成。德宗光绪元年（1875），在商人张玉成、姚长盛的请求下，河东道升泰批准重修四门城楼。

二、官署布局

运城是盐务专城，是盐务官员驻扎的地方，城内外分布了大量的盐务机关。在城市布局中，盐务官署在整个城市中处于中心位置。其他附属设施沿着东西南北四条干道延伸。巡盐察院在运城城市空间布局中处于最核心的位置，"其官署则巡盐察院居其中，左鼓楼，而右谯楼，运司、分司文武各员皆在城内街场棋布，衙署星罗，仓库坛庙无不备具"。

有官才会建署。元代设立盐运使，在运城建立了盐运使署、运学教授署，而且这些官署还早于运城的建城。在运使外设同知一员、副使一员、运判一员分理盐务。同时设场官，盐池初期分八场，后并为四场，东二场为常满、盐北，西二场为紫泉、惠商，每场各一场官。

明清河东都转运盐使司设都转运使一人（从三品），同知一人（从四品），副使一人（从五品），判官无定员（从六品）。下属还有经历司经历一人（从七品），知事署知事一人（从八品），库大使、副使各一人。同时在运司下设立东中西三分司协助管理盐池。明代除盐运使外，一个很大的变化是成化年间增派了巡盐御史驻扎运城，监督盐务。清乾隆后期，停止派遣巡盐御史，河东盐政由山西巡抚担任，巡盐察院也由此改为巡抚行署。

明清运城的盐务官署主要有：

巡盐察院。处于运城最中心的位置，现为盐湖区人民政府驻地。明宪宗成化九年（1473），朝廷派巡盐御史巡视河东盐务，成化十年（1474），由御史王臣所建。明世宗嘉靖四年（1525），御史初杲将其拓宽改造，巡盐察院前西有钟楼，东有鼓楼。钟楼元末建城时已有，鼓楼为明万历御史房寰所建，与钟楼左右对峙。清德宗光绪六年（1880），河东道江人镜进行了重修。

运司署。为掌管运城盐池行政主官河东盐运使的官署，位于运城西街，元末与运城同建。明天顺间运使史潜重新修葺。在运司署里设置有东中西三分司署、经历司署、知事署等附属官员处所。运司署在清高宗乾隆五十七年（1792）后，因课归地丁，运司裁汰，河东兵备道从蒲州移驻运城兼管盐法事宜，因而运司署改为河东道署。清德宗光绪二年（1876），河东道升泰于道署西偏修射圃亭三间，官厅三间，考棚六十号，加高围墙以备考试，其门为"遇安园"。光绪六年（1880），河东道江人镜又建书屋三间，并于园内广栽树木。

运同署。在运司署内西边。清高宗乾隆年间，运同裁，清仁宗嘉庆十一年（1806）复设，改为监掣同知。清德宗光绪二年（1876），同知沈廷瑛、秦恒柄先后重修。

知事署。在通惠楼内西偏，后改为经历司署。清高宗乾隆五十七年（1792）后，移驻中禁门内野狐泉之东。

经历司署。原在运司署内通惠楼内东偏，后移驻通惠楼内西偏，驻知事署之故地。清仁宗嘉庆二十五年（1820），经历司署移驻河南陕州会兴镇。

库大使署，设于清高宗乾隆二年（1737），位于通惠楼内西偏，经历署之前。

中、东、西三场大使署，都在运城南门内西偏，三场相并，中为中场，左为东场，右为西场，乾隆二十七年（1762）移西场署于解州城内，驻解州州判旧署。

在运城城外盐池周边也建有盐务官署，如盐池、长乐、圣惠三巡检署，盐池司在池南蚕房村；长乐司在解州境内，运城西三十里铺；圣惠司在运城东二十里铺。另外，知事署、经历司署后来由城内移驻城外，知事署于乾隆五十七年（1792）移驻中禁门内野狐泉之东。

综上所述，运城的确可以称为"盐务专城"，除了一些普通的城市管理官署，城内外分布着大量以盐池生产管理为主要任务的官署。

从地方官员和盐务官员的品级来看，运城驻扎的盐务官员的品级远大于解州、安邑州县地方官员。以清代为例，乾隆以前巡盐御史品级不定，乾隆时河东盐政由山西巡抚兼理，巡抚为从二品的官员。原来巡盐御史办公的巡盐察院遂改为巡抚行署，作为山西巡抚视察河东盐政时办公的场所。

常驻运城的盐务官员，河东都转运盐使司运使为从三品，运同、运副为从四品，经历从七品，盐课司大使、库大使为正八品，知事、巡检为从九品。而州县地方官的品级，解州知州为正五品，安邑知县为正七品。在古代社会，驻扎官员品级的高低，同时也反映了城市的地位。因此，运城在地域上虽然隶属于州县管辖的范围，但在城市地位上高于解州、安邑两城。

第三节
盐文化遗产

千年的盐业生产留下了大量的盐文化遗产，最具代表性的盐文化遗产莫过于盐池神庙了。

一、盐池神庙

盐池神庙也称池神庙，位于运城城区之南、盐池北畔的卧云冈上。池神庙历史悠久，创建于唐代宗大历十三年（778），距今已有1200多年的历史，现存池神庙主要为明清遗构。池神庙文化内涵丰富，是河东盐文化的厚重载体，目睹了河东盐池的发展，同时也是运城"盐城"特色的重要象征，见证了运城城市的发展变迁。

封神建庙历史

海盐以宿沙氏为神，而河东盐池之神最初称鹾宗，并未纳入国家祭祀。自唐以后，池神不断由封建帝王加封神号（表一），开始由国家祭祀，庙宇规模也不断扩充和完善。

唐代宗大历十二年（777），河东盐池秋霖之后，"池生瑞盐"，唐代宗李豫赐河东盐池为"宝应灵庆池"，封池神为"灵庆公"。第二年在盐池北侧解县、安邑之间卧云冈建庙设像，"容卫毕备"。宋徽宗崇宁四年（1105），封东池神

运城盐池神庙内景

资宝公，西池神惠康公，甘泉神为普济公，盐风神为荐宝侯。徽宗大观二年（1108），东西池神由公晋爵为王，封东池神资宝王，西池神惠康王；盐风神由侯晋爵为公，由荐宝侯改为成宝公。（表二）

金代延续宋代的封号，但金末的战火使池神庙"荡无孑遗"。元初战争频繁，军费开支巨大，为祈求池神的保佑，确保盐池税收，新修池神庙。元宪宗三年（1253），忽必烈从西安出发西征大理，"尽畀盐池之利以饷军"。元宪宗五年（1255），立于西安管理盐池的机构——从宜府奉旨新修二王（东西池神）神庙修成，"经始于甲寅，落成于乙卯"。新建池神庙受赐号"弘济祠"。元成宗大德三年（1299）进一步加封池神，封东池神为"永泽资宝王"，西池神为"广济惠康王"，同时，加封甘泉神为"福源灵庆公"。元仁宗皇庆二年（1313），陕西都转运盐使臣阿失铁木儿等官员重修池神庙。

明代，池神庙最少有七次重修重建。明初，朱元璋正号池神为"盐池之神"并修庙。英宗天顺三年（1459）十一月至次年十二月，河东盐运使史潜倡导官员、商人捐资修庙，除原有建筑修葺一新外，还"增构冀廊四十余间、殿前香亭一间"。孝宗弘治七年（1494），都御史张敷华巡抚山西时又重修重建。世宗嘉靖十二年（1533），巡盐御史王昺、十三年巡盐御史余光率官员重修池神庙。万历年间，池神庙的形制基本完成。神宗万历十七年（1589），"盐生溢额"经巡盐御史秦大夔奏请，赐盐池神庙为"灵佑祠"。神宗万历十九年（1591），巡盐御史蒋春芳大修池神庙，次年三月池神庙建好后，蒋春芳又在池神庙下新建了歌薰楼。神宗万历二十四年（1596），巡盐御史汪以时、运使林国相建日神庙。神宗万历三十八年（1610），巡盐御史杨师程建雨神庙和土地殿。神宗万历四十六年（1618），巡盐御史王远宜又修池神庙。思宗崇祯八年（1635），河东大荒，巡盐御史杨绳武以工代赈重修池神庙。

表一　池神神号、池神庙祠号沿革

年　代	神　号	祠　号	备　注
唐以前	鹽宗		河东盐池谓之鹽
唐	灵庆公	灵庆公神祠	唐代宗大历十二年（777）封神号
宋	东池神资宝公 西池神惠康公	显庆祠	宋徽宗崇宁四年（1105）封神号
元	东池神永泽资宝王 西池神广济惠康王	弘济祠	元成宗大德三年（1299）封神号
明	盐池之神	灵佑祠	明太祖洪武初年封神号
清	昭惠裕阜盐池之神		盐政硕色题请加号

表二　风神、甘泉神号发展

年　代	风　神	甘泉神
宋徽宗崇宁四年（1105）	荐宝侯	普济公
宋徽宗大观二年（1108）	成宝公	
元成宗大德三年（1299）		福源灵庆公
明太祖洪武初（1368—1398）	中条风洞之神	
明神宗万历十九年（1591）	分条山风洞为二神	

清代，池神庙也曾多次重修。清世祖顺治八年（1651）八月，巡盐御史赵如瑾重修，特于庙后增建僧舍一所，佛殿、庭房17间，选僧人住奉。圣祖康熙二十八年至二十九年（1689—1690）、康熙五十六年（1717）也曾大修过。世宗雍正五年（1727），盐花不种自生，盐运使朱一凤重新修葺。高宗乾隆四十八年（1783），河东盐运使沈业富委托解州州判马辉再修。仁宗嘉庆二十年（1815），运城地震后，河东道道台觉罗成光饬商人捐修。宣宗道光十四年至十七年（1834—1837），河东兵备盐法道道台但明伦饬商人再修。所有建筑重新修葺，并于庙右添设道院一所。德宗光绪十五年至十七年（1889—1891），河东道迈拉逊再修。

池神庙文化特色

（1）地方神灵，国家祭祀

唐代，池神的祭祀等级和规模较高，比照"四渎"，相当于黄河、长江、淮河、济水的祭祀等级。宋元明清，中央王朝也不断遣官祭祀。

池神庙供奉的是保障河东盐业生产的地方盐池之神，缘何能由国家遣官祭祀呢？一是因为唐宋时期河东盐池是长安、洛阳、汴梁的食盐供应基地；二是因为河东盐池的盐税在国家财政收入中占有非常高的比重，宋元明清各代，河东盐池对中央王朝财政军需保障起了很大作用。

（2）自然诸神，同处一庙

池神庙是全国少有的以祭祀自然神为主的庙宇。盐业生产需要借助自然的力量，人们将与盐业生产有关的自然神灵都予以设殿供奉。不论早期的天日曝晒还是中期的垦畦浇晒法，都需要借助日光、风力，故而有日神、风神。虞舜《南风歌》"南风之薰兮，可以解吾民之愠兮；南风之时兮，可以阜吾民之财兮"句，揭示了南风在盐业生产的重要性，南风吹拂，盐化结晶，可解除百姓忧愁烦恼，能为人们带来财富。盐矿毗邻中条山，风也从南边中条山而来，故而又有山神。晒盐需要淡水资源，雨神、泉神不可缺少。一座庙宇容纳了池神、山神、风神、日神、雨神、泉神、土地神等自然神，这在我国祠庙发展史上较为罕见。

（3）盐池之魂，城市之基

池神庙是河东盐文化的重要载体。自唐以来，矗立在盐池岸畔的池神庙见证了河东盐池盐业生产的历史变迁。从唐代建庙到明清重修，每一次的封神建庙多与当时盐业生产的丰歉有关。盐池受灾，祈求池神保佑修庙；盐产丰收，感谢池神助力。同时，这里还是盐神、盐官、盐商、盐工活动交流的重要场所。清代盐官、盐商、盐工，每逢三、六、九月朔望在这里祭祀池神。清代池神庙东西两庑分别设置了官厅和商厅，东为"官厅"，西为"商厅"，便于官商在此议事。

运城建城也与池神庙有关。元初，为何会在紧邻池神庙的路村建盐运司官署呢？这是因为唐大历以来就建有池神庙。池神庙也居于整个大盐池之中，在毗邻池神庙之路村建盐务官署，有利于对盐池生产进行管理。更为重要的是，池神庙下原有淡泉，并设有甘泉庙，这是选择路村建立运城的关键因素。盐业生产需要搭配淡水，城市居民及盐池盐工生活需要淡水。池神庙下淡泉冬夏不竭，为人们生产生活提供了水源。

（4）错落有致，别具一格

池神庙坐北朝南，负山临水，北高南低，主体建筑布局呈"T"形结构。巍峨的三座大殿横向一字排开，纵向的池神殿、奏衍楼、海光楼、牌坊、歌薰楼错落有致。三座大殿为重檐

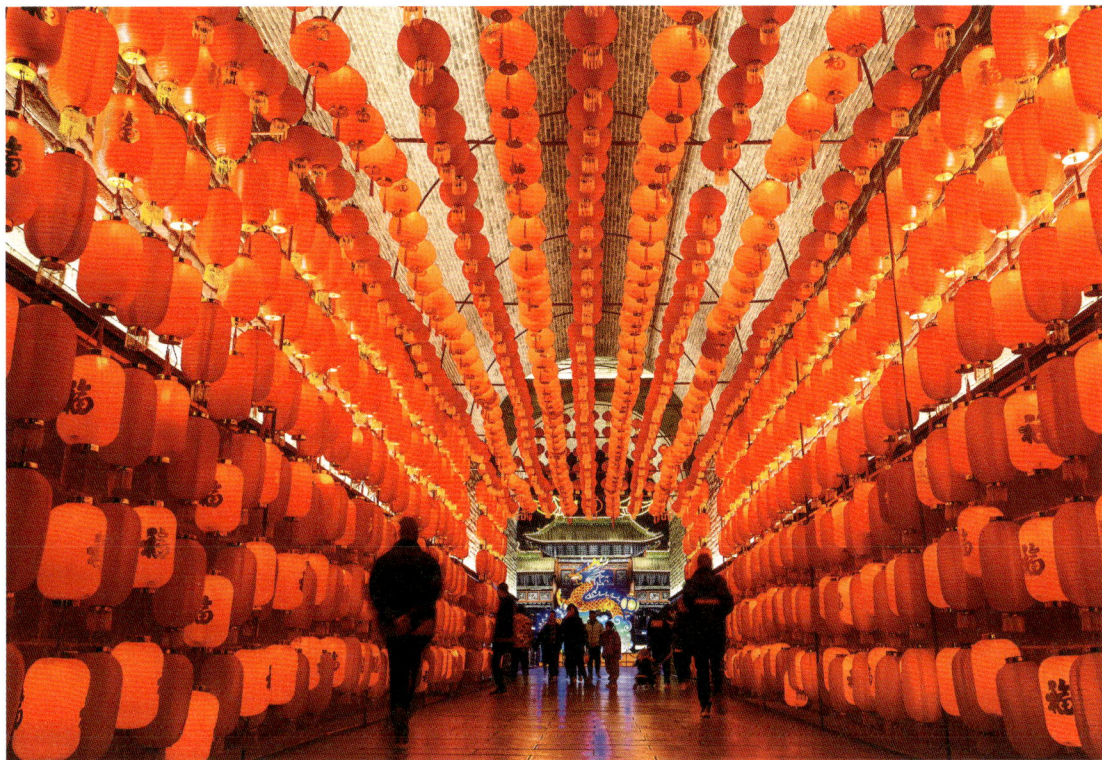

运城盐池神庙的花灯

歇山式建筑，其台基也较高，是池神庙的主体建筑。东大殿是"雨师太阳神祠"，西大殿是"条山风洞神祠"，中间为池神"灵庆公神祠"，三大殿屋檐交错，增加了建筑的美感。站在池神庙海光楼上眺盐池，观南风，琼瑶万顷，浮云飞雾，湖光山色，尽收眼底。明代著名学者吕柟及河东盐务官员曾多次在海光楼上设宴会友，揽盐池胜景。

二、河东书院

运城西北的河东书院是明清时期山西教育的一颗璀璨明珠。河东书院由巡盐御史创办，环境优美，设施齐全，师资雄厚，教育活动始终贯穿着"修德为先"的教育理念，培养了一大批社会栋梁。

巡盐御史与河东书院

明武宗正德九年（1514），巡盐御史张士隆创建河东书院，占地30余亩，另有学田40余亩。河东书院布局工整，沿中轴线依次为先门、仪门、讲经堂、退思堂、四教亭、书楼、乱石滩、仰止亭、游息亭和百果园，左右两侧有崇义斋、远利斋、杏坛、桃园、石榴园、葡萄园等设施。书院筑山理水，山水环绕，各种花卉树木搭配其间，是一所园林般的书院。

河东书院的创建与张士隆自身修养有关。张士隆，字仲修，号西渠，进士，河南安阳人。明武宗正德八年（1513）任河东巡盐御史。张士隆博学多才，在国子监学习期间经常与著名学者吕柟、马理、崔铣、寇天叙、马卿等切磋学问并成为挚友。河东书院建好后，其诸多好友都为河东书院留下了记文，成为我们了解河东书院的一把钥匙。河东书院建成后，巡盐御史初杲、余光、杨储、吴达可、王远宜、李日宣等人先后添建与重修书院，完善了河东书院的各种设施和功能。

进学以修德为先

河东书院的教育活动特别注重将明德修行放在首位。巡盐御史初杲及王远宜都曾强调过进学应"以修德为先"等，体现了河东书院崇德向善的教育理念。

河东书院寓教育于各类建筑设施之中，士子入先门则怀德，瞻仪门以正身，退思堂常思己过，四教亭以存诚度，仰山以乐仁，观水以乐智，崇义、远利二斋可齐心，经乱石滩可知险，登藏书楼可知危，游杏坛以述古，访桃园以济世。河东书院处处体现了环境育人之功能，将立德、修身、齐心作为重中之重。

兴学明义是诸多巡盐御史孜孜不倦的追求。运城为盐务重地，盐商大贾云集。张士隆等巡盐御史认为，在商业气息浓厚的地方更应该注重伦理教化。为避免人们重利而忘义，张士隆在运城任职期间不仅创办了河东书院，还常常"夜读书，昼诲诸河东生"，亲自传习授课。

教书、刻书、藏书

讲学是书院最基本的功能。诸位巡盐御史不仅注重河东书院房屋、礼器等硬件设施建设，把河东书院建成了园林式学校，而且还特别注重其师资力量的配备，聘请"年高德劭"的名师授业其间。嘉靖年间巡盐御史初杲、沈松等聘请时任解州州判的状元吕柟等在河东书院从教。除邀请名师外，一些巡盐御史闲暇之际也会亲临书院讲学。在巡盐御史等盐务官员的重视下，河东书院的教育事业快速发展。

河东书院还是刻书、藏书的重地。张士隆曾在河东书院翻刻宋代韩琦的《安阳集》，该刻本是目前所见最早的明刻本。明世宗嘉靖四年（1525），吕柟曾于河东书院刊印司马光《司马文正公集略》31卷、《诗集》7卷。类似的刻书活动还有不少。

藏书楼是河东书院的标志性建筑。多位巡盐御史曾添置图书。因经书具有传播明德修身理念的重要作用，故而河东书院的藏书以经书为主并兼具其他。马理的《河东书院藏书楼记》谈到了书楼的作用，"藏欲富，恶湿与蠹，故用楼也"；还指出了藏书之先后顺序，"藏以序，故先诸经而后其他也"。

河东书院的创建，推动了明清晋南教育、学术、思想、文化等事业的发展，传承了中华优秀传统文化，提升了学子的人文素养，培养了一大批优秀人才。其"进学以修德为先""士不贵显而贵品"的教育理念，至今仍具有重要的时代价值。

盐业经济的繁荣为明清运城教育事业的发展奠定了坚实的基础。除河东书院外，古代运城还有盐务专学——"运学"及正学书院、宏运书院等多所教育设施。特别是运学，在全国产盐区中独一无二。"运学"作为盐务专学，是一所由运城盐务官吏创建，以接纳盐商、盐丁子弟入学就读的普通学府。

除池神庙、河东书院外，运城还有盐运司衙门、盐池禁墙、河东盐务稽核分所、盐商大院、野狐泉等盐业文化遗存。

运城盐商李家大院内的祠堂

运城盐商李家大院的中堂

第四节
关公故里

  关公，姓关名羽，字云长，今运城市盐湖区解州镇常平村人。千百年来，关公以"为国以忠、待人以义、处世以仁、作战以勇"的形象而名扬海内外。关公的忠义仁勇精神影响深远，备受推崇，是中华优秀传统文化的重要代表，也因此被后世尊为武圣人。在运城，上至庙堂，下至乡野，关帝庙几乎无处不

运城解州关帝庙全景

在。在众多的庙宇之中，解州关帝庙是规模最大、建制最高、保存最好的一座，被誉为"武庙之冠"。

一、解州关帝庙

运城解州关帝庙，"南面条山，北背硝池"，创建年代一说隋时期，一说宋大中祥符年间（1008－1016）。历经多次的扩建、重修，现在的解州关帝庙从南到北可分为三个部分，依次是结义园、正庙、关帝御园。

南边结义园始建于明万历年间，中轴线上主要由结义亭、君子亭、结义桥和结义园牌坊组成。北边关帝御园遍植各种花草树木，景色宜人，是一座古今景观结合的园林。

中部正庙部分的布局采取"前朝后寝""中轴对称"的宫殿式建筑格局。其最主要的建筑有二：一是主殿崇宁殿，一是寝宫春秋楼。

崇宁殿是关帝庙最核心的建筑，因北宋徽宗崇宁三年（1104）宋徽宗封关羽为崇宁真君而得名。崇宁殿台基高大，重檐歇山式屋顶，气势巍峨，面阔七间（27.4米），进深六架（22.3米），内外柱网共有三圈，外围为石质廊柱，每根石柱雕蟠龙一条，共26根。殿内装饰金碧辉煌，神龛面阔三间（4.85米），进深六架（4.25米），是单檐歇山式屋顶。神龛内关公帝装塑像端庄凝重，为明代彩塑杰作。殿内悬挂康熙"义炳乾坤"匾，明间檐下挂乾隆"神勇"匾，内檐下悬挂咸丰亲书"万世人极"匾，这些御匾给崇宁殿增添了更多庄重感。

春秋楼位于正庙最后方，又名麟经阁，是供奉关公夜读《春秋》像的楼阁。现存建筑为清同治时期在明代原址上重新修建的。春秋楼面阔七间（27米），进深六架（21.2米），高23.4米，为二层三檐歇山式屋顶。春秋楼一层有关帝坐像，二层有关帝侧身夜读《春秋》彩塑像，其右手持髯，目视《春秋》，神态栩栩如生。

关帝御园是在关帝庙后花园遗址上复建的一座北方风格、皇家气派的古典园林。内有圣行祠、忠义堂、雅颂轩、揽月亭等建筑，错落有致，别有洞天。

解州关帝庙1982年被国务院批准为第三批全国重点文物保护单位。

解州关帝庙的崇宁殿

解州关帝庙的春秋楼

二、常平关帝庙

常平关帝庙俗称关帝家庙，创建年代不详，从现有碑刻记载来看，金代已有庙宇当确凿无疑，现存主要建筑多为清代遗构。家庙坐北朝南，面积13937平方米，整体布局仍为前朝后寝、中轴对称之制。现有明清碑刻30余通，彩塑近30尊，其中关羽及侍臣、关夫人及侍女等彩塑，是明代塑像之珍品，具有极高的艺术价值。

山门仪门之间有明代石坊，四柱三，额上题有"关王故里"四个大字。石坊两侧立木牌坊二座，西为"秀毓条山"坊，东为"灵钟鹾海"，皆建造于明代嘉靖年间。东鼓楼、西钟楼位于两木牌坊之旁。

仪门后东侧有井塔。相传，关羽当年在乡里打死恶霸逃往他乡，父母为断其牵挂投井而亡，后人在投井处建塔以示纪念。塔高六层，塔身八边形，通体砖砌。方形基座上嵌有历代

运城常平关帝庙

运城常平关帝庙的木牌坊

运城常平关帝庙的明代石坊

修塔碣石，其中以金世宗大定十七年（1177）刻立的《汉关大王祖宅塔记》最为珍贵，为研究关帝庙历史提供了可靠的实物资料。

献殿与正殿之间东西两侧各有树龄1000年的古柏，东状龙，西似虎，堪称天造地设之作。龙虎二柏是吉祥如意的象征，是关帝庙的一道靓丽风景。

正殿崇宁殿，面宽五间（15.35米），进深六架（13.18米），重檐歇山顶。殿内神龛装饰富丽，龛内关帝像端坐其中，双目炯炯有神，集帝王之威严与武将之勇猛于一身，很有气势。神龛左右塑有侍臣彩像，气韵俱佳。

正殿后为寝宫。正中为娘娘殿，东为关平夫妇殿，西为关兴夫妇殿。殿内皆有彩塑像，而关娘娘像塑技最佳，为珍贵彩塑艺术品。

最北端为圣祖殿，建于清高宗乾隆二十八年（1763），为祭祀关羽祖辈而建。

常平关帝庙2006年被国务院公布为第六批全国重点文物保护单位。

三、运城关王庙

运城关王庙位于运城市区红旗西街，始建于元顺帝至正五年（1345）。其布局坐东朝西，东西长64.6米，南北宽31.8米，占地面积2059平方米。现中轴线自西向东依次为山门、献殿、正殿、春秋楼。2013年5月被国务院确定为第七批全国重点文物保护单位。

其主要建筑有献殿和正殿。献殿面阔三间，进深两架，卷棚顶。殿内宽敞明亮，前檐立有两石碑，上刻签谱。献殿内北墙中间有关公四好箴言碑，由4块条石组成，每块高约1米，宽约0.23米，立于明武宗正德七年（1512）。四块碑内容为篆体关帝四好箴言：读好书，说好话，行好事，做好人。正殿面阔三间，进深三架，后檐明间出抱厦一间，单檐歇山顶，五彩琉璃瓦饰。中设神阁，内供奉关羽铜座像，阁上置井字天花，彩绘有龙凤图案。正面上端悬挂有明神宗万历二十六年（1598）"乾坤正气"横匾，木匾四周雕有关羽骑马征战图，姿态各异，形象栩栩如生。

庙内代表性的文物有明代大铜镜及大观圣作之碑。明代大铜镜铸造于明神宗万历四十四年（1616），高1.1米，宽1.4米，重500斤。铜镜背后铸有蛟龙、天马、麒麟，还有荷花、牡丹、芍药、菊花等花卉。铜镜上铸有"皇帝万岁""太子千秋""风调雨顺""国泰民安"等字

运城关王庙大门

运城关王庙大殿

样，下方为捐送人、铸造人及"万历四十四年七月吉日"纪年铭文。

大观圣作之碑，又称"御制学校八行八刑碑"，在正殿后的碑亭里，为宋徽宗大观二年（1108）篆刻。原立于安邑县文庙内，20世纪80年代移至运城关王庙。碑高5.12米，其中额高1.58米，身高2.78米，座高0.76米，宽1.3米，厚0.44米，龟形底座，圆形头额。宋徽宗为培养和选拔人才，亲书瘦金体"八行取士科"，北宋宰相、书法家蔡京题额"大观圣作之碑"。

第五节
古城现代化

位于晋陕豫黄河"金三角"中心地带的运城，还是连接华北、西北、中原地区的纽带。运城西、南分别与陕西省渭南市、河南省三门峡市隔河相望，北接临汾，东连晋城等市，承东启西，贯通南北，辐射中原。东西长201.87千米，南北宽127.47千米，总面积14182平方千米，占山西省总面积的9%左右，是山西省平川面积最大的地区。2000年运城撤地设市，辖1区2市10县，常住人口470余万人。

运城市平陆县和河南省三门峡市交界处的秀丽风景

运城夏县的黄河1号旅游公路

运城浩吉铁路三门峡黄河公铁两用大桥

今日的运城，城市发展日新月异，城市功能更加完善，布局更加合理，是黄河流域重要的节点城市。目前现代化、立体化交通体系已经形成。境内高速公路、国道省道四通八达，中心城区到各县市"1小时"经济圈已经形成。高铁1小时可达西安，2小时能达太原，5小时到达北京。运城张孝机场是山西省第二大民用机场，已开通32条国内航线，通达37个城市，年输送旅客近250万人次。

运城面临着国家区域战略发展千载难逢的重要机遇，享有晋陕豫黄河金三角承接产业转移示范区、山西转型综改试验区、中原城市群、关中平原城市群的政策叠加优势，在项目布局、资金扶持等方面享有多项国家政策支持。运城有着345千米的黄河岸线，沿黄有8个县市，是山西黄河岸线最长和沿黄县市最多的地级市。中共中央、国务院印发的《黄河流域生态保护和高质量发展规划纲要》中多项内容与运城关联密切，运城在国家黄河流域生态保护和高质量发展上具有得天独厚的资源优势和地域优势。

运城是传统农业大市和现代农业强市，粮食年产量约占全省的20%，水果年产量占全省

运城万荣县黄河滩涂上的丰收景象

运城黄河滩涂风光

运城永济县的鹳雀楼

的58%，蔬菜年产量占全省的四分之一以上。近年来，农业现代化步伐进一步加快。

文化旅游方面，运城拥有国家级文物保护单位102处，位列全国地级市之首；拥有国家级非物质文化遗产28项，位于全省之首。近年来，运城着力推进"知名旅游强市"建设，把文旅产业作为战略性支柱产业来培育，在文旅设施建设、旅游形象宣传、旅游综合收入方面都取得了较大成绩。持续擦亮"关公、盐湖、黄河"三大金字招牌，发挥关公故里和运城盐湖龙头景区的引领作用，持续打造河东盐池文化国际旅游目的地。"绿水青山中条新生态文旅经济示范带"建设卓有成效，黄河一号旅游公路建设成绩显著，文明城市创建持续推进，城市形象明显改善，市民素质显著提升。"关公故里　晋是好运""游山西运城　读华夏历史""国宝第一市　天下好运城"等旅游宣传深入人心。2022年，运城成功举办了山西省第八次旅游发展大会。迄今，关公文化旅游节已成功举办了34届，池盐文化旅游周也举办了3届，吸引了众多省内外游客。"旅游+"业态有新进展，山西（运城）国际果品交易博览会等"旅游+会展"成绩非凡。2023年盐湖马拉松赛事等"旅游+体育"活动也成功举办，聚集了旅游人气，提升了城市知名度。

第七章

中国第八大古都——郑州

郑州，地处中华腹地，九州之中，史谓「天地之中」。十省通衢，北临黄河，西依嵩山、东、南接黄淮平原，在中国地缘政治上居于重要地位。良好的自然环境早在旧石器时代就吸引了古人类在此定居，使其成为中华文明的发祥地。从禹都阳城到郑韩故城，这片土地屡经权力更迭，成为中华文明的中心，在中国古都发展史上也占有一席之地。1954年，河南省政府由开封迁往郑州，郑州再次成为这一地区的政治经济文化中心。从古都到现代化城市的转变，不仅是历史文脉的继承，也是对古都选址的认可，也让我们看到了这座城市的巨大潜力和无限可能。在未来的发展中，郑州将继续保持其独特的魅力，发展成为一座更具影响力的国家中心城市。

郑州市郑东新区夜景

嵩山书册崖

第一节

郑州古都地位

  首先，从文献和考古资料可考证出，郑州地区可能是夏代早期的都城。诸多文献记载"禹都阳城"，其地望应在今郑州登封告成镇附近。考古工作者又在此处发现战国陶器有"阳城仓器"的戳记，证明战国时此地仍可能叫作"阳城"。同时，在告成镇西北不远处，考古工作者还发现有一处古城遗址，时代正包含夏禹所处时代，故多数学者认为登封王城岗一带是"禹都阳城"所在地。

洛阳二里头夏都遗址博物馆

当前学术界基本达成共识的是，洛阳偃师区的二里头遗址是夏王朝的都城所在，此处发现有宫室建筑遗存，而且在二里头文化范围内不再有可与此遗址相比的城址。而据科学测定，二里头文化第一期的绝对年代为公元前1900年至公元前1850年，距史载夏王朝的始建年代尚有百余年的差距，即可以说，二里头是夏代中晚期的都城，如此一来，夏代早期的都城在何处就成了问题。除了禹都阳城，近几年在郑州新密新砦遗址的考古发掘工作，推动了这一问题的深入研究。

在河南龙山文化与二里头文化之间还存在着一个以新密新砦遗址为代表的过渡期遗存。如果新砦期能够确认，则早于二里头的文化正好接近夏王朝的始建年代，即新砦文化可能就是大家正在寻找的早期夏文化。1999年以来，考古工作者连续多年在新砦遗址进行考古发掘，从而基本确认了新砦文化期的存在。

新砦遗址范围广大，以其为中心，遗存分布密集。有不少学者认为，夏代早期的都城很有可能在此找到。如此，则中国古都研究的第一页就将在郑州市的大地上翻开。

其次，商王朝早期的都城位居今日郑州的市中心，这一点特别重要。20世纪50年代中期在郑州市区发现的郑州商城规模大、规格高，而且延续时间长，郑州商城为商汤所建之都的观点，逐渐得到较多学术界专家学者的认可。郑州商城是商王朝早期的首都，而郑州是河南省的政治经济文化中心，这两者在区域上的重合在中国古都发展史上具有特殊地位。

再次，以新郑郑韩故城为代表，郑州市域范围内存在着一个数量众多的古代都城群体。有人做过统计，西周至春秋战国时代，诸侯建都于郑州者已经超过20个。其中，郑韩故城在历史上起到过重要的历史作用。郑是春秋时期较强的十二诸侯之一，韩是战国七雄之一，经济文化发达，二者先后定都新郑。郑韩故城现存有高大的东西并列城墙、高台建筑基础，发掘出来的郑国社稷与郑国宗庙遗址，出土的精美青铜文物，给我们留下了丰富多彩的文化遗产。

总之，郑州在中国古代都城发展史上的地位特别重要，基本特点有以下几点：

第一，郑州曾经是全国性一统王朝夏与商的都城。第二，在中国历史的早期发展阶段起过特殊的作用。作为夏、商两大王朝早期的都城，郑州成为华夏文明的起源中心地，在中华文化发展史上可谓独一无二。第三，3600年前选择的都城地址与今天的城址完全重合，从古都到现代化城市的文脉传承令人振奋。第四，古都群的确认和深入研究在中国古都学上具有重要的学术意义。2004年11月5日，郑州成为中国八大古都之一。

洛阳二里头夏都遗址公园1号宫殿基址

二里头遗址出土的嵌绿松石兽面铜牌饰

第二节
历史地理原因

郑州所在地是中华文明的起源中心地,这是郑州能成为中国古代政治中心区域的历史基础。

西山古城是中国北方现在已知年代最早的史前城址,大致位于仰韶文化晚期,距今5300—4800年。这个古城就位于郑州市区范围。

文献与考古资料都表明,五帝时代最重要的王国就位于郑州范围,具体就在今新密与新郑两市之间。从各种史料可知,黄帝故里、黄帝所居轩辕墟,也可以说是黄帝故都,在新郑与新密的区域。而古城寨龙山城的考古确认则使这种文献或传说资料有了进一步密切结合起来的可能性。

在"夏商周断代工程"以后进行的中华文明探源工程预研究中,正在重点试掘的四个古城遗址中,除山西的陶寺遗址外,其余三个即王城岗、古城寨、新砦都在郑州地区,这充分说明了郑州是中华文明的发祥地之一。文明起源的中心区域当然是政治中心的首选地。

郑州古都地位重要的地理原因,可以从以下几个方面进行具体分析:

首先,从宏观角度分析,郑州位于中原的中心地带,居天下之中的郑州在中国地缘政治上居于重要地位是理所当然的。

其次,从微观区域角度而言,山陕黄河以至太行山地区(今山西),古时候称为河东,晋豫黄河以南贾鲁河以西的广大地方古时候称河南,贾鲁河与太行山东侧的黄河、济水冲积扇三角洲古时候称河内。而三河之地是中国古代早期文化的中心区域，这在司马迁的《史记》中有明确记载。三个区域相比较，河南区域的政治中心地位更加重要，这是因为两个原因。一是河南区地形以黄土台原为主，多中等的台地、冈原，短促河流较多，是早期文化的最佳环境选择。二是河南区位置居中，可以辐射整个三河地区。郑州正位居古代所谓的河南区，区域地理优势明显。

再次，从神山崇拜来看，郑州地方正位于嵩山与伾山两大神山主轴的东侧，成为政治中心的地理条件绝佳。嵩山一大伾山两个神山构成的主轴是中国远古文化的龙脉。二里头、偃师商城分布在这条龙脉的西边，古城寨、新砦、王城岗、郑州商城、西山古城分布在这条龙脉的东边。夏商时代，文化中心偏于东侧，故郑州的地位相对重要；周人兴起于关中，使文化中心向西偏移，洛邑的重要地位凸显。

最后，从水文交通地理条件来看，郑洛所在的河南区除北部的黄河外，共分为两大流域，一是流入黄河的洛水，二是向东南注入淮河的贾鲁河、双洎河与颍河。相比较而言，淮河流域的水系条件更佳，文化交流面更宽，向东北接近济水，更容易向广阔的济水流域发展。可以说，郑州居于控制东北河济流域与东南淮河流域的最佳位置，是成为远古政治中心城市的重要原因之一。

第三节
城市发展

  郑州为夏商周三代活动的中枢地带，是国家政治雏形的出现之地，是"中天下而立以经营四方"之"中"，是中原地区作为"天下之中"的核心区域。从古国时代的双槐树遗址到郑州商城等古都遗存，后来成为新兴交通枢纽、河南省省会，其城市发展历史悠久，变化巨大。

郑州中州大道北三环立交桥

一、河洛古国：双槐树遗址

洛汭位于洛水下游，在今郑州巩义河洛镇一带，因洛水至此汇入黄河而得名。这一带也布满了古人活动的遗迹，文化意蕴深厚。《周易》有言："河出图，洛出书，圣人则之。"河图洛书出自何处，众说纷纭，但被人广为接受的一种说法便是出自洛汭。河图洛书是古文化的源头，是中华文明的滥觞。不仅如此，尧舜禅让、太康失国、商汤伐夏桀等均发生在洛汭。

发现于此的双槐树遗址是河洛地区目前已发现面积最大、结构保存完整、拥有完备防御体系的遗址。经考古勘探发掘和科学测年确认，该遗址是距今5300年前后，经过精心选址的都邑性聚落，填补了中华文明起源的关键时期、关键地区的关键材料。遗址中包括灰坑、房基、墓葬等遗迹，文化层厚达3～4米，内涵丰富。其中，超大型的三重环壕防御设施，在当时的生产力条件下是一项浩大的工程，非一般聚落能够靠自身短时间完成，这表明该聚落在当时具有足以调动周边聚落的巨大影响力。

郑州巩义双槐树遗址

郑州巩义双槐树遗址

距离双槐树遗址不远，还有一处仰韶文化向龙山文化过渡时期的遗址，即伏羲台遗址，位于洛口村东部的台地上。相传这里是伏羲氏观察河洛汇流、画八卦之地。遗址中包含房基、灰坑、猪骨架等众多遗存，经考古专家判断，伏羲台应为当时的祭天场所。

洛汭地带的丰富遗存，说明早在七八千年前这里便是我们祖先生活的乐土，他们在这里绘出了河洛文化的精美画卷，也奏出了中华文明的优美乐章。

二、西山古城

在郑州北郊23千米处的邙岭余脉上，还有一处新石器时代的仰韶文化遗址，即西山古城。其绝对年代在距今5300—4800年，正当仰韶时代晚期——秦王寨文化时期。从中发掘出房基120余座，窖穴、灰坑1600余座，灰沟20多条，墓葬200余座，瓮棺130座，出土大批陶、石、骨器等人工制品及兽骨、种子等动植物遗骸。考古专家根据已出土的材料判断，这是一座古城址是毫无疑问的。而在西山古城遗址周围，还分布着荥阳点军台遗址、荥阳青台遗址、后庄王遗址等。它们的文化内涵都基本相同。但是在上述诸多文化遗址的分布范围内，都没有发现古城址，而只有在郑州西山发现有古城遗址。这表明郑州西山遗址应是秦王寨类型文化政治、经济、军事的中心地带。

黄河是影响郑州地区古代聚落与城址选择最重要的水环境因素，就现在黄河与西山城址的位置关系而言，西山城址北距黄河仅4000米（这里所说的黄河是指距西山城址以北约4000米的今广武山官庄峪、桃花峪至花园口一段的黄河河道），但在仰韶时代，西山城址北距黄河主泓甚远，此时黄河尚未到达广武山（古敖山）的北侧。城址东南虽有黄河泛道，但由于城址地势高亢，黄河泛水也不能对城址构成威胁，仰韶西山城址得以俯视东南方向的汹涌波涛而安然无恙。西山古城址的选择巧妙地处理了其与黄河主泓、泛流三者之间的相互关系，使得西山城址不仅成功地规避了黄河水患，还充分利用了泛流过后良好的湖泊环境，这是西山城址选择的又一个地理特点。

三、商朝故都：郑州商城遗址

1955年秋，河南省文物工作队在郑州二里岗和南关外一带钻探出商代二里岗期的一座夯土城垣。这座商代城垣略呈长方形，其东墙、南墙各长约1700米，西墙长约1870米，北墙长约1690米。在城内东北部发现了东西长约750米、南北宽约500米、面积37万多平方米的宫殿区遗址。其外有外郭城，城墙东起凤凰台，南部穿过货栈街、新郑路、陇海路，向西折向福寿街、解放路、太康路、北二七路，北部从金水路穿过花园路、纬五路与经三路一带，东部与古湖泊、沼泽地相接，大致呈圆形。后来的发掘证实，郑州商城是一座由宫城、内城和外郭城墙、护城河组成的古城，规模约13平方千米，正位于约25平方千米的二里岗文化遗址之中部。

从郑州商城发掘的情况来看，它无疑应是商代早期的都城。第一，其规模宏大，郑州商城内城周长达到7000米，比偃师商城约大三分之二。第二，其三重城垣的格局，将宫城、内城和居民区相分离而开，宫城为帝王贵族居住区，外城为一般平民区和手工业作坊。第三，其拥有完整的军事防卫体系，夯土城垣高大，郭城之外有护城河，内城外围有护城壕，东面

郑州商城"郑州商代遗址"石刻

利用了湖泊沼泽的天然防卫优势，保障郑州商城的安全。第四，城内有完整的供水排水设施。考古发掘中发掘出的蓄水池、水井和排水管道，同壕沟一起，为城市的供水排水提供方便。第五，城内拥有较为发达的祭祀遗存。城内的多个地点均发现了卜骨遗存，还有埋葬人、猪、狗、牛等骨架的灰坑，当然还有不确定的诸多宫殿基址中的祭祀遗址、大型的制铜作坊遗址。这些都是王都存在的必要条件。

1999年完成的《夏商周断代工程成果报告》指出，商汤始建国约在公元前1600年，郑州商城始建年代也在公元前1600年前后，两者时代基本吻合。郑州商城与偃师商城基本同时或略有先后，是商人最早的两个具有都邑规模的遗址，推断其分别为汤所居之亳和汤灭夏后在下洛之阳所建之宫邑"西亳"。这一论断代表了当前学术界对于郑州商城性质的总体认识。

郑州商城亳都地位的确立有着重要的学术意义。郑州商城是我国目前已发现的商代城址中规模最大和地面城墙保存最好的一处，它的发现大大丰富了商史的研究内容，为商代历

郑州商代都城遗址

郑州商代遗址书院街区域发现的一处商代贵族墓葬区

河南博物院的藏品——商代后期刻辞龟甲

河南博物院的藏品——西周"虢季"铜圆壶(酒器)

史特别是晚商以前的历史研究提供了极为珍贵的实物资料，促使探索夏文化的课题提上了日程。由于郑州商城在中国古都发展史、中国文明史以及世界文明史上都占有重要的地位，国务院于1961年将"郑州商代遗址"公布并列入全国第一批重点文物保护单位。郑州1994年又被国务院批准为历史文化名城。郑州商城也被评为"20世纪河南十项重大考古发现"和"中国20世纪100项考古大发现"之一。

四、汉代至近代城址未变

郑州在历史时期的行政区划变化复杂，其行政区划范围与今天相比有很大差别。纵观秦代至清代郑州的历史，可以看出其行政区划变化明显分为两个阶段。如果以政治经济中心的转移为标志，则郑州的建置沿革史可以隋唐时期为分界点，此前郑州地区的行政中心为荥阳，此后为管城。若以所归属的上级行政单位为划分标准，则可以金代为界，此前郑州一直归属洛阳，而在此之后郑州开始划入开封管辖范围。总体来看，郑州地区古代行政区划的变迁大致可分为四个时期：秦汉时期，郡县制的全面推行阶段，这时的郑州由分属不同政区的县组成；魏晋时期新设置了荥阳郡，荥阳自此成为郑州地区的政治经济中心；自隋唐起，郑州的政治经济中心东移至管城；金代以后，郑州逐渐由此前的隶属洛阳转为归开封管辖。

郑州城市历经3600多年，在这几千年的岁月里，从商代作为都城到汉代的县城再到隋唐宋元时的州城，几经起落，值得称道的是其城址一直没有太大变动。汉代以后的城池均利用商代城墙的南半部屡经修筑而成。据考古数据可知，商城位于今郑州熊耳河以北，平面近似长方形，向北跨金水河，金水河从城北部横穿而过。而汉以后的城池则较商城小，利用商城东、西、南三面城墙改筑而成，城池被夹在金水河和熊耳河之间，两河又与城壕相连通，构成防御和供给体系。

郑州城市的范围，历经汉唐到宋元明清一直延续到近代，都局限于汉代确立的城墙范围之内，至京广、陇海两大铁路在郑州城西通车以后，城市才迅速在火车站和西城之间扩展，拉开了郑州近代以来城市发展的序幕。

第四节
世界文化遗产:"天地之中"历史建筑群

　　嵩山地处中原,为五岳之中岳,属于伏牛山脉,主体由东部太室和西部少室两大群山组成。这里文化底蕴深厚,留下众多历史遗迹。2010年,联合国教科文组织第三十四届世界遗产大会,将"天地之中"历史建筑群列入《世界文化遗产名录》。

嵩山

中岳庙"崧高峻极"牌坊

"天地之中"历史建筑群位于郑州登封市境内，历经汉、魏、唐、宋、元、明、清，绵延不绝。该组建筑群包括周公测景台和观星台、嵩岳寺塔、太室阙和中岳庙、少室阙、启母阙、嵩阳书院、会善寺、少林寺建筑群等8处11座历史建筑，构成了一部中国中原地区上下两千年形象直观的建筑史，是中国先民独特宇宙观和审美观的真实体现。这些建筑物历经9个朝代修建而成，不仅以不同的方式展示了"天地之中"的概念，还体现了嵩山作为神圣宗教中心的力量。"天地之中"历史建筑群是古代建筑用于祭祀、科学、技术及教育活动的最佳典范之一。

一、少林寺

少林寺位于少室山北麓五乳峰下，始建于北魏孝文帝太和十九年（495）。南北朝时期，印度高僧跋陀来华传法，孝文帝敕令在嵩山少室山修建寺院来安顿高僧。因寺院在少室山丛

嵩山少林寺

嵩山少林寺的武僧在习武

嵩山少林寺塔林

林之中，故名少林寺。其后，达摩面壁，慧可断臂求法，少林寺渐成禅宗祖庭。唐初，在李世民平王世充之役时，少林寺僧人因助唐有功，获朝廷扶持，成为"天下第一名刹"。宋以后，少林寺的命运多与各代王朝共起伏。

新中国成立后，少林寺作为重要的文化遗产受到政府保护，经过翻修，少林寺再一次回到人众视野。现今的少林寺，以常住院为主体，包括寺院周围初祖庵、二祖庵、塔林等名胜。常住院既是僧众主持佛事活动和起居的场所，也是文物古迹荟萃之地。寺院中轴线上有山门、天王殿、大雄宝殿、法堂、方丈室、千佛殿等建筑，两侧有东西配殿和各种亭台。初祖庵是宋代少林僧众为纪念初祖达摩而建，黄庭坚所书的《达摩颂》碑至今存于此。少林寺塔林是中国六大塔林之一，是中国最大的塔群建筑，现存有唐至清古塔228座。

二、东汉三阙

阙，又称门观，其形与牌坊相似，是中国古代一种标志性的礼制建筑，主要被用作象征

太室阙右阙

太室阙左阙

太室阙上的石雕兽面铺首

性的大门。在城邑、宫殿、祠庙、陵墓前都有阙，故有城阙、宫阙、墓阙之分。东汉三阙即太室阙、少室阙、启母阙，是中国现存最古老的国家级礼制建筑遗存。

太室阙始建于东汉安帝元初五年（118），原是太室祠前的神道阙，是中国现存最早的庙阙。现位于中岳庙正南向，是中岳庙中轴线的南起点。太室阙分东、西两阙，由阙基、阙身、阙顶三部分组成，通体为青石所垒。阙身四面雕刻画像50多幅，再现了汉代贵族的生活场面，体现了汉代的神话、娱乐、审美等诸多层面。少室阙建于东汉元初五年至延光二年（118—123），是汉代少室山庙前的神道阙，其造型、结构与太室阙基本相同。启母阙位于太室山南麓万岁峰下。原先，附近有一处开裂的巨石，相传为大禹之妻涂山氏所化，石裂而生启。汉武帝游嵩山时，为此石建启母庙。延光年间，颍川太守朱宠于庙前建神道阙，即启母阙。启母阙结构与太室阙相似，阙身四周也镌刻有画像。

三、中岳庙

中岳庙地处嵩山南麓太室山脚下，东靠牧子岗，西临望朝岭，背倚黄盖峰，正面玉案山。群山环绕，风景雅致，是祭祀中岳神的场所和道教活动中心，是五岳中规模最大的古建筑群。

中岳庙的前身本是太室祠，为祭祀太室山山神之地。相传汉武帝登嵩山，听闻此山呼万岁，以为山神显灵，故下令修太室祠。北魏太武帝崇信道教，对修道于嵩山的寇谦之尊崇有加，为其立嵩岳庙（后改为中岳庙）。武则天曾先后加封嵩山山神为神岳天中王、神岳天中皇帝，使其名声大振。宋代皇帝又按汴京皇宫的形制加以扩建，其面积一度达到37万平方米。唐宋之后，中岳庙屡经兴衰，直至乾隆年间，才得以按紫禁城的布局重修，渐成今日之规模。

中岳庙坐北朝南，今面积约11万平方米。庙内中轴线上从南向北、由低至高依次排列着中华门、遥参亭、天中阁、配天作镇坊、崇圣门、化三门、峻极门、嵩高峻极坊、中岳大殿、寝殿、御书楼，前后共7层11重。庙中有殿、宫、楼、阁、亭、台、廊等建筑近400座，汉至清古树330多棵，文物百余件。

雪后的中岳庙

四、周公测景台和观星台

周公测景台现位于登封东南13千米的告成镇，由石圭和石表两部分组成。其俗称"无影台"，又名"八尺表"，是中国古代立八尺圭测量日影、验证时令、计年的仪器。周公测景台由青石制成，石柱为表，台座为圭。表的顶端为屋宇式盖顶，南刻"周公测景台"字。周公认为，北极星为众星之王，号称"天帝之星"，位于天的中央。那么观星台就必须建在地的中央。经测定，他认为阳城（今告成镇）为"天下之中"。于是，他就在这里立圭表测日影。

观星台建于元世祖至元十三年至至元十七年（1276—1280），为天文学家郭守敬所建，是所立27座观测站之中仅存的一座。观星台主要由盘旋踏道环绕的台体和自台北壁凹槽内向北平铺的石圭两个部分组成。台体呈方形覆斗状，四壁用水磨砖砌成。台顶小室是明世宗嘉靖七年（1528）修茸时所建。观星台见证了当时世界上最先进的历法——《授时历》的测量演

周公测景台

观星台

算历史，是中国现存最古老的天文台，也是世界上现存最早的观测天象的建筑之一。观星台因其独特的设计而成为元代天文学高度发达的历史见证。

周公测景台和观星台是"天地之中"宇宙观形成的最直接、最具说服力的证据。周公测景台和观星台充分验证了"天地之中"的信仰，是科学、宗教与政治相互作用的产物。

五、嵩阳书院

嵩阳书院是我国古代四大书院之一，位于嵩山太室山南麓，背靠峻极峰，面对双溪河（又称书院河），因坐落在嵩山之阳而得名。嵩阳书院始建于北魏孝文帝太和八年（484），初名嵩阳寺，为佛教寺院。一直到后周世宗柴荣将其改为太乙书院，才成为儒学活动中心。宋仁宗赐名嵩阳书院，程颢、程颐在此聚众讲学，使其成为宋代理学的发源地之一。此后，嵩阳书院的发展多有波折。一直到清圣祖康熙年间，登封明儒耿介主持院务，广纳天下名儒，倡导理学，

郑州登封的嵩阳书院

扩建学舍，其规模才基本完善。到清末，科举制废除，嵩阳书院才终止了书院教学。

嵩阳书院内建筑布局保持着清代建筑布局，原书院的建筑多已破残，现存殿堂廊房500余间，共占地面积10084.4平方米。中轴建筑共分五进院落，由南向北，依次为大门、先圣殿、讲堂、道统祠和藏书楼。中轴线两侧的配房均为硬山式建筑，分别为程朱祠、丽泽堂、博约斋、碑廊等，保存清代建筑26座108间。

六、嵩岳寺塔

嵩岳寺塔位于郑州登封嵩山南麓嵩岳寺内，为北魏时期佛塔，建于北魏孝明帝正光年间（520—525）。嵩岳寺塔为15层的密檐式砖塔，平面呈十二边形，通高37米，由基台、塔身和塔刹组成。塔身分上下两部分。上部东、西、南、北四面各辟券门通向塔心室。下部上下垂直，外壁没有任何装饰。塔身之上是15层的叠涩密檐，自下而上逐层内收，构成柔和的抛

郑州嵩岳寺塔

物线。塔刹由基座、覆莲、须弥座、仰莲、相轮、宝珠等组成，塔下有地宫。嵩岳寺塔是中国现存最早的砖塔，反映了中外建筑文化交流融合创新的历程，在结构、造型等方面具有很大价值，对后世砖塔建筑有着巨大影响。

七、会善寺

会善寺位于郑州登封嵩山南麓积翠峰下，始建于北魏孝文帝时期，是古代嵩山地区僧人的受戒中心，与少林寺、法王寺、嵩岳寺并称为嵩山四大寺院。会善寺坐北朝南，现存二进二院，西院11座建筑，东院7座。其中，大雄宝殿创建于元代，后多次重修，其建筑出檐深远，斗拱硕大，是嵩山地区仅存的元代木结构建筑。除大殿外，其他建筑均为硬山式灰瓦顶。会善寺内现存东魏《中岳嵩阳寺碑》、北齐《会善寺碑》等碑碣石刻30余通，唐至清古树120余株，明铸大铁钟1口，唐净藏禅师塔及清代砖塔5座。

会善寺

会善寺的建筑内部结构之一

会善寺的建筑内部结构之二

第五节
古城现代化

一、郑州是中原地区建设国家中心城市的最佳选择

2016年12月，国家发改委发布《促进中部地区崛起"十三五"规划》，明确支持武汉、郑州建设国家中心城市。郑州的区位优势及历史底蕴是其成为中原地区国家中心城市的优势所在。

首先，郑州四通八达的运输网使其成为中原地区的交通枢纽。郑州作为我国区域交通大枢纽的中心地位十分突出，这并不是近代火车拉出来的意外成果，而是自古以来特有的区位交通优势凸现，是郑州历史文脉传承的必然。从史前文化遗存轨迹不难发现，地处中原的仰韶文化和龙山文化在遗址分布上具有明显的交叉路线，即以今郑州为交叉点。秦汉以后更因郑州北控黄河天堑，西扼关中、河洛通往中原地区的咽喉，郑州周边城邑大小驿站遍布，古荥泽水网密布，驿道运河纵横，形成政治中心与经济中心的联系命脉，成为兵家必争之地。陆上有轩辕古道和汴洛古道之便，加上隋代开通大运河，漕运能力迅速提升，郑州渐成交通枢纽以及物资装运和商品贸易集散中心，历代传承，经久不衰。直至清末，清政府将黄河大桥建在位于郑州城北邙山头，同时使汴洛铁路（陇海铁路前身）与卢汉铁路在郑州交会，从此奠定了郑州纵横四方的区域交通大枢纽中心的架构。

郑州东站"米"字形高铁网架起中原大地发展的"立交桥"

随着高铁和重载铁路的发展，陆上运输正在重新占据主动。郑州拥有"米"字形高铁运输网，是全国高铁布局最密集的区域，承东启西、连南贯北的区位优势，决定了郑州在全球海权向陆权转变过程中的独特优势和作用。郑州国际航空物流中心地位基本确立，郑州机场客货运增速持续保持全国大型机场领先位置。中欧班列（郑州）运行几年来，凭借货运总量高、承运货类全、开行频次密、市场化程度高等优势，在全国30多家开行的中欧班列中持续领跑。郑州跨境贸易电子商务服务（E贸易）业务量增长迅猛，在全国试点城市和跨境综试区中继续保持领先地位。

郑州国际陆港，其连通境内外，辐射东中西物流枢纽，为丝绸之路经济带建设做贡献

其次，郑州所处的区位优势与国家战略相契合。"一带一路"、京津冀协同发展、长江中游经济带发展这三大国家战略，对实现中华民族伟大复兴意义重大。河南地处中原，是横跨海河、黄河、淮河、长江四大流域的唯一省份，与新的三大国家战略高度契合和融合，中原在全国大局中的地位更加彰显。郑州是"一带一路"新亚欧大陆桥经济走廊上的主要节点城市、中国重要综合交通枢纽、商贸物流中心和内陆进出口大市，在新的形势下，郑州有望在内陆地区开放、内陆中心城市国际化、综合枢纽建设水平等方面走在全国前列。2014年5月，习近平总书记在河南视察指导工作时明确要求，把郑州"建成连通境内外、辐射东中西的物流通道枢纽，为丝绸之路经济带建设多做贡献"。

最后，郑州作为中华文明起源地和中原文化腹地中心，为城市发展提供源源不断的动力。华夏文明诞生在中原地区的黄河流域，先民创造的所有农耕文明都离不开这片中原沃土。这里诞生了人文始祖黄帝，产生了上古时期的黄帝历法，集聚了华夏民族，出现了最早的文字、青铜器、夏商王城、礼制建筑国家形态、政治制度、哲学理念、思想文化、宗教艺术等，并由这一区域发散远播，影响整个中国，乃至华人世界。此外，在以华夏族为主体在中原地区进行繁衍生息的过程所创造的中原文化中，郑州恰处于其文化核心区，这也进一步奠定了郑州中原文化腹地的中心地位。古都郑州历史邈远绵长，承载着极其丰富厚重的价值和文化内涵，无论自然禀赋还是人文积淀，都使这座历史文化名城无愧中华文明起源地与核心传承区的盛誉和地位，而这也将为郑州进一步高质量发展提供动力。

二、增强文化遗产保护意识，彰显"华夏之源"独特魅力

一是要正确认识郑州文化遗产的价值。文化遗产是古人智慧的结晶，是当时社会经济、政治、文化发展水平的外在表现，保护研究文化遗产关键在于对历史价值的解读，并从中提炼出时代价值。通过城市规划，借用现代建筑语汇将这种价值展示出来以达到教育公众的目

郑州大运河通济渠段

郑州郑韩故城

的，这是让文化遗产保护与城市规划真正结合的前提和基础，而这一点在郑州现阶段文化遗产保护中尚显欠缺。

除"天地之中"历史建筑群与中国大运河通济渠郑州段两处世界文化遗产之外，郑州数量众多的早期文化遗存同样具有唯一性特色。郑州应进一步加强对这些文化遗存的保护及价值挖掘，并且探索不同时期文化遗存的内在关系。要提高社会各界对郑州历史文化遗存的保护意识，创造多元化展示方式，将有利于郑州在现代城市发展中增强历史文化特色，提高郑州市民的文化自信心。

二是要将文化遗产保护与城市规划行动相统一。文化遗产保护利用不是一句空话，其目标的实现最终要以城市规划的形式落实在可操作的城市布局中，而文化遗产保护规划与城市规划的脱节导致双方在行动方案上无法联动。文物规划编制时只基于文物保护需求，没有考虑城市规划现状，文物保护范围及控制地带划定简单且多无法兑现，虽有规划，但其中的一些内容难以落实。与此同时，随着郑州城市的快速发展，郑州城市总体规划多次修订，而与之相关的文物保护规划却没有调整，已经无法适应需要。因此，要从城市规划的视角主动将文化遗产保护整体纳入区域规划，同时尽量保持两者行动一致的原则。

郑州的历史文化遗存分布范围广、空间分散，同时存在时间跨度大的特点。因此，首先要理清郑州的文化家底。在此基础上，重点分析郑州夏商文化、商城遗址和古遗址群的保护；郑州历史文化街区和传统民居保护；郑州工业遗产及优秀近现代建筑保护利用；郑州历史文化名镇、名村传统村落保护与发展，并就文化遗产资源整合进行探讨。郑州市已经出台了《郑州历史文化名城保护与发展战略规划研究》，郑州市规划局牵头编制了《郑州历史文化名城保护规划（2017—2030）》。根据前者成果，以"挖掘城市历史价值，提升城市文化魅力"为目标，以"保护—利用—发展"为主线，在市区内规划"两环、两轴、四区、多点"的整体文物保护格局，在城市规划中预留发展空间优化用地布局，加强建筑高度与风貌控制，确保文化遗产保护规划落地。

城市是一个民族文化和情感记忆的载体，郑州的历史文化是其城市魅力之关键。处理好传统与现代、继承与发展的关系，将历史文化保护传承工作融入郑州城市建设，城市的空间品质和文化魅力将不断提升，郑州也将更健康、更安全、更宜居。

郑州巩义北宋皇陵保护区的神道石像

郑州商代遗址

第八章

历史名都——开封

开封市位于黄河冲积大平原的西部边缘，地平无山，古代依托发达的水系发展交通，诞生了早期的城市启封和仪邑。战国时期，大梁城的崛起，掀开了开封城市史和都城史发展的新篇章。此后开封城市经历了不同的发展阶段，以北宋东京时期最为辉煌，留下不同时期的文物古迹，为开封城市发展增添了活力。就河流水系而言，开封城市的发展与黄河、运河密切相关。北宋末年之前开封城市的发展，主要依靠黄河的支流（鸿沟、通济渠、汴河），造就了战国大梁城、隋唐汴州城和五代北宋东京城的繁荣。金元以来黄河的南泛，使得开封周围生态环境发生变化，城市发展受到一定的限制，在开封城与黄河的相互抗争中，出现悬河、『城摞城』、城湖景观以及衍生的黄河文化遗产。新时代，开封市积极瞄准黄河流域生态保护和高质量发展、大运河文化保护传承利用、宋都古城保护与修缮等重大战略，致力于将开封市打造成为河南省乃至我国中部地区最具发展活力的城市之一。

开封兰考黄河大转弯景观

开封铁塔的釉面陶瓷装饰

第一节
城市兴起

开封是河南省辖市，位于黄河冲积大平原的西部边缘，河南东部、中原腹地、黄河之滨。这座城市之所以能在这里兴起，与其所处区域优越的自然环境、便捷的交通密切相关。

一、自然环境

开封属暖温带大陆性季风气候，四季分明。地势呈西高东低、北隆南伏，这就决定了它周围的自然河流自西向东或向东南作扇状注入淮河及其支流。

开封周围河湖密布，水系发达，因而有"水乡泽国"的美誉。古代"四渎"中，就有河水、济水、淮水三条大河与开封连通。同时，开封周围还分布有众多的湖沼，故古代开封有"东孟诸、西崔苻、南逢、北乌"之说。目前，开封境内河流众多，分属两大水系，黄河大堤以北的滩区属黄河水系，黄河大堤以南的属淮河水系。

二、交通枢纽

开封地平无山，平坦辽阔，水系发达，为沟通河、济、淮间诸多水系提供

开封西湖银滩，展现着水润生态之城的魅力

开封清明上河园

便利。开封拥有极为优越的水陆交通网络的优势：一马平川，河流密布，湖泊众多。开封自古以来就充分利用这些河网优势，引黄入淮，使其成为南北交往、东西交通的汇合点，这成为开封城市兴起和开封成为古都的重要地理基础。开封曾为战国魏、五代（梁晋汉周）、北宋和金的都城。战国时期魏惠王从安邑迁都大梁，就看中了其优越的河网水系，稍加改造便成为黄淮之间的交通枢纽，成就了大梁城的兴盛。隋唐汴州城的崛起，五代北宋东京城的繁华，均离不开隋唐大运河、宋汴河的开凿和运输。金元明清至1954年时，开封一直保持着"八省通衢"的地位。

由于优越的地理条件和良好的自然环境，开封成为先民们生存繁衍的理想场所。但历史上频繁的水患，导致原始先民活动的遗址被深埋地下。1956年在开封城郊东南万隆岗出土了石镰、陶器等新石器时代的遗物，人们才对开封远古时期的历史有了认识，表明早在五六千

年前，这里就存在聚落，我们的先民就生息繁衍在这块土地上。20世纪80年代以来，考古工作者发现了尉氏县兴隆岗距今8000—7000年的石磨盘和石磨棒等数十处裴李岗文化、大汶口文化、龙山文化等古文化遗址，又通过对尉氏椅圈马及杞县段岗、鹿台岗、朱岗、牛角岗和竹林五处遗址的发掘，揭示了上古时期开封地区分布有众多人类聚居点的事实，证明了位于黄河冲积扇之末端的开封也是我国最早开发的地区之一。先民们在此长期而频繁活动，为开封城市的诞生和都城地位的确定奠定了基础。

三、早期城市

开封有文字记载的建城历史，始于夏朝时期。《帝王世纪》曰："《世本》言夏后在阳城，本在大梁之南，于战国，大梁魏都，今陈留浚仪是也。"著名史学家吕思勉在《先秦史》一书中说道："夏人以大梁为古都，于逐渐西迁之迹颇相合。"据《竹书纪年》记载，到夏代第七世帝杼五年，将都城由原（今河南济源西北）迁于老丘。到第十三世胤甲改迁都城到西河为止，夏人一直以老丘为都。老丘遗址在今开封城东北，具体位置无考。到商代，据《竹书纪年》记载："仲丁元年，自亳迁于嚣。"孔氏《尚书正义》曰："嚣，在陈留浚仪县。"南宋陈元靓《事林广记·历代国都》记载："仲丁迁于嚣，今开封府陈留浚仪。"

春秋时期，在开封附近出现了两座城市（启封城、仪邑城）。启封城与开封名称的由来有关系；仪邑城是今开封城的前身，战国时期为大梁。今日之开封即由启封之名和大梁之地演变发展而来。

启封城为春秋时期郑国的城邑。郑国国君庄公（前743—前701年在位）命郑邴在距今开封城南20多千米的朱仙镇东南古城村附近修筑了一处重要的军事城堡，取"启拓封疆"之意，以"启封"作为城名。春秋时期，诸侯林立，列国争雄。当时的古城村一带是郑国的东北边陲，出于战略上的考虑，郑国在此屯兵筑城。秦统一六国，分天下为36郡，启封属于三川郡。西汉景帝元年（前156），为避景帝刘启的名讳，改启封为开封。此城在秦汉至唐时期，一直为县治。唐睿宗延和元年（712），将开封县治移至汴州城内，与原设在汴

开封博物馆内的新石器时代的玉璇玑

开封博物馆内的战国鳞纹铜牺

开封博物馆内的战国四凤铜镜

［清］吴历《信陵君夷门访侯嬴图》

州城内的浚仪县同城。

与启封城中间隔沼泽地"逢泽"相望的另一个城邑叫"仪"，它就是今日开封城的前身。"仪"北临浚水，故又称浚仪，属当时的卫国，后被魏国占有。仪邑城位于今开封古城西北部，又称大梁。春秋战国时期，大梁（开封城区）一带是一派水乡泽国景象。战国初期，大梁曾为楚国所有。据《史记·楚世家》记载，楚悼王十一年（前391），"三晋败我于大梁、榆关"，这时大梁又归属魏国。

大梁一带水源丰富，土地肥沃，魏国图谋向中原发展，遂于魏惠王六年（前364）将国都由山西安邑（今山西夏县西北）迁至大梁。当时地处睢水、颍水、鸿沟交汇之地的魏都大梁有坚固的城池，护城河十分辽阔，五座城门皆备吊桥。迁都后，魏国积极兴修水利，开发川泽，以促进农业的发展。魏惠王十年（前360），先开凿黄河水入中牟以西的圃田泽，后开挖大沟，沟水经大梁城的北郭城内东流，再折而向南流入逢泽。大梁城北依大沟，处于沙海与牧泽、逢泽的环抱之中，形成了独特的水城风貌。周围的湖泊不仅是风景名胜，而且成为君王活动的重要场所。大梁城是战国时著名的大都会，与秦都咸阳、楚都郢齐名，黄河支流——鸿沟水系的疏通在大梁城的发展中起到了关键作用。

此后，开封城历经县、州、国都、省府等不同发展阶段，古城保存相对完好，具有"文物遗存丰富、城市格局悠久、古城风貌浓郁、北方水城独特"四大特色。

第二节

城市发展

一、历代城市

开封的城市史和都城史都很长，由于早期历史纪年的缺乏，今人只知开封城区有确切文献可考的历史是从大梁城开始的。魏惠王六年（前364），魏国将都城自安邑迁到大梁，由此拉开了开封建都史的序幕。五代时后梁、后晋、后汉、后周以及北宋、金都以此为都。明初还曾有十年的陪都史。在开封都城史中，北宋当最为繁华，至今仍被人称颂和追忆。开封不同历史阶段的城市发展变化复杂。

战国大梁城

公元前364年，魏都由安邑迁至大梁，这是开封城市发展史上的第一个兴盛期。定都大梁期间，开挖了以鸿沟为骨干的大型引黄水利工程，贯通了豫东平原的主要河流济水、濮水、睢水、颍水、泗水等，构成以大梁城为中心的水道交通网。首都的交通、区位优势凸显，促进了城市商业的繁荣，大梁城很快就同赵国邯郸、秦国咸阳、齐国临淄等城市一样，成为非常富有的天下名都。秦始皇二十二年（前225），秦将王贲引鸿沟水灌大梁城，大水围城三个月，最终城破魏亡。大梁城共历时141年。

秦汉至东魏浚仪县城

秦灭魏后，在大梁废墟上设浚仪县，属三川郡。东汉建安七年（202），曹操曾到浚仪修治睢阳渠。北魏时，曾把大梁作为水运交通线上八大仓库之一，并设有货栈。这对城市发展具有一定的促进作用。这一时期，浚仪是一个县治城市。

东魏至北周浚仪州城

东魏孝静帝天平元年（534）在浚仪置梁州，下辖陈留、开封、浚仪、阳夏等县。北周武帝建德五年（576），改梁州为汴州。东魏至北周，浚仪为州郡治所，行政级别上升，城市建设亦有所发展。

隋代汴州城

隋炀帝大业元年（605）三月，"发河南诸郡男女百余万，开通济渠"。通济渠与之后开凿的永济渠、江南河，构成了隋唐时期以洛阳为中心，北抵涿郡、南通余杭的大运河。汴州位于通济渠岸边，又靠近京畿，发展尤为迅速，成为北方地区工商业比较发达的城市。

唐代汴州城

唐代，汴州地位进一步上升，尤其是唐后期汴州在军事和漕运中的重要地位凸显。唐德宗建中二年（781），汴州刺史李勉重筑并扩大了汴州城，周围达二十里一百五十五步，规模相当宏大。唐德宗贞元十四年（798），董晋修筑了汴州城的汴河东、西水门，使州城更加安全，交通也有保障。唐汴州城仍为州治所在地，后成为宣武军的驻地，城池得到了整修，为其再次成为国都、步入开封城市发展史上第二个辉煌时期奠定了坚实的基础。

五代东京城

五代，开封成为国都，政治地位上升，后梁称其为东都，后晋、后汉称其为东京。后周时期，周太祖和周世宗对东京城进行了重新规划建设，兴建的开封新城又称外城或罗城。修城的同时，还拓宽街道，对旧的坊市制产生了重大影响。这是五代以前中国城市由坊市分离向宋代坊市合一、面街而肆的敞开型城市的过渡。北周东京城的修造，奠定了北宋东京城的城市结构。

北宋东京城

960年，赵匡胤发动陈桥兵变，灭后周，改国号为宋（史称北宋），定都东京。北宋王朝在后周规划的基础上对东京城再加改造和完善，使城市规模空前宏大，形成宫城、里城、外

《清明上河图》中描绘的东京人烟阜盛、商业繁荣的景象

城三重城相套的格局。凭借汴河、黄河、惠民河、广济河等组成的庞大水利网络，开封成为全国水路交通的一个巨大中心，全国的物资、资金、人才、信息等都汇聚于此。首都优势及发达的水陆交通网络，使得北宋东京很快成为"八荒争凑，万国咸通"之地，经济异常繁荣，人口多达百余万，是当时驰名中外的国际都会。

金代汴京城

"靖康之变"后，金朝皇帝完颜亮为了把开封作为进攻南宋的跳板，曾在此进行一番营建。金海陵王贞元元年（1153），金又改汴京为"南京"，作为其陪都，同时修复北宋故宫。金贞元三年（1155），因"南京大内火"，致使刚完工的宫殿被大火毁尽。为了迁都开封，完颜亮又费时两年多重修，于1161年迁都开封，但三个月后发生兵变，完颜亮被部下杀害，金朝又将都城迁回燕京（今北京市）。金末，为了躲避蒙古国军队的进攻，宣宗贞祐二年（1214）再次迁都开封，直至1233年被蒙古军队占领，前后在此只经营了20年。金代，汴京政治地位重要，城市建设也有所建树。

元代汴梁城

蒙古占领开封后，在此设南京路，后改称汴梁路，开封成为河南江北等处行中书省的省会。元代汴梁城的建设，维持了金代南京城的格局，只在元世祖至元二十二年（1285）和元仁宗延祐六年（1319）进行过整修。元顺帝至正十七年（1357），元将泰不花等为防止红巾军攻城，"以汴城西面城门，止留五座，以通往来，余八门俱塞"。这一格局为明清时期修筑开封城墙时所继承。在元朝近百年的统治中，汴梁也是一座经济繁荣的商业城市。根据元末的相关记载，开封城的人口仍有20万，虽远不如宋金时的都城人口之多，但在当时地方城市中仍是屈指可数的。元朝定都北京，代替了开封的地位，从此开封成为一个地方性的行政中心。其间，虽然开封政治地位下降，但仍不失为中原重镇。

明清开封城

明初十年曾以开封为陪都，称为北京。后降为河南行省，河南承宣布政使司驻此，为河南省会。开封是"势若两京"藩封地，明太祖洪武十一年（1378），朱元璋改封朱橚为周王，并于洪武十四年（1381）就藩河南开封府城。周王共传10世11任，加上周王嫡传子孙所封的郡王，共计72个，号称"七十二王府"。这些王府的府第都以周王府为中心，遍布开封全城，堪称当时全国之最，故时有"天下藩封数汴中"之说。周王及其子孙所组成的王公贵戚这一庞大的消费群体，推动了开封商业和手工业的繁荣。明代开封是重要的城市，城市经济繁荣，大体说来情况稍好于金、元两代。

清代，开封仍是河南省政治经济中心，但总的经济情况比明代退步了。开封城市经历了明思宗崇祯十五年（1642）河水灌城和清宣宗道光二十一年（1841）河水围城的劫难，经济发展迟缓，很难恢复到明代的繁华程度。

民国至 1954 年河南省会

1905—1912年，京汉、陇海铁路相继通车之后，开封成为西方列强的原料供给基地和外国商品倾销的市场之一。城市出现畸形发展，南关辟为商埠。以火车站为中心，逐渐发展起居民住宅区，老城之外形成了新城区。新中国成立初期，开封连续五年为河南省省会，仍是

开封宋都御街景象

河南省的政治、经济、文化中心。

　　总之，历史上开封城市的发展轨迹异常曲折，可谓盛衰至极，反复无常，大致经历了三个发展周期：春秋时期至东魏孝静帝天平元年（534），534年至2005年，2005年至今。总体上看，开封的衰落周期要比兴盛周期长很多，这是由其政治地位、资源禀赋、地理环境等综合因素所决定的。在城市发展的过程中，开封城经历了不少机遇和挑战（表一），其中尤以明清以来的黄河水患对开封城影响深刻，出现了七次"迁城之议"。

表一　开封城市发展历史上的机遇与挑战

周　期	城　市	机遇事件	挑战事件
前364—534年	春秋仪邑	魏迁都至此	
	战国大梁城	国都	王贲淹灌大梁
	秦汉至东魏浚仪城		
534—2005年	东魏至北周浚仪州城	县城上升为州城	
	隋汴州城	大运河的凿通	
	唐汴州城	唐后期政治地位提高	
	五代东京城	（梁、晋、汉、周）国都	
	北宋东京城	国都	"靖康之变"
	金汴京城	先陪都，后定都	金元战争"疫病流行"，黄河水患
	元汴梁城		都城迁走，黄河水患
	明清开封城	陪都、藩封之地	黄河水患，尤其1642年、1841年
	民国至1954年省会		省会西迁
	1954—2005年省辖市		1983年行政区划调整
2005年至今	省辖市	郑汴一体化、郑汴都市核心区、河南省新兴副中心城市	

资料来源：《黄河变迁与开封城市兴衰关系研究》，科学出版社2019年版，第14页。

二、城市建设

就古代城市而言，"城墙内的城市"是中国古代城市的重要特征，是城市建设的重要表征。现主要通过城市外部轮廓（主要指城墙范围）及内部格局的变化，展示不同历史阶段开封城市的建设状况。

"城—郭"模式（前364—前225）

从今开封城所在区位来看，开封城的起源最早可追溯到仪邑——卫国南部边境的一个军事小镇。魏惠王六年（前364），魏国都城自安邑迁到仪邑，改称大梁。经过141年的发展，大梁城成为当时有名的商贾大都。魏国迁都大梁之后城市形态的变化，表现在城河和郭城的出现，即由"有城无郭"演变为"城—郭"模式。据《水经注·渠水》载，梁惠成王三十一年（前339）三月，"为大沟于北郛，以行圃田之水"。这里的"北郛"是指大梁城的北郭城，说明大沟当时是从郭城内的北面穿城而过。此时距大梁建都已有25年，城市有了很大发展，出现了城河和郭城，才会有引大沟水进入郭城的北部。

"衙署—城墙"模式（前225—956）

秦灭魏之后，在大梁废墟上设浚仪县，县治为浚仪城。东魏孝静帝天平元年（534）浚仪城为梁州州治，北周武帝建德五年（576）至隋唐为汴州州治。通过唐德宗建中二年（781）李勉重修、扩建汴州城事件，可以推断公元前225—公元781年的城市是有城墙的。大相国寺始建于555年，最初名为建国寺，位于汴州城内，所以建中二年（781）之前汴州城的南城墙应位于相国寺的南部。建中二年（781），时任汴州刺史的李勉对汴州城进行了扩建。随后，李勉将原驻宋州（今商丘）的节度使衙署移至汴州，设在州城内略偏西北部，即沿用浚仪城的衙署，四周筑有城墙。

"外城—内城—皇城"模式（956—1219）

后梁、后晋、后汉时期仍沿用唐汴州城，直至后周世宗显德三年（956），在汴州城四周修筑"新城"，把汴州城城墙变成了内城墙。至此，开封城形成了"外城—内城—皇城"模式的城市形态，且该模式为北宋东京城所继承。

开封御河沿岸风光

"护城堤—原城市形态" 模式（1219—1907）

"外城—内城—皇城"模式中的"外城—内城"形态在该时期并未发生根本变化。皇城在明代演变为周王府，清代转变为满城。为了抵抗黄河南泛对开封城的侵袭，遂在外城之外加筑护城堤防，形成"护城堤—原城市形态"的格局。

元代汴梁城沿用了金代的城市格局，至明代城市形态发生变化，主要体现在两个方面。一是对周王府的修建。明太祖洪武十四年（1381），周王朱橚就藩河南开封府城，修建府邸。考古勘探显示，明周王府紫禁城呈南北稍长、东西略短的长方形，周长约2520米。除周王府外，约有45座周藩郡王府遍布全城，故明代开封还称"王府城"。二是修筑了护城大堤，形成"护城堤—土城（北宋外城）—砖城—萧墙—紫禁城"的城市形态。由于明代开封城频遭黄河洪水侵袭，明英宗正统年间于谦在北宋外城之外的西、北、东三面修建长40余里、宽6丈、高2丈余的护城堤。明代宗景泰二年（1451）王暹又在城南边续筑护城堤，使之成为一个环城形的围堤。明初开封城除墙体为夯土外，城墙外侧全部用砖砌，是一座名副其实的砖城。

明末城市形态因1642年黄河洪水灌城的影响而略有变化，介于护城堤与砖城之间的外城被洪水毁坏，消失不见。明周王府的覆没与清圣祖康熙五十八年（1719）新筑的满城，使清代开封城市形态演化成"护城堤—砖城—满城"的格局。1904年，开封南关发展，突破城墙范围。1907年3月21日，汴洛铁路开封至郑州段竣工通车，开封南关辟为商埠，城市形态又一次发生变化。

　　黄河水患是影响黄河下游泛滥平原古城城市形态特色的重要因素。开封"城—郭"模式、"衙署—城墙"模式、"外城—内城—皇城"模式的三个形态期，均受到黄河的间接影响，源于黄河的分流河道影响开封城市发展，进而影响城市形态。自1128年黄河南泛之后，洪水频繁地侵袭开封城，环城一周出现护城堤防，形成"护城堤—原城市形态"模式的城市形态，由此可见黄河变迁对开封城市形态的直接影响。1949年新中国成立初期，开封城市建设和发展大多局限于明清砖城墙范围之内。

开封黄河生态廊道

第三节
东京梦华

　　五代时期，开封城逐渐复兴，后来发展成为北宋王朝的首都，其地处华北平原腹心，水运交通四通八达。北宋东京开封城，时称汴京、汴梁，作为北宋一代的政治、文化中心，其城市格局规整，建筑宏大，而且人口众多，经济繁

开封宋都御街

荣，成就了"清明上河""汴京富丽天下无"的东京梦华。开封不仅在中国古代都城发展史上起着承前启后的作用，而且作为当时商业最繁荣的国际性大都市之一，深深影响了世界。

一、四水贯都

东京城的河流系统很发达，河道成为城市重要的经济供给线，史称"四水贯都"。这四条河流分别指汴河、蔡河、五丈河（广济渠）和金水河。

汴河即隋通济渠，唐时改称广济渠，俗称汴河。自西汴口引黄河水向东南流，汇入淮河。沟通东南经济发达之地，是北宋政府攫取江淮财富的主要运输线。

蔡河的前身是战国时的鸿沟，晋时称蔡水，为南北水运要道。宋太祖建隆元年（960）开浚蔡河自都城汴京至通许镇（今通许县）。后又经开发，蔡河水量大增，"舟楫相继，商贾毕至，都下利之"。宋太祖开宝六年（973）改称惠民河，东南河段被称为蔡河。后因惠民河和

开封护城河一角

蔡河实为一条河流的两个河段，故有时所称惠民河也包括蔡河河段。

五丈河是五代后周显德年间在南济故道的基础上开浚而成的。河道自开封城西分汴水向东北流，经东明（今河南兰考东北）、定陶（今山东菏泽定陶区西北），至巨野西北的济州合蔡镇注入梁山泊，出梁山泊沿着北清河（亦即古济水），"以通青、郓之漕"。开宝六年又改五丈河名为广济河。

金水河本名京水，北宋太祖建隆二年（961），自荥阳凿渠引京、索二水东流，过中牟历百余里至京师开封城西架槽跨越汴河，并设斗门，引入城濠，后又入皇城，因水质清澈，河取"金水"为名，享誉京城。

上述四渠经宋初疏浚和开凿后，形成了以东京开封府为中心的水运交通网。其中汴河最为重要，全国最富庶区域的漕粮百货以及来自南海的商品，均由该渠运往京师，所谓"漕引江湖，利尽南海，半天下之财赋，并山泽之百货，悉由此路而进"。开封城内外数十万驻军、数十百万户居民，"仰给在此一渠"。所以宋人张方平说："汴河乃建国之本，非可与区区沟洫水利同言也。"

二、城建恢宏

东京城的平面布局为三重城垣结构，分为皇城、内城和外城，即有三重城垣层层围护。三重城垣中，最外为外城，中为内城，最里为皇城。

外城周长四十八里二百二十三步，宋神宗熙宁八年（1075）到元丰元年（1078）曾扩展到五十里一百六十五步，呈长方形，南北长而东西略窄，相当于今日开封四周的土城遗址。其东西南三面皆为三道门，北面为四道门，共计十三道门。此外，还有专供河流通过的水门六座。内城坐落在外城的中央，内城与外城之间有一段缓冲地带以保障居于内城之中的皇城的安全。内城周长二十里一百五十五步。东京的皇城即宋大内，又名紫禁城，其南北各为三道门，东西为两道门，共计十道门。皇城在内城的中央稍偏西北，不仅是东京城的腹心，更是北宋王朝的中枢。东有东华门，西有西华门，北边则是拱宸门；在南边三道门中，上元节时最热闹的宣德门，被左掖门和右掖门夹在正中间。宣德门一开，正对的是人庆门，人庆门两边两扇门，曰左右升龙门。整个东京城设计完善，建筑讲究，充分表现了我国古代城市规划的水平之高。

开封铁塔公园

　　北宋遗留下来的开封双塔（铁塔、繁塔）是如今地面仅存的宋代建筑，有重要的历史文化价值，是了解开封、研究开封的重要载体。

铁塔

　　铁塔是开封最高的古代建筑，也是开封的象征。它坐落在开封古城东北隅的铁塔公园内。铁塔原名"开宝寺塔"，是北宋建筑家喻皓为开宝寺供奉佛骨而设计的一座木塔，后因遭雷击起火而毁坏。皇祐元年（1049），宋仁宗下诏重建，便仿照木塔的原样修建了这座楼阁式铁塔。它是一座砖塔，只因外部以紫褐色琉璃砖贴面砌筑，远看酷似铁色，又非常坚固，俗称"铁塔"。铁塔八角十三层，高55.88米。塔身遍砌花纹砖，上刻佛像、飞天、云彩、波涛、伎乐、龙、狮、花卉等50余种图案，造型优美，神态生动，釉彩晶莹，十分精致，堪称宋代砖雕艺术的杰作。清代黄河几次泛滥，水漫开封，连千年古寺都沉于水底，唯铁塔兀然矗立，完好地保存了下来。登塔眺望，古城风光尽收眼底。若在晴朗的日子里，极目远望，可见黄河如带，闪烁银光。"铁塔行云"已成为"汴京八景"之一。

铁塔内墙壁上的佛像

铁塔近景

繁塔

　　繁塔，因位于开封城外东南1500米的繁台上而得名。繁塔建于北宋太祖开宝七年（974）。相传当年附近的居民多为繁姓，所以这片自然形成的高台叫繁台。"繁塔春色"是"汴京八景"之一。繁塔，原名兴慈塔，因其建于北宋四大皇家寺院之一的天清寺内，故又名

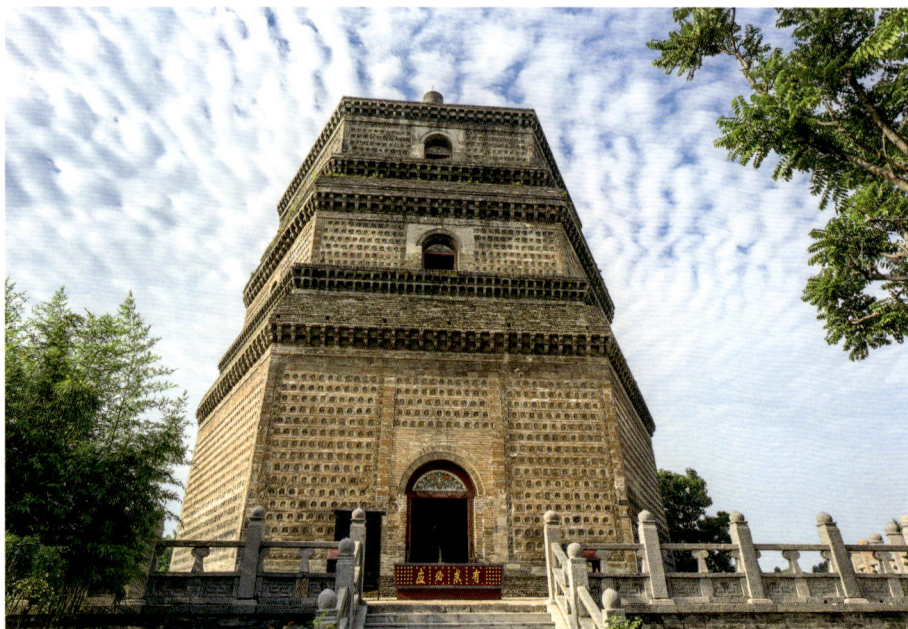

繁塔

繁塔穹顶

天清寺塔。历史上的繁塔原高9层，曾是"京城第一高"。两塔曾是大宋皇都的双地标。目前，繁塔通高36.68米，塔基面积501.6平方米，塔身内外遍嵌佛像砖，因此繁塔又被称为"万佛之塔"。繁塔因其独特的建筑风格、精美的佛像砖雕、丰富的碑刻题记、罕见的书法艺术、珍贵的地宫资料、神秘的层级问题而闻名于海内外。

三、清明上河

北宋时期手工业和商业的发展，使东京出现了"工商外至，络绎无穷"的局面，完全突破了以前封闭的坊里制，开创了沿街设市的制度，成就了"清明上河"的东京梦华。

北宋初期开始，东京汴梁城的经济空间格局发生了重要变化，即城内封闭式坊市制度的突破。此前，中国城市实行封闭隔离的坊里制，坊是居住区，四周围着墙壁，与市场相隔开来。市场是交易区，四周也是围墙。开市由官府掌管，固定时间开市，固定时间关闭市场。

随着东京商业贸易的迅猛发展，人口不断增加，京都的经济突破了坊市之间的空间限制和宵禁的时间限制，空前地繁荣起来。因而开封改变了旧制，把内城划分为8厢121坊，外城划分为9厢14坊。道路系统呈井字形方格网，街巷间距较密。住宅、店铺、作坊均临街而建。繁华的商业区位于可通漕运的城东南区，通往辽、金的城东北区和通往洛阳的城西区。主要街道人烟稠密，屋舍鳞次，有不少二至三层的酒楼、店肆等建筑。中国古代城市的街巷制布局，大体自北宋开始形成，为后世所沿袭。

宋朝都市的形态跟现代城市几乎没有根本性的差别。这里的街巷交错纵横，四通八达，市民自由往来；临街的建筑物都改造成商铺、酒楼、饭店、客邸；每个商铺都打出醒目的广告招牌。入夜，店家掌灯营业，灯烛辉映；有的商家还安装了广告灯箱，夜色中特别耀眼。这样的城市形态，后来被称为"街市制"。

其实，展开北宋张择端的《清明上河图》，便可以领略到宋朝东京街市的繁盛。《清明上河图》围绕东京外城东水门外汴河上的虹桥，以市井生活为题材，通过细腻的线条、丰富的色彩和独特的构图，形象地描绘出清明时节北宋京城汴梁以及汴河两岸的繁华景象和自然风光，使我们能历经千载依然可以领略宋朝东京开封的风采与辉煌。

[宋]张择端《清明上河图》(局部)

明朝临摹《清明上河图》(局部之一)

明朝临摹《清明上河图》(局部之二)

2024年2月12日，大年初三，开封清明上河园景区张灯结彩、年味十足

2024年2月12日，来自全国
各地的游客在清明上河园景区
感受浓浓的年味

第四节
地下"城摞城"

开封位居黄河下游堆积平原的枢纽地区，东西要冲，南北兼顾，自魏国大梁始，历经两千多年，城址未变。黄河多泥沙、善决徙，其东南流和东北流都要经过开封地区。于是历代黄河淤积使古都开封形成了地下"城摞城"、地上"城湖"的现象，与黄河地面"悬河"景观等一起构成了丰厚的文化遗产。

一、"城摞城"景观

自南宋高宗建炎二年（1128）黄河南泛至清末的近800年间，黄河在开封附近决溢300余次，其中15次波及开封城，6次进入内城，将不同时期的开封城废墟或古地面淤埋在地下，形成"城摞城"奇观，使开封获得"东方庞贝"之称。

"城摞城"景观是开封城市与黄河洪水、沙灾长期斗争和相互适应的产物。1981年，在龙亭东湖清淤时，人们意外地挖出了明代周王府遗址。继续挖至8米深处，发现了北宋皇宫的遗址：庞大的灰砖房基、空旷的殿壁走廊，以及残垣断壁。考古发现令世界震惊：在开封地下3～15米处，上下叠罗汉似的摞着6座城池——3座国都、2座省城、1座中原重镇。自下而上，它们依次是魏大梁城、唐汴州城、北宋东京城、金汴京城、明开封城和清开封城。除大梁城位于今开封城略偏西北外，其余几座城池，其城墙、中轴线几乎都没有变化，从而形成了开封独有的"城摞城""墙摞墙""路摞路""门摞门""马道摞马道"等景观。

从龙亭公园午门一直往南是开封旧城的中轴线，是繁华的中山路，其地下8米处，正是北宋东京城南北中轴线上的通衢大道——御街。在中山路和御街之间，分别叠压着明代和清代的路面。这种"路摞路"的景观意味着，从古代都城到现代城市，开封的市中心从未变过，虽历经洪水、战乱、政权更迭，但始终以宋都御街为中轴线。

像开封这样叠压层次之多、规模之大的古城，在我国五千年文明史上绝无仅有，在世界考古史和都城史上也是独一无二的。自战国魏之后，历经唐、宋、明、清，六座地下城不仅立体地展现了开封自建城以来两千多年来的古代城市变迁史，更镌刻着开封曾有的辉煌、悲壮与失落。

开封龙亭公园

二、城湖等景观

城包湖

开封古城较大的湖泊有包公湖、龙亭湖、铁塔湖等，有"北方水城"之称。实际上，开封城内的湖泊是1642年黄河灌城之后形成的，是黄泛平原典型的"城包湖"洪涝适应性景观。

关于明思宗崇祯十五年（1642）的黄河水患，《汴围湿襟录》载："举目汪洋，抬头触浪。其仅存者：钟鼓二楼、周府紫禁城、郡王假山、延庆观，大城止存半耳。至宫殿、衙门、民舍、高楼略露屋脊。"《如梦录》和《豫变纪略》也有类似记载。可见由于大水漫灌全城，且黄河水含沙量高，留下了深厚的沉积物，彻底改变了城内的地貌格局。城内低洼处因泥沙淤

开封中国翰园碑林风光

积而变成高阜，高处经过河灌在高大围墙的阻隔下变成洼地，进而形成湖泊。由于缺乏水源补给，此时开封城内并无固定湖泊形状，只是大面积的积水洼地。

清宣宗道光二十一年（1841）的黄河洪水围困开封城长达八个月，《汴梁水灾纪略》对此次洪水叙述较为详细。城内"坑塘尽溢，街市成渠""四围形若巨湖"，显然此时城内积水洼地受水充足，面积和形状进一步增大。长时间的洪水围困使得城外泥沙大量淤积，城外与城内的地势落差进一步扩大，导致城内地下水位抬升，为湖泊提供了稳定的补给源，使得湖泊常年有水。1949年新中国成立之后，对城内坑塘进行了规划和整治，遂形成面积较大的"五湖"。

悬河景观

北宋之前，黄河流经今河南省北部，距离开封较远。南宋高宗建炎二年（1128）东京留守杜充在滑县李固渡掘开黄河，使得黄河主泓大变，开始了长达700余年的南流汇淮入海。黄河遂在黄淮大地上，或决或塞，河道迁徙不定，再造了这一区域的地理环境。开封位于黄河冲积平原的西部边缘，受灾频仍。明代开封河患尤甚，黄河不断侵及城池，主泓忽在城南、忽在城北，河流改道、泥沙淤积，改变了城市附近的地理面貌，形成了"城外高、城内低"的盆地景观。

明孝宗弘治二年（1489），黄河已在开封城北走河，河道也大体稳定，其后南北两岸纷纷修筑堤防。北岸，弘治三年（1490）白昂治河时，筑北岸阳武长堤，自原武经仪封至曹县，以防大河进入张秋运河。这就是现在黄河河道北岸大堤的前身。弘治八年（1495）刘大夏治河时，在北岸自延津以下至江苏沛县，加修了太行堤，作为二道防线，以防大河北侵。而南岸，弘治三年（1490），开封黄河南岸大修黄河堤防，形成接近现在大堤的完整堤防，河患下移。弘治八年（1495），刘大夏治河之后，黄河虽时决时塞，但河道没有大的改变。河道虽已基本固定，但河身在不断地壅高。此后开封城北的泥沙渐渐淤积，形成"悬河"景观。若以今开封城为参照面，黄河柳园口河床则高出近12米。

镇河铁犀

镇河铁犀位于开封市东北的铁牛村，明英宗正统十一年（1446），由河南、山西巡抚于谦铸造，俗称铁牛、独角兽。坐南面北，高2.04米，独角朝天，两肢前撑，后腿蹲卧，犀体

镇河铁犀

魁伟，造型浑厚，神态雄壮。现铁犀安放在高约1米的青石墩上，下为每边长12米的正方形须弥座，四周砌有高0.8米的水泥围栏，东、北、西三面设有踏道，东西两侧立有清圣祖康熙三十年（1691）所立的石碑两座，并重新修葺了碑楼。镇河铁犀于1963年被列为河南省第一批省级重点文物保护单位。

第五节
古城现代化

  开封是国务院公布的首批国家历史文化名城之一，其城市建设历经沧桑。1949年新中国成立后，开封展开了大规模的经济建设和城市建设。经过70余年的努力，经济建设有了长足的发展，城市建设也发生了日新月异的变化。各项城市公共设施逐步完善，城市面貌发生了根本改变。开封市的名胜古迹得到了开发和保护，古城面貌焕然一新。

  1986年，开封市明确城市建设的方针，即要维护总体规划的严肃性，要把旧城的保护、改造和新区建设结合起来。1999年3月，国务院办公厅批准了《开封市城市总体规划（1995年至2010年）》，指导思想是："重点发展西区，改造美化旧（老）城区，积极完善东区。"据此，制定了《历史文化名城保护规划》，要求既要符合现代化生活和经济发展的要求，保持其优秀历史文化传统的风貌，又要保留名城固有的合理的总体布局，注意整个城市空间的协调，并把一些有典型意义的地段、街区成片地保存下来，确定为重点文物保护区，划出保护范围和建设控制地带，使其融入城市的整体环境，以显示历史文化名城的连续性。在"整体控制，重点突出，保护有别，建设有序"的原则指导下，根据保护级别、文物性质、坐落地段和总体规划功能分区与用地调整等因素，同时围绕开封"城市历史悠久、文物遗存丰富、古城传统风貌浓郁、北方水城独特"四大特色，加强对地上文物古迹、地下遗址、历史纪念地及风貌、地方

开封鼓楼夜市

特色和自然特色的保护，发掘和继承城市文化内涵，抢救濒临消亡的历史实物遗存等，使经济、社会发展与历史文化名城相适应。与此同时，通过改善城市结构，开发建设新城区，稳定老城区，调整用地策略，开辟环城道路，缓解旧城交通压力，减轻高密度、高容积的老城区对古城名胜古迹构成的威胁，进一步完善保护措施，划定保护等级，确定保护范围，改善城市环境，树立名城意识，加大名城保护工作力度，将开封建成以工、商、贸、文综合发展为特点的地区性中心城市和旅游胜地。

一、现代文旅产业大发展

开封市积极与国际接轨，高水平建设世界历史文化名都，高标准打造国际文化旅游名城。加大对开封古城文化遗产的保护与利用，建设了清明上河园等旅游景区。清明上河园景

开封七盛角

区为开封唯一的国家5A级旅游景区，是以中国传世名画《清明上河图》为蓝本1∶1复原再现的大型宋代历史文化主题公园，1998年正式对外开放。其中，《大宋·东京梦华》的大型水上实景演出，令无数游人叹为观止。

城内的开封府、包公祠、万岁山以及龙亭、天波杨府、翰园碑林等旅游景点连接成片，还有对开封古城墙以及相国寺、延庆观、山陕甘会馆等古建筑的保护展示；城外则有黄河游览区的建设，使开封成为现代化旅游名城。黄河游览区位于开封城北10千米，有大堤悬河、镇河铁犀、林则徐黄河堵口处、陈桥驿风景区等名胜遗迹。

二、中原城市群一体化发展，郑开同城化发展

2012年，国务院批复《中原经济区规划》，开封被确定为中原经济区核心城市之一，并明确提出促进郑汴一体化发展。2013年，国务院批复《郑州航空港经济综合实验区发展规划

（2013—2025年）》，开封市尉氏县65平方千米区域纳入航空港区，开封被确定为郑州航空港经济综合实验区主体城市之一。2016年8月，国务院批准设立中国（河南）自由贸易试验区，开封是三大片区之一。

2016年10月，河南省第十次党代会报告明确提出，要推动周边城市与郑州融合对接，推进郑汴一体化深度发展，加快郑新、郑许、郑焦融合发展，建设组合型大都市地区，提升对全省发展的辐射带动能力，郑汴一体化进入了深度发展阶段。2016年12月，国家正式批复《促进中部地区崛起"十三五"规划》。2017年，国家发展改革委发布了《中原城市群发展规划》，开封被列为核心发展区。2019年8月，河南省委省政府在《郑州大都市区空间规划（2018—2035年）》中明确郑汴港核心引擎区作为"一核"，是大都市区发展的核心增长极。2020年1月，习近平总书记在中央财经委第六次会议提出，要推进郑州与开封同城化、引领中原城市群一体化发展，为郑开同城化发展指明了方向，提供了根本遵循。

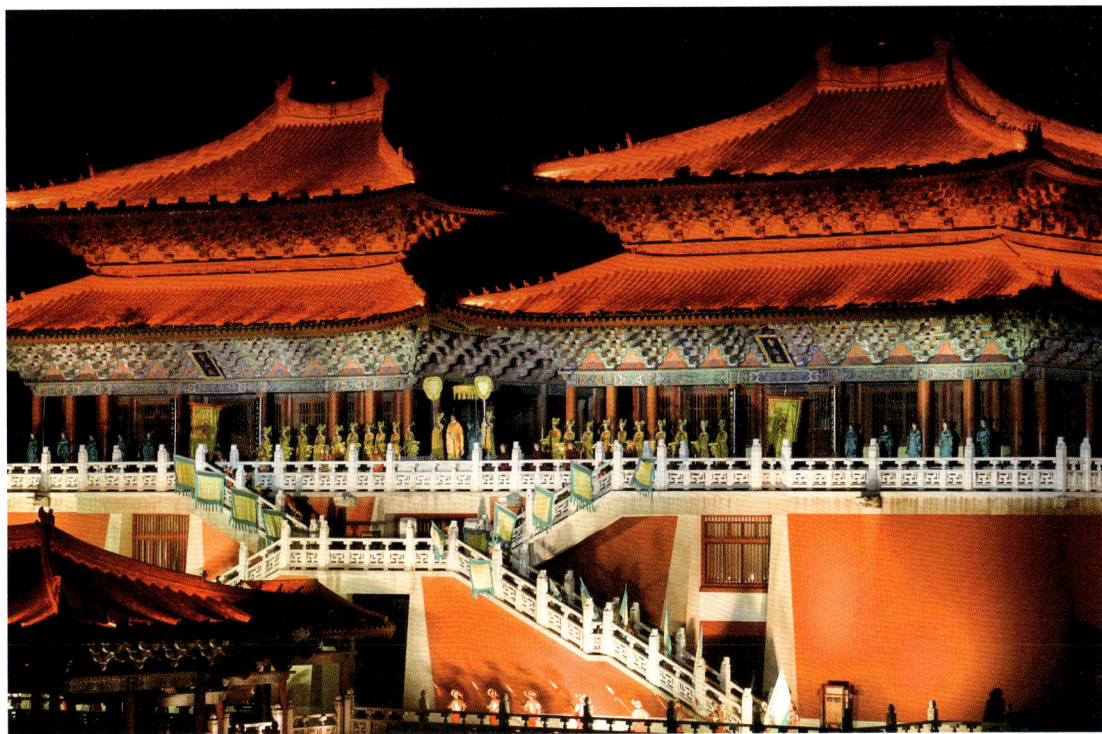

开封清明上河园的大型实景演出《大宋·东京梦华》

三、"八朝古都"谱新篇

在现代化建设中加强名城保护，开创古都现代化的新篇章。2017年1月，国务院办公厅批准了《开封市城市总体规划（2011—2020年）》，指出："开封是国家历史文化名城，文化旅游城市，中原城市群核心区的中心城市之一。"2019年，开封编制了《开封宋都古城保护与修缮规划》，坚持宋都古城保护"真实性、整体性、持续性、人本性、创新性"的总体原则。同时，基于国家和区域发展战略与形势，挖掘历史文化资源，延续古城历史文脉，围绕古城"文化之都、消费之城、魅力水城、幸福之地"的总体目标，全力推进实现"古都型国家历史文化名城、国际全域文化旅游目的地、大运河文化廊道魅力之都、宜居宜业宜游的北方水城"的战略定位。

第九章

黄河牡丹之乡——菏泽

菏泽是鲁西南地区的中心城市，位于地势平坦的黄河冲积平原，西距黄河不远，历史上城市位置及其发展变迁深受黄河的影响，因此也是黄泛平原区的一座典型城市。早期受河流、交通等因素影响，菏泽地区郡县级治所城市林立，直到金代才最终发展成为一座府级城市。明清时期随着城址的稳定，菏泽得到迅速发展，修建了城墙与护城堤，成为特殊的外圆内方式城市，城内形成了五横七纵的街道系统，建成了覆盖城墙内外的居民建筑和众多公共建筑及商业设施；同时修建了牡丹园，形成了独具特色的牡丹文化和黄河文化。进入新世纪，菏泽的整体面貌发生了根本性变化，焕发出新的光彩。

黄河菏泽段　李保珠摄

第一节
城市兴起

一、历史地理背景

地理基础

地貌方面，菏泽（即牡丹区）地处鲁西南地区，属于华北平原之黄河冲积平原，地势西南高东北低。历史时期，黄河携带大量的泥沙，使其下游河床高度长期高于右岸冲积平原，因而黄河极易从右岸决口泛滥，从而影响冲积平原地区。

菏泽地区地势低于黄河，且距离黄河不远，历史上无论黄河下游河道如何摆动，大多都会对菏泽造成影响，因此，黄河的决口泛滥对菏泽地形的改造有着决定性的影响。据记载，自汉文帝前元十二年（前168）至1939年，在黄河发生的多次决口中，至少有47次对菏泽造成影响。其中，1926年的东明县刘庄决口，黄河主泓道沿曹县和定陶北境东下，侧流受赵王河阻隔北折，形成沙河河滩高地及其两侧的缓平坡地。在沙河河滩高地和赵王河河滩高地之间，洪水流速减弱，静水沉积，形成了跨金堤镇和何楼乡的曲庄洼。1935年，黄河在鄄城县临濮决口，主泓道亦因赵王河的阻挡，大股南漫，洪水逼近菏泽县城，小留镇一带淤积高达七八尺（2.3～2.7米），形成了菏泽北部的缓平坡地。另有小股北去，形成了胡集北部决口扇形地。在这两次决口的冲积溜道之间，还形成

菏泽农产品种类繁多　李保珠摄

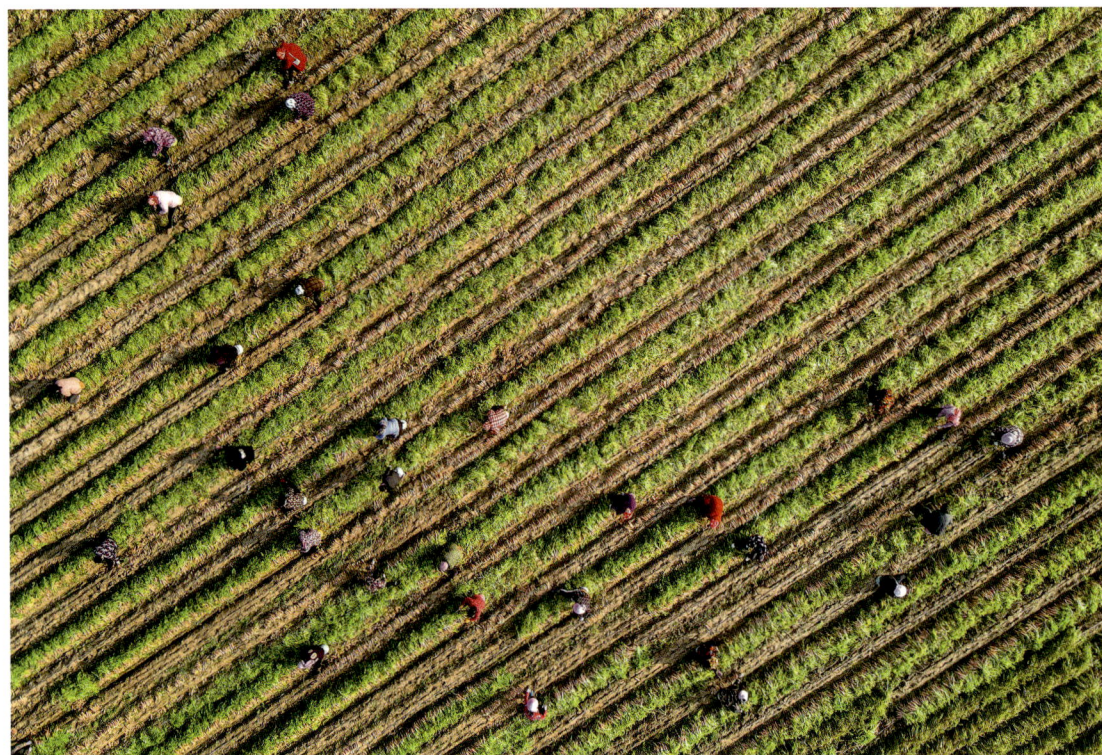

菏泽农业兴旺发达　李保珠摄

了一条东西走向的浅平洼地。因此，菏泽地形从北向南呈岗洼相间、东西向带状分布。由于河流的塑造，菏泽境内形成了8种地貌单元，包括河滩高地、沙丘高地、决口扇形地、坡地、碟形洼地、河槽地及背河槽洼地等。

气候方面，菏泽地处中纬度地区，属于温带季风大陆性气候。冬冷夏热，四季分明。每年3—5月，温度回升迅速，风速较大，土壤水分蒸发较快，常出现春旱现象；6—8月，炎热多雨，常有暴雨成灾，同时受副热带高压控制，又经常缺少降水，旱涝交替出现，以涝为主；9—11月，气温下降，降水减少，天气变得凉爽，日照亦较为充足，雨季结束；12月至来年2月，多偏北风，降水较少，气候干冷。温带季风大陆性气候使得菏泽全年光照充足，热量丰富，温差较大，无霜期长，雨热匹配较好，雨热同季，适合农作物的生长。因此，历史时期菏泽地区的农业生产种类繁多，产量较大，是重要的农作物产区。

河流方面，菏泽地形整体上较为平坦，加之极易受黄河的影响，因此自古以来境内河流变迁十分频繁。黄河虽然对菏泽影响巨大，但历史上其主溜较少经过菏泽境内。金初（约1128—1160），黄河主溜曾流经菏泽南部地区。清文宗咸丰五年（1855），黄河在兰阳铜瓦厢决口后，夺大清河河道入海，其主溜位于菏泽西北部，黄河遂重新流经菏泽。

根据《尚书·禹贡》《水经注·济水》等文献的记载，先秦时期今菏泽境内有济水与菏水，其中济水为上古"四渎"之一，发源于今河南王屋山，亦称沇水、汤水。春秋时，流经曹、卫、齐、鲁之界。济水进入山东境内后，于定陶东北进入菏泽，出菏泽后分为两支。东北流一支称济水，注入大野泽，出大野泽后东北流，至广饶注入渤海；东流一支称菏水，向东汇入古泗水。先秦时期，菏泽另有灉水，其发源于太行山区，为上古时期雷夏泽的重要水源。

宋代以后受黄河影响，菏泽境内形成赵王河。北宋时期黄河多次由河南清丰决口，大溜东行经巨野、济宁汇入泗水，成为赵王河及南清河前身。明太祖洪武元年（1368），河决河南双河口，分水东流，经巨野、嘉祥南至鱼台东部塌场口入运河，成为赵王河及南清河雏形。明宣宗宣德五年（1430），河决金龙口，顺枣林河东北流经长垣、东明，至菏泽双河口分为两支：北支东北流，经鄄城阎什口、红船，梁山李家桥、黑虎庙，北至张秋镇注入运河，此时清代所称之赵王河行道正式定型；南支由双河口东流，经巨野，至嘉祥、济宁与牛头河相会，清代称之为南清河。

菏泽新貌　李保珠摄

明世宗嘉靖十三年（1534），疏浚黄河所冲溜道和菏水故道，自曹县梁靖口起东至鱼台谷亭入南阳湖，称梁靖盆河，亦称新挑河、万福河。清道光年间，万福河在金乡北决口，冲成南北大溜。同治年间，金乡、鱼台、济宁民众自发修筑万福河大溜两岸堤防，束水入湖，从此南、北大溜成为万福河固定分洪道。清代柳林河基本为菏水故道。

历史基础

菏泽地区平原广袤，地形十分平坦，地下水位较浅，优越的自然地理条件，便于人类生产生活。《禹贡》记载菏泽境内属于兖州，该地分布着黑坟土（即灰棕壤），这种土壤肥力较好，适宜农业生产。在远古时期，菏泽平原上广泛分布着一些长条形的低丘，比较著名的有陶丘、楚丘、梁丘、青丘等。这些土丘中的面积较大者，是先民躲避洪水侵袭的理想场所。

　　根据《史记》《水经注》等文献记载，早在夏代，今菏泽境内便形成了方国——三鬷国。商汤灭桀之后，将三鬷改为曹国，今菏泽即曹国之北境。西周初年，周武王封其弟季戴为成伯，在成阳（今菏泽牡丹区胡集镇一带）建立郕国。

　　到了春秋时期，菏泽境内大部仍属曹国，东北部属鲁国，西北部属卫国。周敬王三十三年（前487），宋景公灭曹国，曹国疆域遂并入宋国，菏泽境内遂属宋国。春秋战国时期，随着社会的发展，菏泽境内出现了一些城邑，其中春秋时期有鄑、重丘、洮、笙渎等；战国时期，定陶被称为天下之中，商业十分繁荣，成为一大经济都会。紧邻定陶的菏泽地区也出现了葭密、桂陵、姚墟、句渎等城邑。这些城邑均具有一定人口，从而成为秦汉时期在菏泽一带设县的基础。

战国后期，随着郡县制的产生和发展，今菏泽境内出现过葭密、句渎、成阳三县。秦统一六国后，于菏泽境内设置句渎、宛朐、成阳三县，隶属于东郡。

西汉前期，菏泽境内属梁国，设置有葭密、吕都、成阳、宛朐（冤句）、句阳、煮枣等六县。汉文帝、武帝时期，随着西汉政府对诸侯王国的消解，诸侯王国遂降为与郡同等级别，其控制范围也随之缩小。此后菏泽隶属定陶国，境内设有冤句、葭密、句阳、成阳、离狐五县。东汉时期，菏泽隶属济阴郡，郡置设于今定陶区，境内设置冤句、句阳、成阳、离狐四县，这一郡县格局稳定至西晋时期。东晋时期，省并句阳县，境内设置冤句、城阳、离狐三县，依然隶属于济阴郡，这一格局一直延续至北魏时期。北魏时期除冤句、城阳、离狐三县外，于今菏泽城址设置乘氏县，成为今城作为治所城市的开端。

隋代，菏泽仍属济阴郡（一度将其改为曹州），境内大部分为乘氏县所辖，东北一隅为雷泽县的西南部，西北为离狐县的东南部。唐代再度改济阴郡为曹州，曹州作为辖县政区终于稳定下来，菏泽境内设县情况一仍隋代之旧。

北宋时，升曹州为兴仁府，菏泽境内大部属兴仁府所辖之乘氏县，东北部则为隶属于濮州的雷泽县所辖。

金世宗大定六年（1166），乘氏县并入济阴县，随着黄河洪水的泛滥，曹州及济阴县于大定八年（1168）同时迁入乘氏县故城，今菏泽城历史上首次成为府州级治所驻地，菏泽境内从此仅设置一济阴县。

明太祖洪武元年（1368），黄河泛滥，摧毁曹州城，曹州治所遂迁至安陵镇，济阴县遂废，旧城改为古雄镇，菏泽地区直属曹州，济阴县从此消失。洪武二年（1369），又因水患，移曹州治于今曹县境内之盘石镇。洪武四年（1371），曹州降为曹县，同时复置定陶县。菏泽境内分属定陶、曹县，二县同属济宁府，后又隶属兖州府。明英宗正统十一年（1446），于古雄镇即今城复置曹州，并修建城池，自此今城稳定为府州治所。

清代于世宗雍正二年（1724）将曹州改为直隶州，并于雍正十三年（1735）升州为府，同时设置菏泽县作为其附郭县。民国初年废府存县，1949年后设置菏泽专区、地级菏泽市，原菏泽县区域改为牡丹区。

纵观历史时期菏泽的政区变迁可以发现，菏泽境内较早便设县进行管理与开发，在金代以前菏泽境内的政区设置变迁较为明显，且一直分属多个县级政区管辖。这表明，得天独厚的自然条件使得菏泽地区经济条件较为优越，能够繁衍较多人口，并能形成具有一定规模的商业与手工业，从而能够支撑多个县级政区的设置与发展。金元以后尤其是明清时期，菏泽政区设置较为稳定，经济持续发展，人口增长迅速，菏泽城遂成为鲁西南地区的中心城市。

二、城址迁移原因

菏泽靠近有着悬河之称的黄河，历史上黄河多次发生决口、改道，使得该地区河网交错，坑塘密布，同时也造成了城址的多次变迁。

为何菏泽在金代以前未能成为鲁西南地区的中心城市？这主要与河流及其所影响的城市区位有关。秦汉以来，菏泽地区的辖县政区治所多位于济水或菏水沿岸，济水、菏水沟通东西，是重要的水运交通通道，战国时期济水沿岸的陶（今定陶）便因济水之便而成为商业繁荣的都会城市。在中国古代，水运的影响极大，济水或菏水沿岸城市显然在交通方面比并不靠近两河的今菏泽城具有区位优势。今菏泽城在金代成为府州治所城市并发展为鲁西南地区的中心城市，主要与黄河决口泛滥有关。金世宗大定六年（1166），原本位于广济河（其主要由菏水故道发展而来）沿岸的曹州城被黄河洪水淹没，曹州及其附郭县济阴县遂迁至乘氏县故城，政治中心的转移，无疑成为菏泽城发展为地区中心城市的契机。实际上，菏泽成为地区中心城市，既有偶然性，又有必然性。偶然性在于原曹州城毁于黄河决口改道，这使得曹州治所必须进行迁移，而海拔略高的乘氏县故城即成为首选。必然性在于宋金时期菏泽城逐渐成为河流沿岸城市，其区位优势得到显著提高；并且相比于靠近黄河的原曹州城，菏泽城远离黄河，在安全方面具有优势。因此，在各种相对优势的作用下，菏泽城必然成为地区中心城市。

第二节
中心城市曹州

金代开始，曹州治所迁至今菏泽市境，此后菏泽一直是鲁西南中心城市。明代以前，菏泽城市的发展过程因史料匮乏，很难探查，下面简述明清以来菏泽城市的发展兴衰过程及原因。

一、明清时期城市发展

城墙

城墙是中国古代尤其是明清城市的重要建筑，往往成为城市的标志性建筑。明代以前菏泽（曹州）城曾修建有土城，明初因黄河洪水泛溢，于是降曹州为曹县，并先后迁治所于安陵镇与磐石镇。随着人口的增长和经济发展，明英宗正统十一年（1446）复置曹州于今城。随后由巡抚张骥、知州范希正、学博徐思学共同主持创建城池。天顺年间知州伍礼、同知张浩、判官翟湛修建四座城门及城楼，至明宪宗成化二年（1466）告成。城门均用铁皮进行包裹，门洞用砖石进行券顶，并对城门进行命名，其中东门曰宜春，南门曰迎薰，西门曰丰乐，北门曰朝天。

明武宗正德六年（1511），兖西宪副吴学命同知孙环督工，知州李贯、吴瓒相继对城墙进行修缮，至次年竣工。修缮后城墙周长十二里，高二丈五尺，女墙垛口高五尺。城壕宽三丈，深一丈五尺，广四丈。城墙四角及城门左右两侧均修建敌台，其中四角敌台上皆建角楼。此次修城还沿着城壕外侧及四关地区修建了外郭城，并在其外围挖掘城壕，从而形成了内外两道城池，这种形态十分少见。外郭城及城壕的形制均与城墙相同，唯高度、宽度仅为城墙的三分之二。城门外有吊桥、郭门和关门，四座郭城门均建有戍楼，其中东门曰东秩，西门曰西成，南门曰阜民，北门曰拱辰。

菏泽地处黄泛平原，地势十分平坦，海拔低于距其不远的黄河20米左右，因此，一旦黄河决口北流东徙，洪水便会直接冲击菏泽城。因此，明世宗嘉靖元年（1522），州守沈韩在距离菏泽城池五里处修筑了一圈大堤，用以防水护城。从此菏泽城与黄泛平原地区多数城市一样，形成了城堤系统。

到了嘉靖二十三年（1544），因蒙古族南下侵扰，知州王重申请重修城墙，将其增高七尺，并增建门楼、角楼，修缮后有更铺28座，垛口2000余个。明神宗万历二十一年（1593），知州许恩再次对城墙进行修缮。万历三十三年（1605），雨水淋坏城墙及垛口等，知州周鼎迟对其进行修缮。万历四十八年（1620），分巡道许鼎臣督促知州修城，对城墙进行加宽，修缮女墙、垛口、城楼、角楼、敌台、窝铺，并对四座城楼进行命名，东门城楼曰春波旭日，南门城楼曰风入虞弦，西门城楼曰风台霜晓，北门城楼曰云里蓬莱。同时，对城门名称进行更改，更改后东门曰双河，南门曰南华，西门曰凤山，北门曰济阴。

清高宗乾隆三十二年（1767），曹州知府樊潨对城墙进行修缮，对城墙外皮进行包砖，修缮后城墙周长为1872丈，下宽1.6丈，设有炮台26座，角楼4座，垛口3134个，登城马道8处。清宣宗道光十八年（1838），知府潘尚楫与知县龚经远对城墙进行补修。根据康熙《曹州志》之《曹州城池之图》，清代曹州府城4座城门均建有瓮城。

明人张益《曹州城隍庙创建记》记载："（范）希正既拜知州之命，即往州之旧境，度形势，画方隅，定民居，立廨舍，构儒学，而城隍之庙以继建焉。"即范希正对曹州城进行了系统规划和修建，使城墙轮廓呈规则的矩形。

根据清宣统三年（1911）绘制的曹州府城图，菏泽城墙与护城堤整体上呈外圆内方状，既酷似铜钱，又蕴含着天圆地方的思想。由于护城堤修建时间较晚，因此，这种形态可能并非刻意为之。将护城堤修建为弧形，不仅可以减缓洪水的冲击，而且还可以尽可能地囊括较大的面积，在保护城内及关厢地区的同时，尽量保护近城地带的农村地区。菏泽城东西二门

新建曹州古城夜市　李保珠摄

虽然直对，但南北二门不直对，甚至两门所在位置并非与纵街相连，其中原因可能与防范蒙古族军队长驱直入有关。

根据今卫星影像测量可知，菏泽城墙周长约为5.88千米，城内面积约为2.17平方千米，护城堤周长约为13.99千米，围括的面积约为14.68平方千米。菏泽城无论城池还是护城堤的规模，在黄泛区平原地区均仅次于开封城。

街道

街道是城市的骨骼，根据康熙《曹州志》卷三《建置志》的记载，清初曹州城内东西向有5条大街、2条小街，南北向则有7条街道，并且这些街道将城内分为东、南、西、北四部分，每部分每日均有城集，贸易十分繁荣。

据光绪《新修菏泽县志》记载，清后期菏泽城内依旧为七纵七横的街巷系统，并且"街之长短相等，通名曰巷"。其中，横街自北向南依次为普化巷、蓬莱巷、迎万巷、遵敬巷、石马巷（以上今为北顺城街），北马祖巷、东雷鸣巷、西雷鸣巷、忠义巷（以上今为八一路），青华巷、清正巷、东保德巷、西保德巷、清真巷（以上今为道碑街），东礼道巷、西礼道巷、西徽州巷、四牌巷、东周行巷、西周行巷抵西关（以上今为东方红大街），东四匹巷、西四匹巷、青云桥、西将军巷、东仁泽巷、西仁泽巷、林凤巷（以上今为曹州路），东孝子巷、西孝子巷、骢马巷、武库巷（以上今为石人街、湖东街），以及南门内经华佗庙、泰山庙至南油烛巷之无名横街（以上今为南顺城街）。

纵街自东向西依次为南马祖巷、北马祖巷、南石马巷、北石马巷（以上今为东顺城街），南四匹巷、南旌奖巷、北旌奖巷（以上今为双井街），南将军巷、北将军巷、五德巷、徽州巷、南玉振巷、北玉振巷（以上今为解放大街），武库巷、南骢马巷、北骢马巷、南华巷（以上今为南华街），南油烛巷、北油烛巷、南石井巷、北石井巷、闻远巷（以上今为广福大街），南宣政巷、北宣政巷、北周行巷、新泰巷、重华巷（以上今为水洼街），清真巷、南林凤巷（以上今为清真寺街）。

根据清后期菏泽城市复原图可知，菏泽城内街道十分笔直且规整，酷似棋盘状，清人即称其"状若方罫"，结合张益《曹州城隍庙创建记》所记范希正对曹州城进行规划建造来看，菏泽城内的这一街道系统不仅经过系统的规划修建，而且还应形成于明正统重新修建城池期间。根据城门的分布来看，菏泽城内主街结构呈较为常见的双丁字形。

明清时期菏泽四门外亦形成街道，虽然文献缺乏记载，但根据宣统三年绘制的曹州府城图，四座城门外均至少存在一条（其中东门为两条）连接城门的街道。

城市街区

街区由公共建筑和居民区组成，是城市的基本组成部分。

居民方面，康熙《曹州志》记载，明神宗万历十八年（1590）知州许恩申行保甲法，自东隅起编，10家为1甲，10甲为1保，共编孝字等号为72保，表明明中期菏泽城内应有居民7200户，数量颇为可观。就城外街区而言，明武宗正德六年（1511）将四关地区囊括入外郭城内加以保护，表明当时四关已存在一定规模的居民区。

根据清宣统三年（1911）绘制的曹州府城图，清末菏泽城内除坑塘外，基本均覆盖有街区，其面积约为1.5平方千米，四关地带亦存在一定规模的街区。

公共建筑方面，明代是菏泽城的创建与发展时期，创建了包括州署在内的多座重要建筑。衙署方面，州署在城内正北；按察分司在州署东南，布政分司在州署东北隅，兵备道在州署西南，分守道行在东门内，府馆在州署东，阴阳学在州署西，医学在城内西北隅，僧正司在普照寺，道正司在城隍庙，军器库在州署西南，乡约所在南门外，存留仓在州署西南，预备仓在州署北，收粮仓在州东关外，总铺在州署前，养济院在东门内，军器库在州署西南，演武厅在西关。

学校方面，儒学在州署以东，社学在州署东南，重华书院在城西北部。祠祀建筑方面，社稷坛在城西北，风云雷雨山川坛在城西南，郡厉坛在城东北，马神庙在城东北部，旗纛庙在演武场东侧，蜡神庙在城北，火神庙在城西南部，尧母庙在东门外，曹伯庙在西关，三贤祠在城中，关圣庙在城西南部，卜公祠在州署前，三皇庙在城北部，华公祠在城东南部，阎兵宪祠在北关，谢兵宪祠在东关，郡侯祠在儒学西，署州四侯祠在南门外，邓烈妇祠在城西部，守烈妇祠在城东部，开元寺在城东北部，普照寺在城西部。鼓楼与钟楼分别在州署东、西两侧。

　　清代雍正年间将曹州升为府，并设置菏泽县作为附郭县。将旧州署改为府署，将兵备道旧址改为菏泽县署，增加西门内之都司署、县署南之镇署、东门内之守府署等军政机构。明代祠庙寺观建筑，清代多有沿袭，仅增加府城隍庙东侧之县城隍庙、西北部之吕祖庙等少数祠庙建筑，并分别在文昌宫、火神庙、城隍庙、武庙（关帝庙）设置社学等。

　　根据清后期菏泽城市复原图，清代菏泽公共建筑的分布较为分散，其中衙署多分布于城西部，祠庙寺观在城南部与北部皆有分布，四关亦均存在祠庙寺观类建筑。

二、近代城市发展

　　清末新政以后，清政府出台了一些改革措施，对地方政府机构进行调整，并改置新式学堂，菏泽亦在此时将书院、祠庙等设施改建为学堂，并成立工艺局、电报局等机构，这些机构的改置与设置对城市的整体影响并不大。

　　民国初年，废府存县，裁撤曹州府署等清代衙署，并将县署改为县政府，同时增设或改置了参议会等一些政府机构，尤其是1928年成立的建设科，对民国时期城市建设起到了重要作用。

　　民国时期，随着近代化的推进，菏泽城市得到了一定程度的发展。其中，最为显著的是城内兴建了卷烟、酿酒、面粉加工和火柴等四家较大作坊及铸铁工厂，南关兴建有铸铁炉。城墙在民国时期仍然发挥着作用，在1938—1948年，曾两次对其进行重修，又因为战争，三次将其进行拆毁。民国时期，城市一般建筑的风格与清代相似，多为土房，仅新增了少数几幢木制阁楼和青砖瓦房。民国时期，菏泽城内外街道格局与清代相仿，1933年对街道进行统一命名。重新命名后，菏泽县城共有东西向街道36条，南北向街道36条。道路均为土路，未进行硬化处理。据统计，民国时期菏泽县城建成区面积为2.25平方千米，有人口2.2万人。

第三节
菏泽牡丹美名扬

　　牡丹原产于中国，是我国十大名花之一，其花大、色艳、香气浓郁，被尊为"花王"，被誉为国花。菏泽地区独特的气候与土壤条件均适合牡丹的生长，从明代开始大规模种植牡丹，今天菏泽已被誉为"中国牡丹之都"。随着牡丹的广泛种植和培育，牡丹成为菏泽重要特产，并享誉海内，随着经济的发展和文化的

牡丹是菏泽的重要文化符号　李保珠摄

曹州牡丹园牡丹花盛开

菏泽牡丹种类繁多，有很多稀有品种

交流，菏泽逐渐形成了具有本土特色的牡丹文化，菏泽牡丹遂与洛阳牡丹并重，成为两大知名牡丹品牌。菏泽牡丹的文化内涵主要包括以下几个方面：

一、牡丹种植、培育独具特色

明清时期，菏泽牡丹不仅种植面积大，而且种类繁多，在社会上具有较高的知名度。清代，曹州牡丹更加繁盛，蒲松龄在《聊斋志异》中指出："曹州牡丹甲齐鲁。"到清朝末年，以

曹州牡丹园花开，游客如织　李保珠摄

菏泽赵楼为中心，方圆20里范围内均有牡丹栽培，其品种也增加至204种，种植面积则超过600亩。在长期的实践中，花农、花师们摸索出了一整套专业性很强的压条、嫁接、畦种培育等栽培方法及冬季催花术，能够让牡丹在春节期间开花，从而极大地延长了牡丹的观赏时间。

二、特色牡丹园大量出现

明清时期菏泽的牡丹大量集中种植，主要在今菏泽的东、南、北三面数百村。牡丹田连

阡接陌，以牡丹为主的牡丹花园遍布菏泽城乡，较著名的有赵氏花园、方花园、毛氏花园、绮园、何家花园、王氏花园，另有城东之张园、王氏园、陈氏园等，其园主多为进士或官宦，花园或大或小，多各具特色。每至阳春，菏泽一带繁花似锦，连绵百余里，犹如花的海洋，为鲁西、豫东之大观。明清以后，曹州成为牡丹种植和观赏的新基地。

赵氏花园位于今菏泽城东北曹州牡丹园内，其渊源始于明宣德、景泰年间，起步较早，其园主及园艺的传承也一脉而下，出现了赵邦瑞、赵邦宁等众多代表性人物，培育出了多种名贵品种。方花园位于今菏泽旧城菏泽一中旧院内东北角，是明清曹州官府花园。毛氏花园位于今曹州牡丹园南部的毛胡同，建于明万历年间，明清时期培育有多种名贵牡丹品种。绮园位于菏泽城南，中间有南北小路，两旁均种植牡丹，每当牡丹花开之日，游客终日不断。

何家花园原系袁氏园，位于今市区东岳楼村南，建于明后期。每当牡丹花开之日，园中繁花如锦，香溢四野。王氏花园位于曹州东北王梨庄，嘉靖年间王猛由平度李子园迁此建村，并种植牡丹，其园址沿用至今。清乾隆年间，王氏后人王孜诵成为曹州著名花师，牡丹园经营有方。同治间，王氏后人善养牡丹，其培育的牡丹传遍大江南北。

三、牡丹研究成果丰富多样

随着牡丹的大规模种植及牡丹经济、牡丹文化的发展，出现了许多与牡丹研究有关的著作，其中清人对曹州牡丹的研究取得了相当高的成就。比如苏毓眉著《曹南牡丹谱》、余鹏年著《曹州牡丹谱》、赵孟俭著《新增桑篱园牡丹谱》等，还有近代毛同芨著《毛氏牡丹花谱》、赵世学著《铁藜寨赵氏花园记》等。这些著作不仅记载了牡丹的诸多品种和曹州的风土民情，还详细记载了牡丹的种植、栽培、浇水、医虫等方法，具有很高的研究价值和实用价值。这些研究著作的大量涌现，不仅说明菏泽牡丹产业已发展得非常成熟，而且表明当地已围绕牡丹形成了独具特色的牡丹文化。

四、牡丹文化艺术作品不断涌现

明清时期，随着菏泽牡丹的繁荣发展，出现了众多文人墨客歌咏曹州牡丹的诗文以及关

明代画家徐渭画的牡丹

清代画家恽寿平画的牡丹

于曹州牡丹的故事、传说，留下了许多珍贵的牡丹图。其中诗文主要有明人何应瑞作《牡丹限韵》、万爱民作《牡丹峰》、徐笃作《牡丹》，清人陈廷敬作《向云泽自曹州以牡丹见遗赋答》、何觊作《咏牡丹》、黄子云作《毛氏园观牡丹》、曹寅作《城西看牡丹四截句》、刘藻作《牡丹》、成德乾作《过毛氏园》、安萃砺作《咏牡丹花》、减眉锡作《红玉》等，以及近代赵世学作《牡丹富贵说》与《牡丹花联句》、毛同芟作《牡丹花富贵说》与《富贵花说》等。关于曹州牡丹的故事，主要有《李公子夜遇牡丹仙》《楼台牡丹》《秦岭深处遇牡丹》《荷包牡丹》《玉田轶事》《翠牡丹》《丹炉焰》《慈禧冬日赏牡丹》《牡丹王》等。

在长期的牡丹栽培过程中，还产生了一种民间的口头文学，即牡丹传说。牡丹传说有品种来历、花名传说、花神传说、花事传说等，从一定程度上反映了不同时期的社会特征和风土民情，是牡丹文化的重要组成部分。在此基础上，民间还衍生出了一些赏花文化，如庙会、拜祭花神等活动。

第四节
黄河文化

菏泽黄河文化主要有以堌堆遗址为代表的文化遗存、黄河水文化及坑塘景观。

一、堌堆文化

菏泽地处黄河下游，分布有众多与黄河以及黄河流域文化关联密切的古村落遗址及其他古文化遗存，成为菏泽城市文化的重要内容。例如，牡丹区安邱堌堆遗址规模庞大，仅地下水位以上的龙山文化层便厚达3米，在遗址上层密集分布着众多房址。定陶十里铺北遗址龙山文化层也有100多处灰坑。在魏楼水库建设的过程中，考古人员发现了一处保存较为完好的堌堆遗址，其部分文化层堆积厚度达到六七米。这些堌堆遗址均属于先民聚落遗址，堌堆遗址在龙山文化时期达到巅峰，此时多处于洪水的多发期。由于生产力落后，加之缺乏抵御洪水的知识与经验，人类抵御洪水的能力不强，只能被动地采取离开原来的居住地，迁往地势较高的地方居住的方式躲避洪水。长期的人类活动使堌堆遗址蕴藏着丰富的文化遗存、历史信息，这些文化遗存是黄河流域文明的重要见证，同时也见证了黄河几千年的历史巨变，其历史文化价值值得重点关注。

二、黄河水文化

　　菏泽的发展与黄河的变迁、决口、泛滥息息相关，其中宋金时期、明前期及清后期黄河的决口改道对菏泽城市的发展至关重要。宋金时期，黄河决口改道淹没曹州城，为应对黄河水患，曹州治所遂向北迁移至今菏泽城。明前期黄河决口泛滥摧毁曹州城，曹州治所被迫迁移，并且曹州被降为县。清文宗咸丰五年（1855）兰阳铜瓦厢决口后，黄河重新流经菏泽。此后黄河多次决口泛滥，对菏泽造成了严重影响。譬如咸丰五年，洪水围菏泽城，

菏泽黄河边上的村庄，经过治理，黄河滋润着两岸良田，惠及两岸百姓　李保珠摄

冲破西护城堤，从北护城堤流出，关厢街区及护城堤内村落被冲毁殆尽。清穆宗同治元年（1862），黄河涨发，田庐人畜半入巨浸，水势直逼城下。1921年6月11日，黄河暴涨，从竹林决口，导致菏泽县城北部被淹。1933年黄河从二分庄决口，洪水直冲菏泽县城，水势与护城堤齐平，淹没堤内房屋、耕地无数。1935年，黄河在鄄城董庄至临卜集之间出现6处决口，洪水直灌菏泽县城，淹没村庄320个，倒房7000间。此次洪水直逼城下，北部淤沙丈余，赵王河下游因此淤为平地。因此，宋金以来菏泽城市的发展与黄河关系密切，在长期受黄河的影响及治黄过程中，黄河已成为影响菏泽城市发展的重要因素，可以说黄河直接决定了菏泽城的命运，黄河也在塑造着菏泽的城市景观与人文精神。

三、坑塘

明代以来菏泽城内存在着大量的坑塘，坑塘景观成为包括菏泽城在内的黄泛平原地区城市的显著特征。虽然现在菏泽城内水域仅分布于西北部与西南部，但在明清民国时期，其城内则分布有若干大小不一的坑塘，历史上曾有"七十二坑塘"的说法。据统计，仅1949年菏泽城内坑塘面积便有60余公顷，占城内面积的近30%，显然成为菏泽城内的一大景观。

菏泽坑塘产生的原因主要有两个方面：一方面，明正统年间重修曹州城墙时曾就地取土，使得靠近城墙地带地势偏低，形成低洼地带；另一方面，菏泽地势呈周围高中间低的盘状，每逢暴雨，城内不能外排的雨水便就近排入地势低洼地带，于是形成大大小小的坑塘。

坑塘不仅分布于靠近城墙的地带，而且还分布在街道与街区之间，深入居民住宅，与建筑、道路相得益彰，融入居民的日常生活之中，成为城市重要的公共空间。

第五节
古城现代化

一、20世纪菏泽古城

菏泽古城经过几百年的发展，已经难以满足现代生产、生活的需要，因此，新中国成立后，古城逐步进行改造更新。

1952年，菏泽县建设科制定了菏泽城市建设的第一个总体规划。该规划较为粗略，仅以古城为中心，将菏泽分为四大区域，其中东城区为工业基地，西城区为文化区域，南城区为交通和行政区，北城区为生活居住地。随后，菏泽逐步开展对古城的改造更新工作。

道路方面。1956年，拓宽城内19条主要道路，对13条道路分别加高0.15米，在主要道路铺设6米宽的碎砖渣路面。而在此之前，古城内外道路一直沿用明代以来的土质路面，这种土质路面晴天灰尘漫布，雨天泥泞不堪。同时，在原有四座城门道路的基础上，开辟穿城道路6条。此外，对道路排水沟进行砌筑，不仅提高了排水沟的排水能力，而且改善了道路景观。1958年开辟了长1600米的南门至玉皇庙街北口通道。1960年开辟了城隍庙街至东护城堤间道路。

1965年在东方红大街铺设柏油，使其成为菏泽第一条柏油马路。此后，相继将解放大街北段、广福街北段、东方红大街东段、八一大街、反帝街、考棚

菏泽西郊新建的交通枢纽　李保珠摄

菏泽牡丹机场通航　李保珠摄

菏泽高铁　李保珠摄

街、中学前街、北顺城街改造为柏油路面。相比于碎砖渣路面，柏油路面极大提高了道路质量，改善了道路环境。1974年，将青年路南段、东方红大街西段、水洼街、八一大街西段、反帝街西段、民主街、火神庙街、东风街中段、北顺城街改造为沥青路面。

从20世纪60年代起，陆续将道路明沟排水改造为下水道排水，改善了道路景观，也使得排水更加便利。同时，陆续在主要道路设置路灯，使得道路得到亮化。

桥梁方面。新中国成立以前，菏泽古城多木板桥。新中国成立后，开始对古城桥梁进行改造，先改建为砖砌桥梁，后逐步改为钢筋混凝土桥，其中包括西关桥、西门桥、北门桥、东门桥、南门桥、八一街西护城河桥、八一街东护城河桥、城隍庙坑塘桥、广福街北护城河桥、解放大街北护城河桥、双井南街护城河桥等。这些桥梁的改建与新建，彻底改变了明代以来菏泽古城的桥梁分布格局，极大地方便了古城内外的交通。

公园水域方面。明清民国时期，菏泽古城内除坑塘外，并无公共园林。1957年改造城墙，修建环城公园，其由南城墙中段的儿童乐园、城墙东南角的游园至城西南部的青年湖公

菏泽鄄城县新建的黄河公路大桥　李保珠摄

菏泽新天地公园　李保珠摄

园组成。环城公园的建成，极大地改善了菏泽古城的生态环境。除修建公园外，又大量种植行道树，对城内道路进行绿化；修建排灌系统，对坑塘污水进行更换。

城内坑塘方面。20世纪50年代菏泽城内有坑53个，面积约57公顷。之后不断对坑塘进行填埋，至1985年底，实有坑塘48个，面积不足37公顷，萎缩明显。1968年对坑塘进行连通，使得塘内死水变为活水，不仅改善了环境，而且还可养鱼、植藕，获得了可观的经济效益。

供水方面。20世纪50年代以前，菏泽城市居民生产生活主要依赖遍布城内的72眼大大小小的水井。由于菏泽地下水位较浅，水井最深深度不足15米，经过长期使用，井水多被污染。为满足城市居民生活用水和工业用水的需要，1965年菏泽县政府普查城区地下水源，于1967年、1968年先后建成西、东两座自来水厂，同时修建遍及城内的供水管网。自来水的使用，彻底改写了明代以来菏泽居民用水依赖水井的历史，极大地方便了居民日常生活。

建筑方面。明清时期的衙署、钟楼、鼓楼、文庙、城隍庙、魁星楼等重要公共建筑、城墙及众多祠庙寺观在20世纪50年代以后逐渐被拆除或占用，明清时期的建筑多已不复存在。同时，由于社会发展的需要，又在古城内修建了许多现代化的公共建筑，譬如百货大楼、医院、宾馆、学校、政府机关等，为城市的发展注入了新鲜血液。新中国成立后，在对已有居民建筑进行改建的同时，又兴建了一些现代化公寓和小区，一些单位和个人也对其房屋进行了兴建或扩建，在城东南角兴建了建材厂等少数工厂。

经过几十年的改造更新，至改革开放初期，菏泽城市的面貌已焕然一新，成为一座基本上迈入现代化的古城。

二、古城现状

改革开放以来尤其是进入21世纪，菏泽进入了快速发展阶段，城市建设日新月异，城市新区不断拓展。与此同时，处于城市中心位置的古城却愈发显得与时代发展格格不入，既缺乏古城即历史街区应有的风貌，又不够现代化，处于既不古也不新的尴尬境地，与其历史文化名城的地位不符，还面临着对历史文化的传承与城市开发之间的矛盾。总体而言，菏泽古城的现状即面临的问题有如下几个方面：

首先，传统城市风貌亟待保护及恢复。菏泽古代虽然始建于北魏时期，并且自明正统

菏泽国际会展中心　李保珠摄

菏泽步长制药现代化生产车间　李保珠摄

年间重建后一直沿用至今，悠久的历史使古城历史文化资源较为丰富，"内方外圆"的古城格局使其城池独具特色，然而，曾经高大雄伟的城墙已不复存在，其基址及护城堤基址大部分被侵占，衙署、城隍庙、文庙、街心牌坊等明清以来的重要公共建筑亦早已面目全非或不复存在，明清一般居民建筑消失殆尽，有的虽然尚存，但早已今非昔比，传统街区建筑整体上老化严重，设施陈旧。总体而言，古城现存文物较少，街区环境差，菏泽古城的文化特色难以彰显或已流失。此外，随着人口的增加和社会的发展，古城原有的城市空间格局和城市肌理不断遭到破坏，尤其是坑塘水体面积逐年减小，水质日趋恶化，其原有的功能正在逐步退化。

其次，古城基础设施老化，缺乏开放空间体系。古城道路格局虽然与明清时期基本一致，但普遍较为狭窄，缺乏绿化，作为主干道的东方红大街、解放路等道路狭窄，人车混行，路况较差，经常出现交通拥挤和阻塞现象。同时，古城没有明确的生态绿化开放空间和城市功能性开放空间；各层次的开放空间体系之间缺少必要的联系；古城范围内缺少适宜尺度的文化、休闲、商业等类型的城市广场；居住区内亦缺少适宜的休闲绿地。这些不足使得古城的生活缺乏现代性，严重限制了古城的发展和居民的生活水平。

再次，古城功能单一。随着新城区的建设和城市中心区的东移，原古城内政治、文化、宗教、娱乐、商业等多种功能并存的现象几近消失，古城仅存在居住和部分沿街商业功能。城市功能的单一，使古城活力下降，生活方式落后，居民生活质量降低。

最后，城市扩张与老城保护矛盾突出。新中国成立以来，菏泽城市发展经历了从以古城为中心、填充古城内空地及护城堤内空地到向老城外急剧外溢转变的过程，经历了由方城四周均匀扩散和重点向古城以东扩散两个阶段，是典型的"摊大饼"式的城市发展模式。这种发展模式不仅没有减轻古城的压力，反而造成并激发了古城保护与城市发展之间的矛盾，使得老城逐年"变新"，新城发展受到制约。

三、古城更新规划

菏泽古城的更新可从以下几个方面进行。

古城风貌保护方面。应从古城的整体出发，力求保护古城的整体风貌。对圆形的护堤河、围堤河及其两侧的保护用地，应以保持现有的自然景观为主，致力于恢复水体、土地的生态功能，加强绿化。护城河、城墙遗址及其周边应作为城市的公用用地，预留一定距离的绿化用地。护城河在修整时应保持其自然态势。可适当恢复四座城门"水抱瓮城"的格局，复建钟楼、鼓楼等标志性古建筑，也可修建一定规模的仿古街区。

街巷空间保护方面。应妥善保护古城棋盘式的道路网形式，对城市主次干道的分布、走向原则上不做大的调整，控制好道路的宽度及其两侧建筑的高度。旧城改造维持现存鱼骨状的街巷肌理，以保持历史文脉之延续。在街坊内尺度方面，维持并保护街坊的典型形态。在城市规划的统一指导下，将不适宜在古城区内发展的工业逐步迁出。

居民建筑的改造与更新方面。应延续古韵，进行居住用地的改造与更新，可通过保留建筑外观和外部环境，以保护历史街区的风貌。同时，将建筑内部设施全面更新，以满足现代商业空间和居住所需要的一切要求。对于传统建筑的修复，要采取比较慎重的态度，妥善处置：一是对传统民居与店铺进行登记造册，确定危房等级，酌情进行修复，不搞大拆大建；二是认真审查应修复建筑的体量、高度、色彩、结构等，保持其古韵古色。

坑塘水系保护方面。应该恢复其功能性，搞好坑塘连通；选择重点，适当开挖，其余部分设计成绿地空间；保留开放性空间作为公共绿地。

文物古迹保护方面。肖氏民居、黄巢点将台、济渎庙、曹州宾馆附近方屋、菏泽剧院附近的百年民居等，应作为重点保护对象进行保护与利用。文物古迹和传统建筑作为重要旅游资源，应通过"老地方、新用途"的方式获得新生。

菏泽郓城水浒好汉城开门仪式　杨超摄

菏泽鲁锦织出致富路　关义华摄

第十章

天下泉城——济南

济南从明朝初期开始成为山东省会，其位居泰山之北、黄河之南，正当鲁中山区与鲁西北平原的交会区，宏观地理区位特别优越。其城市依山临水，泉水众多，拥有「七十二名泉」，形成了『家家泉水，户户垂杨』与『四面荷花三面柳，一城山色半城湖』的独特景观，而且人文荟萃，杜甫诗赞其『海右此亭古，济南名士多』。自古名扬天下的『泉城』济南，在新时代将开创高质量发展的现代化都市圈新局面。

黄河从济南北部蜿蜒流过，一路奔腾，直到东营入海　杨超摄

明湖烟月，超然致远　张平摄

第一节
河山之间的枢纽

济南的名字起源于两千多年前的西汉时代，因地处济水之南而得名。

济水是古代"四渎"之一，发源于河南济源王屋山上的太乙池，向东北流经河南、山东两省入海。魏晋以后，河南境内的济水河道已经湮没断流，鲁西湖区（巨野泽等）成为济水稳定的源头，济水始有"清河"之名。北宋神宗熙宁年间（1068—1077），黄河在澶州决口，黄河水涌入清河，致使清河在历城

俯瞰孔府　山东画报社供图

（今济南历城区）的东北改道，而循漯水故道入海。宋金之交，伪齐皇帝刘豫从历城以东挑挖济水故道以通漕运，是为小清河，而取道漯水故道入海的清河始称大清河。清文宗咸丰五年（1855），黄河在河南铜瓦厢决口，夺占大清河河道，济水从此彻底消失。黄河代替了济水，成为济南传统文化的重要部分。而新时代的济南市北跨黄河，黄河成为济南的城中河，济南进入了黄河时代。

山东省地处华北平原，为中华传统文化发达之地，代表性特征是"一山一水一圣人"。其中的"山"为东岳泰山，"水"为中华民族母亲河黄河，"圣人"是儒家思想创始人孔子。

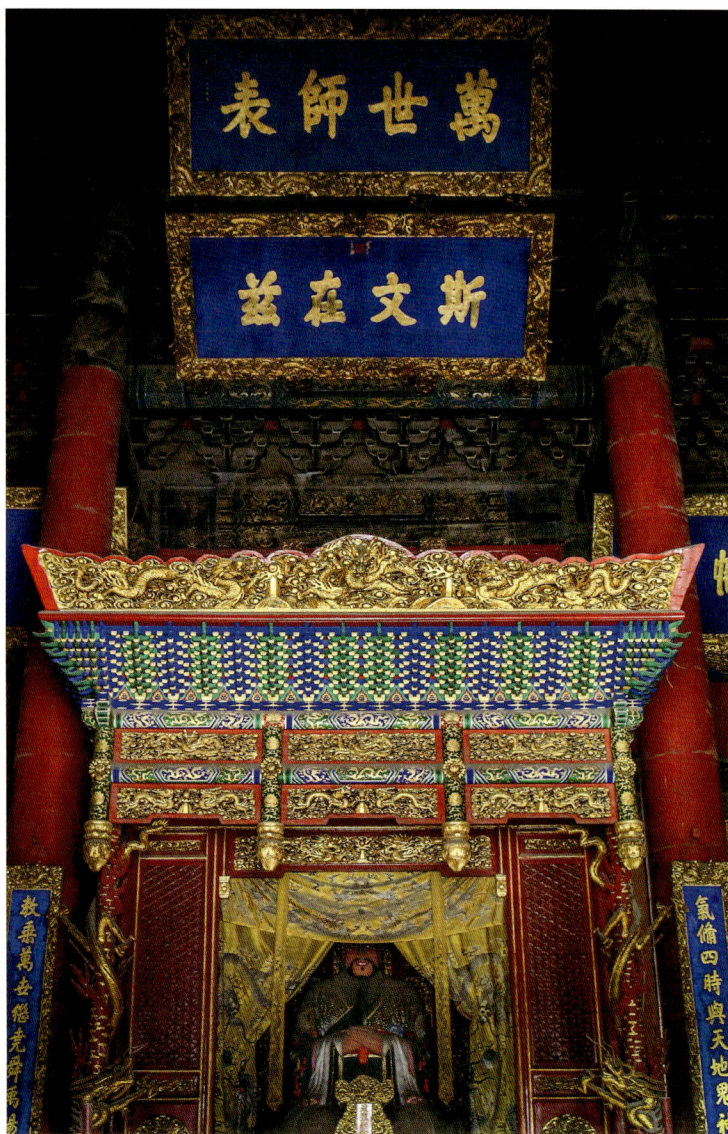

孔庙　山东画报社供图

从宏观地理形势来看，济南具有沟通华北东北部东西与南北交通的枢纽地位。由于鲁东南山地的存在，沟通中国华北与长江流域南北的陆路交通线最好选择在山地的西麓。这个区位特点在现代可用京沪铁路的线路来说明，在古代则可以用京杭大运河的基本走向来体现。沟通华北平原与东部沿海的陆路交通线最好选择在山地的北麓。这个区位特点在现代可用胶济铁路及其向西延伸的交通线来说明，在古代则可以用齐国通往赵国的交通路线来显示。这样一个大十字交通路线的交会点就在济南。

从古代历史文化区来讲，济南位于东控齐都临淄、西联赵国邯郸、南接鲁都曲阜、北通燕都蓟城（今北京）的中心区位，交通地理优势明显。从现代空间发展格局角度而言，济南作为山东省省会，北接京津冀，南连长三角，具有衔南接北的地理区位优势；同时还东控沿海山东半岛，西承内陆中原城市群，也有联东承西的交通特点。

当然，由于山东并不属于中原腹地，这种宏观地理优势在历史时期没有完全发挥出来。元代以前，尤其在南北分立、江淮受阻时期，北方同岭南常常通过山东半岛转途海上而往来，故前期山东地区的中心城市临淄、青州靠近这一地区的中部。明清时期，承担南北交通往来的京杭大运河与驿道皆从鲁中山地以西经过，促进此时期中心城市向西迁转，济南的地位得到加强。

从微观山水形势而言，济南城市兴起于历山（今千佛山）济水之间的趵突泉，具有望山背水抱泉的地理特点。

这从其城市兴起与发展至今所拥有的名字就可以得到证明。济南在西周时为谭国所属，鲁庄公十年（前684），齐灭谭，济南属齐国，称泺邑。"泺"是古泺水的发源地——今济南市内的趵突泉。济南城市就是以泉而兴起的。春秋晚期，又改称"历下"，因"城对历山之下"而得名。历史记载，公元前555年，晋伐齐，败齐兵于历下。汉景帝四年（前153）于此置县，称历城，此后历城县成为常用名字。"济南"作为地名，始见于西汉初年。据司马迁《史记》载，汉高后二年（前186）"割齐之济南郡为吕王奉邑"，说明此时已设置济南郡。不过此时的济南郡郡治在东平陵城（今济南章丘区龙山街道东北），至西晋怀帝永嘉年间（307—313）济南郡郡治迁至历城，历城亦由此而得"济南"之名。此后至今，"济南"成为县级以上行政机构郡、州、省治所的常用名称。

历山在济南古城以南，为济南地望。因古史称大舜在历山耕田，又曾名舜山和舜耕山。

航拍岱顶，拍摄于1995年　庞守义摄

隋开皇年间，依山势凿窟，镌佛像多尊，始称千佛山，并建"千佛寺"。历山为泰山余脉，海拔285米，并不算高，却成为古城济南的自然地标，与趵突泉、泺口南北对直，成为决定济南城市格局的文化轴线。

北魏地理学家郦道元《水经注》具体描述了济南（历城）的这种山水地理格局："济水又东北，泺水入焉。水出历城县故城西南，泉（趵突泉）源上奋，水涌若轮。《春秋·桓公十八年》'公会齐侯于泺'是也。俗谓之为娥姜水，以泉源有舜妃娥英庙故也。城南对山（历山），

银装素裹的千佛山 杨超摄

山上有舜祠，山下有大穴，谓之舜井，抑亦茅山禹井之比矣。《书》舜耕历山，亦云在此，所未详也。其水北为大明湖，西即大明寺，寺东北两面侧湖，此水便成净池也……泺水又北流注于济，谓之泺口也。济水又东北，华不注山单椒秀泽，不连丘陵以自高；虎牙桀立，孤峰特拔以刺天。青崖翠发，望同点黛。山下有华泉……"

济南为泉城，水面广大，市民不仅看得见山、望得见水，而且湖水倒映，四周"青山入城"，"济南八景"之一的"佛山倒影"就是明证。"四面荷花三面柳，一城山色半城湖"不

大明湖　张平摄

仅是对济南城市景观的诗意描绘，更是济南集"山、泉、湖、河、城"于一体的城市风貌的真实写照。

　　济南位居黄河（古济水）与泰山之间的宏观区位形势决定了其城市发展的等级规模，望山背水抱泉的微观地理形势不仅决定了城市中心位置历两三千年一直未变，而且塑造了山水自然与园林建筑绝佳配合的"泉城"景观。

第二节
齐鲁文化都会

　　历史时期，济南的城市发展实际上有过三次重大变迁。第一次为西晋末年济南由县城升格为郡城。济南在春秋战国时期为齐国历下邑，秦朝于此置历城县，为县级政区城市之始，至西晋沿而不改。西晋怀帝永嘉年间（307—313），

山东博物馆大厅　张平摄

济南郡郡治由东平陵城迁至历城，从而成为统县政区城市。自此，历城便成为济南地区的政治中心。

第二次即南北朝时代由郡城而为州城。南朝宋文帝元嘉九年（432），分青州立冀州，治历城。割土置郡县，领郡九、县五十。济南由此升为高层政区城市，行政等级实现了由郡城至州城的升格。

420年，刘裕代晋称帝，揭开了南北朝时代的大幕。自此至469年北魏完全攻占青徐之地以前，山东半岛作为南朝刘宋的北疆，宋、魏政权长期隔黄河下游河道南北对峙。坐落于黄河、济水附近的济南城遂成为双方十分关注的焦点之一。自420年至431年短短12年的时段内，历城先后四次成为历史的关注点。其中一次为北魏攻击目标之一，其他三次为刘宋北伐退却路线所经之地。也就是说，无论是北魏发动军事行动，还是南朝北伐，济南历城都成为兵家必争之地。这也带来了其政治地位的提升，当然也应看到就城市的职能而言，刘宋时期济南城的军镇色彩要远远浓于其作为行政城市的意义。

南朝宋孝武帝孝建二年（455），青州由东阳城（今青州市城区）移治历城，济南成为双州并治之地；南朝宋孝武帝大明八年（464），青州还治东阳城，济南复为冀州治。北

山东博物馆馆藏文物——佛造像　张平摄

山东博物馆馆藏文物——九旒冕　张平摄

魏献文帝皇兴三年（469），山东半岛地入于魏，南北政权的对峙线由黄河南移至淮河一线。已纳入北魏疆土的山东半岛作为政权边疆的区域特征由此丧失了，不再是南北双方争夺的焦点。正是以469年为起点，济南迅速开始了由军镇城市到地方行政中心城市的职能转变。北魏改冀州曰齐州，济南为齐州治。此后以迄隋代，济南始终为州级高层政区城市。

唐代济南仍为齐州治，其中玄宗天宝元年（742）曾改齐州曰临淄郡，天宝五载（746）又改曰济南郡，肃宗乾元元年（758）复为齐州。等级由高层政区城市渐为统县政区城市。北宋长期沿而不改，徽宗政和六年（1116）升齐州为济南府，济南为府治。金因之。元代先为济南路治，后为济南府治，属中书省，仍为统县政区城市。

第三次则是明太祖洪武九年（1376），由府城最终成为整个山东省的行政中心城市。金元以后，全国政治中心移到北京，齐州因地控东西、南北交通之势而地位上升。明太祖洪武九年改山东行中书省为承宣布政使司，自青州移治济南路城，甃砖重筑，济南遂成为山东首府，是山东布政使司、都指挥使司及按察使司驻地。济南府由此成为山东省的中心城市，其后清朝、民国直到中华人民共和国，济南都是作为山东省省会在发挥作用。

20世纪30年代的黄河铁桥

1911年末，津浦铁路黄河大桥建成通车，济南成为南北交通枢纽。1929年7月，济南市正式设立。

济南古城的城市建设，经历了历下古城、秦汉历城县城、魏晋南北朝的"双子城"、齐州州城（母子城）和济南府城的演变过程。在漫长的历史演变过程中，济南古城虽几经兴废，却从未消失过，而是以老城区为核心向四周逐渐辐射扩展。

战国至魏晋，济南区域中心城市在东平陵城。东平陵城是目前山东省保存最好的战国秦汉城址。西晋末年，济南郡治西迁历城，在保留原有历城作为新济城的西城之外，又创建东城，东、西城外，又建有外郭环绕东西两城。

《魏书》记载，北魏孝明帝熙平二年（517）九月，"城青、齐、兖、泾、平、营、肆七州所治东阳、历城、瑕丘、平凉、肥如、和龙、九原七城"。古代修筑城池乃经常之举，但将上述七城的修筑载入正史之中，很可能是朝廷命令下的统一行动，规模当为不小，这无疑是北魏时期济南城市发展的重要事件。

济南老城负山面河，地多泉水，城址由唐宋时期延续下来的齐州城（又称济南内城）与清济南府外郭城相套而成。明朝曾先后五次整修济南府城墙，使其基本定型。据1902年《省城街巷全图》，济南老城有内外城的布局，形状如同大元宝。

内城的形态基本上为方形，大明湖几乎占据北面半个城；济南府外城是清同治年间补建的，形态不规则，从东南西三面包围着内城。由于当初齐州城的选址就占据了从中央（今西安、洛阳、开封等地）东去的大路，而济南城北郊多水，南面近山，东西往来必穿城而过。内城中心是历代州府衙署所在（旧称子城），明代建齐王府，环以围墙，门前为丁字形街道框架。因此造成东西二城门不相对，无直道相通；南北二门也无直路贯通，西门大街、东门大街和南门大街三条全城主干道均呈丁字街相交，造成城内道路系统多断头街巷而无纵横道路，不过整体结构很突出传统以衙署为中心、南北正向排列官方职能建筑的礼制城市模式。因北门为水门，只有水路交通，故陆路交通多取道西门（泺源门）和东门（齐川门）。

济南府城内的官署集中在内城，分布在西门大街以北，大明湖以南的地段，形成中部和东部两大官署区，其间还有众多祠堂庙宇，而外城则主要安置普通民宅、商铺和军队营房。济南内城的政治、军事功能及防御性突出，与外城形成强烈的对比。

济南外城建于清同治年间，当时正值太平天国和捻军活动，后为加强省城的防守，修筑

杨柳依依的护城河　杨超摄

护城河边的白石泉　杨超摄

省城周圍共十二里有寺几一
門東曰齊川西曰濼源南曰歷
山皆重關北曰匯波爲水門南
居中東偏北西偏南北偏東共
城內八約曰信曰溫曰孝曰法
曰弟曰柔美曰忠曰和禮又城
外東西南三關廂共七圍門正
南曰岱安東南曰永固東北曰
永靖西南曰永綏西北曰永鎮
西北角曰濟安東北角曰海晏
計石圍共十七里

1902年，济南街巷全图　雍坚供图

省城街巷全圖

此圖流傳甚少
周大中丞涖任後百廢俱興濬泉源立巡警為清理街道之舉詢及
此圖其舊板藏某埠中因素觀之顏為詳備惟城內八約以五色繪
分界有費目力最照原界分色滿染較為照目城外三關廂亦挨里
分分染更若列眉因給值今城者將板繳存官廳以垂久遠并將
城圍各門里數及挨照里約分染各色挨次於左

光緒歲次壬寅九月

知濟南府事徐世光
權歷城縣事楊學洞　同識

石圩，确定了济南城区的新边界。外城的布局未经过统一规划，显得凌乱而无规则，斜街曲巷很多。三条关外大街构成外城的骨架，基本上决定了外城的轮廓和街巷布局大势。以外城西门内街巷最密集，道路从西门向内城的西门、南门发散，显然是因入城后的去向而自然形成的。

从城市结构看，内城是城市的核心，以政治职能为主，外城以经济职能为主，市场活跃，并形成各具特色的手工业街巷。商业区的分布呈多层次特征，在内城围绕官署分布，外城以农贸市场为主，手工业重心在外城区，西门外是手工业最发达的地方。西门内是繁华的商铺区，同时东、西、南三城关也形成商业街市，其中西关不仅商业最兴盛，店铺林立，而且也是手工业最集中的地区，因为明清济南府最重要的水运码头在西关。清代济南府有广丰、广储两座粮仓，都建在外城东南隅，因此，外城东南部尽是短巷、空地或整齐排列的营房，西北部和城东也保存了大片空地。

近代，济南商业、手工业的发展，使城市布局和规模也发生了变化。鸦片战争以后，外

当前的济南老商埠被赋予很多时尚元素　杨超摄

济南老商埠一角　杨超摄

国人开始在济南将军庙街、陈家楼等处建造居宅、医院、教堂、书局等，形成洋楼街，逐步改变了济南的城市面貌。清德宗光绪三十年（1904）胶济铁路通车以后，铁路从济南老城的北面经过，车站建在西门外。清山东巡抚周馥与北洋大臣直隶总督袁世凯相谋，将济南西门外至火车站之间开辟为商埠地，此举成为济南近百年来城市面貌显著变化的最主要因素。当时商埠区的范围只包括纬一路以西、纬十路以东、胶济铁路以南、经七路以北的一个小区域，区内街道完全按照经纬十字形交叉，横平竖直地设计，从而给今天留下了火车站前面一片规整的街道布局。商埠区内主要安排停车场、铁路管理部门、外国领事馆、医院、学校、教堂、商店、银行及住宅，对原有济南旧城和其他地区尚未做规划和改造。商埠区规划建造后，在商埠地的东边与济南老城之间，从经一路通向迎仙桥门、经七路通向杆石桥门，以及馆驿街一带，也开始安置一些基督教青年会、红十字会等机构以吸引中国民众。商埠区内为了满足临街开店的商业要求，考虑到城市建设用地的面积比较大，道路间距在200米之内，并且设有很多城市公共设施等。

解放阁　杨超摄

商埠区是济南城市的一个新区，无论功能和形态都与旧城很不一样，但是与旧城通过道路的连接，建立了密切的联系，商埠区的建立和发展，从近代城市理念上影响了济南旧城的发展与变化。需要说明的是，商埠区最初的设立是中国人自主的行为，并非受迫于帝国主义的压力或约开的租界；再者，第一次世界大战结束后，胶济铁路在山东省的权益由德国转给日本，所以1916年以后的济南商埠区的城市建设受日本影响很大。

1950年2月28日，济南市政府下令拆除老城墙，建起了环城路。据记载，当时只保留了城东南隅一段（原东南角楼——九女楼地址），后在其上建解放阁。也就是说，如今解放阁的地基是原来的济南府城墙。

第三节

大明湖畔泉声

　　济南依山临水，境内泉水众多，拥有"七十二名泉"，素有"天下第一泉"和"家家泉水，户户垂杨"的美誉。"唐宋八大家"之一的曾巩曾说"齐多甘泉，冠于天下"。《齐乘》则称"济南山水甲齐鲁，泉甲天下"。先民背靠泰山、面朝济水、饮泉而居，济南的文化发展、历史沿革、民风民俗都与泉水有着最直接、最密切的关系，成就了济南国家历史文化名城特殊的地位，最终积淀成济南独一无二的泉水文化。所谓"泉生济南"，泉水是泉城济南的灵魂所在，济南也就有了"天下泉城""世界泉水之都"的雅称。

　　济南泉水众多，是因为它的独特地形地质构造。济南处在山东省的心脏地带，鲁中南低山丘陵与鲁西北冲积平原正好把它夹在中间，形成一平缓的单斜构造，高差达500多米，市区的地势自然也就随之南高北低，这种地势利于地表水和地下水向城区汇集。济南南部山脉大量的地下水沿着石灰岩地层潜流，形成大量溶沟、溶孔、溶洞和地下暗河，纵横交错，一路向北，而北部组织紧密的岩浆岩的阻挡，如同一面天然设置的石墙，将水脉阻断拦蓄。最终，拦蓄在这里的大量地下水沿着地下连接地表的许多裂缝和通道，一股脑儿地涌出地面，形成了天然涌泉。

大明湖着色图一

大明湖着色图二

趵突泉　张平摄

黑虎泉　杨超摄

清高宗乾隆十三年（1748），乾隆皇帝游览了济南珍珠泉，将此行所感所想写成小诗镌刻在珍珠泉西北侧的御碑亭中。诗中一句"济南多名泉，岱阴水所潴"指出了济南名泉的成因。其中的"岱阴"，就是泰山以北、古济水（大致是今黄河）以南的广大区域。济南名泉就是岱阴之水所汇，形成了八水齐流，而后伏流再出，最终化身为大明湖、白云湖两湖闪耀，小清河一河入海的独特地质奇观。

济南城内百泉争涌，分布着久负盛名的趵突泉泉群、黑虎泉泉群、五龙潭泉群、珍珠泉泉群、白泉泉群、百脉泉泉群、玉河泉泉群、涌泉泉群、袈裟泉泉群以及平阴的洪范池泉群十大泉群。济南老城的泉水分布最为密集，十大泉群中，仅老城就占有四个，基本上是现今游船环城一圈的区域：从黑虎泉出发，经泉城广场—西门—五龙潭—大明湖公园北侧—老东门—青龙桥，密布着大大小小一百多处天然甘泉，汇流成的护城河流淌到大明湖，与千佛山、鹊山、华山等构成独特的风光，使济南成为少有的集"山、泉、湖、河、城"于一体的城市。

济南除了拥有大家熟知的各种版本之"七十二名泉"，还有约700眼有据可查的泉水。它们或为泉池型，或为泉井型，或为漫流型，出露姿态各异；或依傍于名胜古迹，或记载在古籍文献里，或流淌于山野自然间，观赏价值极高；或与历代名士相关，或与史实相伴，或有民间传说流传，文化底蕴深厚。所有这些，共同构成了"泉城"的天下奇观。

《诗经·小雅》中谭国大夫的《大东》诗中有这样的诗句："有冽氿泉，无浸获薪。""哀我惮人，亦可息也。"意思是说：从泉穴中侧流而出的泉水啊，请不要浸湿我的木柴。让我们这些日夜辛苦劳作的普通百姓，也能稍微休息一下吧。这首诗歌可以看作是对济南泉水的最早记录。

北宋时期济南词人李清照之父李格非曾撰有《历下水记》，这是一部叙述济南泉水河流的著作。宋人张邦基《墨庄漫录》记载其书内容："济南为郡，在历山之阴。水泉清冷，凡三十余所，如舜泉、爆流、金线、真珠、洗钵、孝感、玉环之类，皆奇。李格非文叔昔为《历下水记》，叙述甚详，文体有法。"

济南"七十二名泉"之说始于金代。元好问《济南行记》称："凡济南名泉七十有二，爆流为上，金线次之，珍珠又次之，若玉环、金虎、黑虎、柳絮、皇华、无忧、洗钵及水晶簟，非不佳，然亦不能与三泉侔矣。"其中"爆流"即趵突泉。金代有《名泉碑》，列举了济南的72眼名泉。明代晏璧则作《济南七十二名泉诗》。清代郝植恭作《济南七十二名泉

1903年的小清河

护城河上的玛瑙泉　雍坚供图

记》，王钟霖著《历下七十二名泉考》。济南"七十二名泉"的说法流传有序。

济南市区有"七十二名泉"，约700眼天然泉，按区域形成了以趵突泉、黑虎泉、珍珠泉及五龙潭为主体的四大泉群。

趵突泉群以趵突泉为主体，包括分布在其周围的金线泉、漱玉泉、柳絮泉、皇华泉、马跑泉、望水泉、登州泉、洗钵泉等34眼泉。

漱玉泉　杨超摄

墨泉　杨超摄

趵突泉为名泉之首，"平地泉源霄涌，三窟突起，雪涛数尺，声如隐雷"。泉有三窟，三股水自池中涌出，高达数尺，粗如吊桶，即使寒冬腊月，水亦能高达二尺。因其水态奇特、水声轰鸣、水质甘洌而闻名遐迩。清代浙江嘉兴诸生怀应聘称之为"天下奇观"。济南籍作家谷继宗的《重修观澜亭记》也写道："其平地涌泉三孔，名曰趵突泉，为七十二泉之冠。"

在趵突泉东北还有一处名泉，叫金线泉，以泉中的"金线"奇景而闻名，而"金线"的成因一直令人不解。曾巩有《金线泉》诗云："玉甃常浮灏气鲜，金丝不定路南泉。"

黑虎泉泉群由九女泉、琵琶泉、玛瑙泉、南珍珠泉、金虎泉等十四眼泉组成，主要分布在城东南护城河两岸及护城河上。黑虎泉位于东南城壕崖下，水出汇为一池，深五六尺，不甚方广，泉池清澈，泉上还建有黑虎庙。明末刘敕《历乘》中有对黑虎泉景致的生动描写："喷珠飘练，澄澈可鉴眉睫。泉溢而出，轰轰下泄，澎湃万状，飘者若雪，断者若雾，缀者若流，挂者若帘，泻为园池，名曰太极。池中屹然一巨石，水石相击，珠迸玉碎，漱泂作态，其声如昆阳、巨鹿之战，万人鸣鼓击缶。……"

王府池子　杨超摄

珍珠泉泉群由珍珠泉、王府池、芙蓉泉、朱砂泉、溪亭泉、散水泉等十眼泉组成。珍珠泉在都司西北白云楼前，因城东南隅护城河中有南珍珠泉，故此泉又名北珍珠泉。珍珠泉因平地涌泉、腾如珠串而得名。济南民间曾有这样一首民谣广泛流传："娥皇女英惜别泪，化作珍珠清泉水。"传说珍珠泉是由娥皇和女英与亲友离别的泪滴聚化而成的。一生中多次来济南的乾隆皇帝就曾驻跸珍珠泉一带，他甚至认为珍珠泉要优于"天下第一泉"趵突泉。珍珠泉在明代时被规入德藩王府，普通人难以到此游览。晏璧的《济南七十二名泉诗》这样描述珍珠泉："白云楼下水溶溶，滴滴泉珠映日红。渊客泣来无觅处，恐随流水入龙宫。"清代时珍珠泉位于都司偏西，仍旧甃石为池，周围以石栏护之，泉水清莹。泉水汇流入濯缨湖，经百花桥入大明湖。王昶《游珍珠泉记》对珍珠泉有细致描写："泉从沙际出，忽聚忽散，忽断忽续，忽急忽缓。日映之，大者为珠，小者为玑，皆自底以达于面。"

五龙潭泉群在城西门外，由五龙潭、天镜泉、醴泉、东蜜脂泉、西蜜脂泉、灰湾泉、东流泉、悬清泉等泉组成。五龙潭又名乌龙潭、龙居泉，其名始于元代，因潭上建有五龙庙而得名。

济南泉源众多，泉水出露流淌就汇成了湖泊与河流。在济南古城内外，泉水汇聚成众多湖泊湾塘，较大的湖泊有两个。

其一为大明湖。它是逐步形成的，初为历水陂，在今大明湖西南隅，水源主要来自舜井泉群与城西的古大明湖。唐元和年间，扩建济南城，改建北郭为北城，因筑城取土，历水陂水面扩大，形成北宋时的西湖、元代以后的大明湖。"湖出城中，擅奇宇内。"大明湖的形成对于济南城意义重大。

其二为鹊山湖。位于济南城北，因北岸有鹊山而得名。商周时称"泺泽"，中古时又称莲子湖，根据记载，它"周环二十里，湖中多莲花，红绿间明，乍疑濯锦。又渔船掩映，罟罶疏布，远望之者，若蛛网浮杯也"。李白有《陪从祖济南太守泛鹊山湖三首》云："湖阔数十里，湖光摇碧山。"可见唐代鹊山湖的规模。湖水主要来自城厢内外泉水和城南山水的汇聚，其入济处称泺口；部分湖水经华不注山前的听水入济水。唐末至宋初，黄河屡决泛滥，侵及济水（清水）及鹊山湖，泥沙沉淀，湖区逐渐淤浅。金初开凿小清河以后，鹊山湖基本变成沼泽湿地。

济南古城，过境河流是上古"四渎"之一的济水，涉及大清河、小清河及黄河，对于济

五龙潭　杨超摄

梅花泉　杨超摄

南城市发展具有重大意义。这在第一节开头已有陈述，下面主要介绍流经济南城厢的两条河流：历水和泺水。

历水发源于今舜井街上的舜井泉群，其流向是先西北，再正北，大约在今王府池子附近分为东西两股，西股为历水主流，向西北流入历水陂，与南来的古大明湖水相汇。陂水北流，入鹊山湖，最后入济水。

历水陂以上的历水主流（西股）河道久已湮没，无遗踪可寻。东股为历水分流，今王府池子—曲水亭街—百花洲—北水门一线，大致就是历水东股河道之孑遗。泺水发源于趵突泉泉群，从古城西门外流入古大明湖（今五龙潭及以北）。西门外原本有东西并排的两条河道，东侧河道属于山水冲沟（今西门河），西侧河道是泺水故道，泺水从南面入古大明湖，然后从北面出古大明湖，又入鹊山湖。

济南是由泉而生、傍泉而建、因泉而盛、拥泉而美的城市，泉水对于济南城市文化的影响全面而又深刻。千百年来，汗牛充栋的咏泉诗文、浪漫的泉水传说、人们对于泉水的特殊感情以及因泉水而生的生活习俗等都是丰富多彩的。如今济南以"清水出芙蓉"的荷花为市花，以"岸水舞清烟"的垂柳为市树，以"临水留倩影"的白鹭为市鸟，都与深厚的泉水文化背景相关。

第四节
历亭古，名士多

　　济南是山泉湖河城的完美统一体，是一座天然的大园林。魏晋南北朝时期，我国山水园林艺术发轫，造园运动蔚然兴起，济南山水园林之城的基本风貌和格局初步形成。745 年，诗圣杜甫游历济南，作《陪李北海宴历下亭》诗云："海右此亭古，济南名士多。"历下亭作为园林建筑的杰出代表，颇具悠久的历史。济南文人雅士众多，这是杜甫对济南城市文化的画龙点睛之笔。

　　《水经注》对北魏时期的济南城市园林有极为翔实的描述，大明湖畔有净池，"池上有客亭，左右楸桐，负日俯仰，目对鱼鸟，极水木明瑟，可谓濠梁之性，物我无违矣"，净池客亭风景绝佳。城东则"引水为流杯池，州僚宾燕，公私多萃其上"，有齐州行政官员们宴客、聚会的所在——流杯池。

　　济南园林的历史已有 1500 多年。在济南，随随便便拎出一串济南历史上园林的名字，就能让人心旷神怡地神游半晌——使君林、房家园、德王府、通乐园、万竹园、舜园、桷园、梁园、沧园、小淇园、适园、遏园、贤清园、朗园、漪园、秋柳园、遐园、潭西精舍、颐园、锦缠庄别墅、郭园、砚溪村……现代的园博园也是济南园林文化兴盛的传承与注脚。以下举例说明。

　　使君林。唐代段成式《酉阳杂俎》记载："历城北有使君林，魏正始中，郑公悫三伏之际，每率宾僚避暑于此。取大莲叶置砚格上，盛酒三升，以簪刺叶，

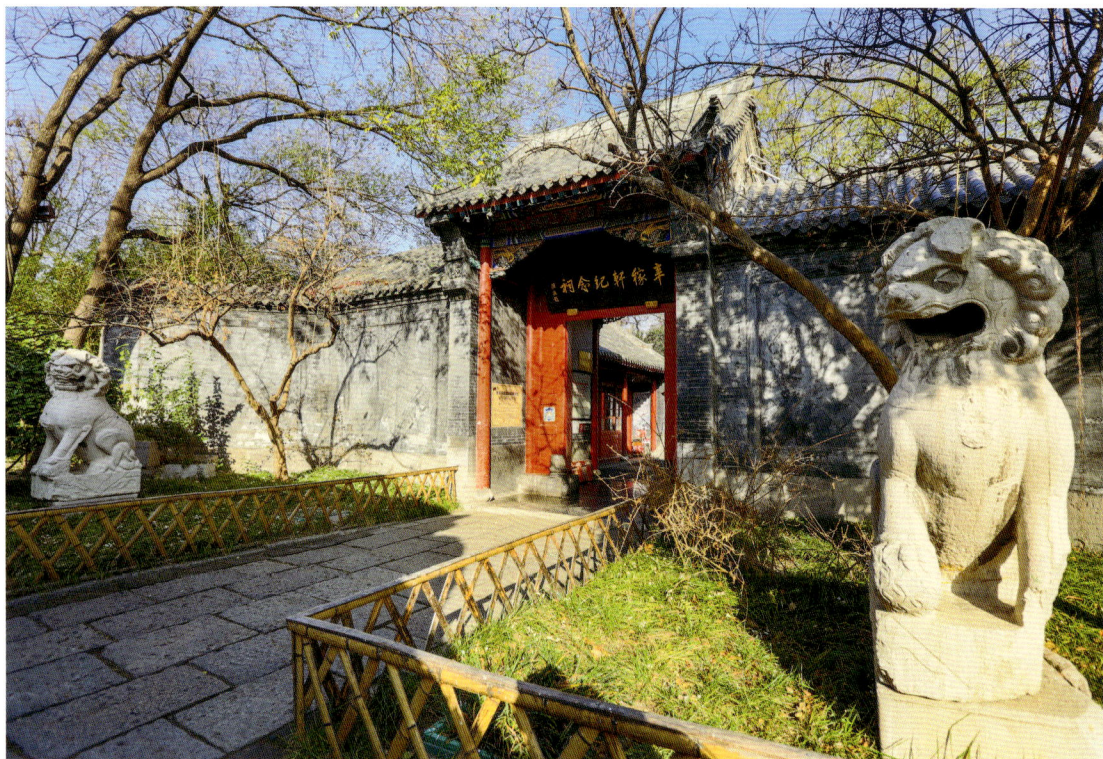

辛稼轩纪念祠　杨超摄

辛稼轩纪念祠里的辛弃疾塑像　杨超摄

令与柄通，屈茎上，轮囷如象鼻，传吸之，名为碧筒杯。历下学之，言酒味杂莲气，香冷胜于水。"郑悫在自家园林里与一帮好友避暑宴饮，采摘水面的新鲜荷叶盛酒，将叶心捅破使之与叶茎相通，然后从茎管中吸酒，酒流入口中。真佩服郑悫无比奇妙的创意。用来盛酒的荷叶称为"荷杯""荷盏""碧筒杯"，因为茎管弯曲状若象鼻，故也有"象鼻杯"之称。济南使君林成为碧筒饮这种风雅饮酒方式的发明地。

房家园。北齐灭亡后，齐州人房豹回归故里，在济南北郊利用天然泉溪湖沼构筑"杂树森竦，泉石崇邃"的水景园林。园林的规模、景致及造园艺术十分可观，时人以其与西晋权贵石崇金谷园相比。济南文人雅士常游宴于此，齐州参军尹琳吟咏园中所见美景，曰："风沦历城水，月倚华山树。"

张氏园亭。张氏园亭为北宋济南望族张氏围绕金线泉构建水木环合、风光旖旎的水景园亭。此后百余年间，其成为士大夫游济南竞相一睹为快的名胜。曾巩有诗描绘泉林之美，云："玉甃常浮灏气鲜，金丝不定路南泉。云依美藻争成缕，月照灵漪巧上弦。已绕渚花红灼灼，更萦沙竹翠娟娟。无风到底尘埃尽，界破冰绡一片天。"

溪亭。溪亭为北宋历城名士徐遁（字正权）于历水上构建的私园，苏辙《题徐正权秀才城西溪亭》云："竹林分径水通渠，真与幽人作隐居。溪上路穷惟画舫，城中客至有鳐鱼。东来只为林泉好，野外从教簿领疏。"李清照早年也曾舟游溪亭，其《如梦令》云："常记溪亭日暮，沉醉不知归路。兴尽晚回舟，误入藕花深处。争渡，争渡，惊起一滩鸥鹭。"

西湖园林风景区。北宋时，以曾巩为代表的历任地方官，以诗人的艺术审美来规划和建设西湖（今大明湖）园林景观，除北岸建设北水门、北渚亭、鹊山亭外，还修筑了纵贯湖面的百花堤，湖南岸百花洲中的百花台，以及环湖东岸、南岸自州衙迤逦至湖中洲渚的静化堂、名士轩、芙蓉堂、芍药厅、凝青斋、环波亭、水香亭等景点，沿湖及泉溪之上架构百花桥（后世改名为鹊华桥）、芙蓉桥、湖西桥等七座桥梁，形成"七桥风月"的胜景。苏辙有诗咏赞西湖泉林云："应念兹园好，流泉海内无。"

张舍人园亭。张舍人园亭为元初张荣及其子孙以珍珠泉为核心建立的一处大型的宅园型私家园林。张宏袭封济南公后又在珍珠泉上修造了高大宏伟的白云楼，楼后有白云泉。冬日雪晴，危楼隐现于波光云影之间，景象绮丽，被誉为"白云雪霁"，是"济南八景"之一。著名散曲家张养浩写有《白云楼赋》，生动地描绘了白云楼的宏伟气势。金元时期，私家园

趵突泉公园里的李清照故居　杨超摄

王士禛秋柳诗社　杨超摄

林的建设风靡济南城，西、北郊更是园林密集区。金人元好问称："大概承平时，济南楼观天下莫与为比。"其中最负盛名的便是张舍人园亭。

云庄。云庄为元代济南人张养浩在今济南北郊标山至张公坟村一带规划建设的大型郊野园林，有水陆田五百亩，因地制宜，引流为池，灌畦溉树。园中营建遂闲堂、云香林、云锦池、挂月峰、待凤石、处士庵、绰然亭、乐泉亭、九皋亭、拙逸亭、半仙亭、翠阴亭等名胜景点。园中还置有十块太湖石，名曰"十友"，其中的龙、凤、龟、麟四石最具石品中"皱、瘦、透、秀"之特点，有四灵石之称。张养浩常将此园与唐人王维的辋川别业相提并论。

济南泉湖水系发达，桥梁也很多，不仅起着交通的作用，而且成为山水美景不可缺少的组成元素。

鹊华桥在大明湖南岸，古名百花桥，元代改为今名，以百花名其南之桥。百花桥在鹊华桥南，两桥相望，中有百花洲，民间俗称此桥为对华。起凤桥在濯缨泉北，水出桥下，北流注于百花桥下。会波桥一作汇波桥，在北门内，大明湖水经桥下出城，与城东西水汇合，桥乃宋曾巩守齐州时所建，清宣宗道光十六年（1836）重修。宗家桥在会波街，大明湖水由桥下与东湖相通。晏公桥在会波桥南，桥西即晏公台。兴文桥在府学前，跨梯云溪，溪水即芙蓉泉水，北流由鹊华桥入湖。以上七桥在城内，或环湖而建，或依泉而建。

西泺河自趵突泉起，至泺口入大清河止，共有桥十几座。来鹤桥在趵突泉上。广会桥在城西南，横跨趵突泉。夹河桥在趵突泉，泉水向下流至广会桥分之，以杀其势，再往下又复合流入城壕，洗钵、马跑之水自东南来会。南门迤西有桥，鉴泉、马跑等泉循城东迤北出桥下，又北与趵突泉水汇为西城河。泺源桥在西响闸北、泺源门外，接连吊桥西。刘家桥在广济闸北，五龙潭水下流至此入泺。卧虎闸在刘家桥北，李家桥在卧虎闸北，三空桥下锦缠沟水至此入泺。老鹊桥在李家桥北，东泺河自黄家桥分水西北流至云庄，南自滚水坝分水西流经五柳闸、迎济桥至云庄北，皆回环稻畦中，至老鹊桥北入泺。胜济桥在老鹊桥北，林家桥在胜济桥北。马家桥在双水磨东北、泺口镇庄南。听水桥俗称张家桥，在泺口镇庄东，西泺河至此入大清河。

济南人以泉水为核心要素，充分利用山水自然特点，因泉成景构园，营造出诗情画意的人居环境，刘鹗《老残游记》中描述："进得城来，家家泉水，户户垂杨，比那江南风景，觉得更为有趣。"济南"四面荷花三面柳，一城山色半城湖"的城市风貌，为我国园林艺术文化

黄河两岸鹊华立　杨超摄

的发展做出了重要贡献。

　　这样的园林盛景自然吸引了许多文人墨客。他们或来济南游历，欣赏济南的湖光山色、园林楼阁；或赴济南任职，为济南城的繁荣贡献自己的力量。这也催生了不胜枚举的与济南城市相关的文学和艺术作品。走在济南城中，若是一边品读诗文中的词句，一边欣赏身边的美景，那一定又是一种与前人对话的新奇的体验；或者观赏入画的凝固的景色，或许又能体味时光流逝的感觉。可以说，这些诗词、文章、书画成为理解济南这座城市的又一个渠道，构成了属于济南独一无二的特殊文化财富。

　　济南北边的鹊、华两山并峙黄河沿岸，两山之间原有鹊山湖，碧波万顷，湖光浩渺。从济南城内眺望，山色黛青，近水海蓝，烟波缥缈，景色奥远。特别是在秋季涵烟欲雨或风片雨丝之中，云气苍茫，轻雾弥漫，鹊、华二山一似飘浮在烟云当中，犹如一幅水墨山水画图。这一景观，就是济南八景之一的"鹊华烟雨"。崇祯《历城县志》载："历下客山胜，而北方之镇，鹊、华并峙，每当阴云之际，两山连亘，烟雾环萦，若有若无，若离若合，凭高远望，可入画图，虽单椒浮黛，削壁涵青，各著灵异，乃昔人合标其胜曰'鹊华烟雨'。"元朝文人赵孟頫将此美景写入画中，《鹊华秋色图》成为传世之作，现在还被当作镇馆之宝，

收藏在台北故宫博物院。有诗咏之："明湖秋水明如练，我在江南不能见。鹊华山色郁苍寒，我向吴兴画里看。"元代诗人元好问曾经感叹"诗在鹊山烟雨中""有心长作济南人"。

济南另一景观——"齐烟九点"有着异曲同工之妙。在千佛山上半山腰的"齐烟九点坊"处放眼北望，可以看到城内的九座山峰。借用唐代诗人李贺的诗句"遥望齐州九点烟，一泓海水杯中泻"，命名这个景观。"九"这个数词，在古代既是实指数，也是泛指数，就像"七十二"一样。当然也有不少人认为，"齐烟九点"从西到东依次指的就是匡山、粟山、（北）马鞍山、药山、标山、凤凰山、鹊山、华山和卧牛山共九座山头。

泉水与园林孕育并吸引了许多济南和客居济南的名士。比如秦汉时期传下《尚书》的伏胜，唐代李白、杜甫，参与"玄武门之变"的济南人房玄龄、秦琼；宋代天下闻名的"济南二安"李清照、辛弃疾，"唐宋八大家"中苏轼、苏辙兄弟和曾巩；金元时期的诗坛盟主元好问，散曲大家杜仁杰，画坛名家赵孟頫，文学家张养浩、刘敏中等；明清时期，济南诗派崛起于历下，边贡、李攀龙、王士禛等先后执诗坛牛耳几百年；号称"词山曲海"的李开先、"短篇小说之王"蒲松龄，都曾旅居济南，作文咏诗，共同促成了济南这座文化名城的代代兴盛。

第五节
古城现代蝶变

　　1904年开埠后，济南城市开始迈出明府城。20世纪后期，济南圈层化城市格局形成，城市一度受到南边临山北边靠黄河的地势限制，很长一段时间主要沿东西方向发展。21世纪初，济南中心城区的范围西起长清，东至巨野河，南

碧空如洗的泉城　杨超摄

起城区南部的连绵山体，北至黄河。

2003年，山东省委常委会扩大会议确定了"东拓、西进、南控、北跨、中疏"的济南城市空间布局，经过二十几年的实践和发展，取得了显著成绩。目光向东，章丘撤市设区，济南莱芜区划调整，新东站等片区拔地而起，高新区不断加速成长，尤其是齐鲁科创大走廊的规划建设，促成了城市重心东移。西部大学城会集了大量高校和众多师生，西客站片区与济南国际医学科学中心的加快建设，央企总部城的落子西城，一个崭新的西部新城映入公众眼帘。"三桥一隧"的建设、济阳撤县设区，促进了城市向北跨河发展。产业的迭代升级、棚改旧改的持续推进以及老城区非核心功能的不断疏解，让中部于"疏"中不断提"质"。南山管委会的设立等，则让济南南部更好地留住了绿水青山。

2020年，中共济南市委十一届十次全会明确提出，要以更高站位、更大格局谋划推动济南发展，在"东拓、西进、南控、北跨、中疏"的基础上，进一步形成"东强、西兴、南美、北起、中优"的城市发展新格局，推进全域统筹协调发展。

济南市城市发展新格局，围绕高质量发展起笔，不仅给出了路线图，而且给出了方法

芙蓉街　杨超摄

宽厚里　杨超摄

论。济南提出"加快建设以齐鲁科创大走廊为核心的发展轴""推动高校科研院所和创新创业平台加快集聚，形成山东科技创新重要策源地和成果转化核心示范区"等一系列举措，着力实现"东强"新局面；采取"着力推动济南国际医学科学中心'崛起提升'，聚集高端科研、高端医疗、高端康养和健康医疗大数据资源，打造国内领先、世界一流的医学科学和医疗健康产业高地""着力推动平阴'特色提升'，大力发展以健康食品、医养健康、生态旅游为主的大健康产业，打造独具特色的发展高地"等措施，绘就"西兴"的新画卷。"南美"则要推进南山生态保护，打造"大美泰山"生态共同体。"北跨"要实现"北起"，则需推进"产城河"三位一体发展，推动济阳加快融入主城区。通过疏解老城区非核心功能，建设泉城文化特色风貌区，实现"中优"。

2024年3月8日，《济南都市圈发展规划（2024—2030年）》公布，明确济南都市圈范围包括济南、淄博、泰安、聊城、德州、滨州6市25县区，面积超过2.2万平方千米。从规划内容看，济南都市圈将构建核心引领、轴线展开、多点支撑的网络化都市圈发展格局。泉城济南将与"圈内"兄弟城市携手，在未来开创出一片共赢新局面。

作为第二批国家历史文化名城，济南划定18.6平方千米城区保护范围，塑造泉韵文化名城，构建"一核、五廊、多片"的历史文化保护格局。"一核"即历史城区及其周边为核心的地区，"五廊"为黄河、胶济铁路、玉符河、小清河、绣江河五条文化遗产廊道，"多片"为与济南历史文化核心价值密切相关的文化遗产聚集区，将对历史遗迹、文物古迹、泉水资源、人文底蕴进行全面保护并与现代生活融为一体，改善城区环境，完善基础设施，系统展示文化遗产，推动历史城区保护提升。

济南作为山东省的省会城市，不仅具备副省级城市的地位，还是国务院批复确定的环渤海地区南翼的中心城市。济南市肩负着新旧动能转换、自贸试验区、黄河流域生态保护和高质量发展三大国家战略，未来将致力于成为重点建设的国家区域中心城市。

高铁驶过黄河北桑梓店的麦田　杨超摄

第十一章

黄河三角洲名城——滨州

滨州，渤海之滨，黄河之畔，是百年来古河道和黄河下游河道变迁的见证地，是黄河文化和齐文化的发源地之一。『禹迹茫茫问九河，海滨碣石未销磨。』自先秦地跨青兖二州，境属薄姑夷齐之域，为鲁北门户，汉朝知名的渤海太守龚遂治理渤海郡，曾留下千古美名，后来延续渤海郡的滨州赢得了『渤海雄邦』的美名。这里是千载州府之地，历史悠长，文脉久远，留下了丰富的历史文化遗产。在新时代的城市建设下，滨州是黄河三角洲的中心城市，是黄河三角洲高效生态经济区的主战场和核心区域，地理位置得天独厚，正着力打造『四环五海，生态滨州』『粮丰林茂，北国江南』的城市形象。

航拍滨州港区及徒骇河入海口

夕阳下的滨州黄河段呈现出五彩斑斓的色彩

第一节
兴起背景

　　滨州，是黄河文化和齐文化的发源地之一，位于山东省北部，北濒渤海，西北隔漳卫新河与河北沧州地区交界，东邻东营市，南、西南与淄博、济南毗连，西与德州接壤，自古就是鲁北门户。自黄河三角洲地区逐渐成陆以来，其城市形成与发展就与黄河密不可分；处于渤海之滨，渔盐产业兴盛，海陆交通便利，又自古便是河运要道，因而成为千载州府之地。

航拍滨州盐田

一、黄河之州

滨州位于黄河三角洲腹地,滨州大地曾是当年大禹治水的主战场之一。据《尚书·禹贡》和《尔雅·释水》载,大禹治水时代,黄河流入华北平原后,再往北分为九条分洪河道,即徒骇、太史、马颊、覆釜、胡苏、简、洁、钩盘、鬲津。九河故道经流之地,均在黄河下游,即今河北、山东之间的平原上,其中的马颊、覆釜、胡苏、钩盘、鬲津五条河流均流经今天滨州的无棣县。无棣自古为九河下梢,承受着内地客水入海的重任。据《尔雅·释水》记载,"禹疏九河"。已经湮没的济水、漯水和现在的徒骇河、覆釜河、胡苏河、钩盘河、鬲津河等都是大禹当年率众治理的河流。今天滨州境内仍有徒骇河、马颊河之名称。历经4000多年,部分河道虽经数度改变,但河流名称仍沿用古名。

滨州的城市发展与黄河密切相关。现今黄河由市境南部穿越,至张王庄出境,境内流长38.5千米,年平均流量1500立方米/秒,是市内农田水利主源,河上建有小开河、韩家墩、道旭、张肖堂四处引黄闸,总引水为146立方米/秒,可灌溉面积4万余公顷。自有史记载以来,黄河就以频繁决溢著称,而且多次改道。黄河改道对黄河沿岸地区的经济与社会有着很大的影响。东汉前期,王景等人治河成功,使黄河主河道从东汉明帝永平十三年(70)到唐昭宗景福二年(893)800多年的时间里基本固定于现行河道,流经今滨州,从东营利津入海,对滨州地区的社会、文化发展产生了重大影响。

此外,滨州位于黄河三角洲腹地,地形以平原为主,仅邹平南部有狭小山地,地貌低岗、缓坡、浅洼相间,地形复杂多样。小清河以北,滔滔黄河在这里滚滚东流,带来大量的黄土沉积,属于黄河中下游平原的组成部分,地势低缓,海拔多在1米至20米之间。滨州的农业,在历史上即以生产优质棉享誉省内外。明万历《滨州志》就有"种棉者十之八九"的记载。粮食作物以小麦、谷子、高粱、大豆、玉米为主。滨州是棉花产区,家庭织布业十分兴盛。清咸丰《滨州志》曾记载:"妇女皆勤于织纺,男则抱而贸于市,乡间比户,杼轴之声相闻。"20世纪六七十年代,滨州的杨柳雪村大胆变革,采取黄河水压碱的方式,将一片盐碱地变为粮棉双高产的丰收田。周恩来总理曾三次会见杨柳雪村代表,将该村树立为"棉区的一面红旗"。

滨州黄河段两岸良田千顷，层林叠翠

滨州无棣棉花生产基地，工人驾驶大型农机采收棉花

然而，滨州良好的地理环境和丰富的自然资源在过去漫长的封建时代并没有得到很好的利用，经济发展缓慢，工农业生产长期处于落后状态。直到新中国成立以后，经济才有了长足的发展，特别是中共十一届三中全会以后，经过几十年的艰苦奋斗，滨州已经由一个落后的农业县逐步发展为一个以轻纺和化工为主的新兴工业城市。

二、海滨之城

滨州地处黄河下游，东临渤海，沿海有大量滩涂和地下卤水资源，成就了其悠久的渔盐产业。海滨地区为海陆交会之处，陆上交通开鲁北门户，水运交通河运与海运并举，相得益彰，区位优势显著。

盐业兴邦

姜太公封齐之初，因地制宜，使盐业成为齐国称霸列国的优势产业与立国之本。正因为得鱼盐之利，滨州一带成为齐国源起之地、建都之始和征伐四方的根本，齐文化也在这里逐渐孕育生根。管仲任齐相时实行改革，"设盐官煮盐"，历经数年，国富民强，终成霸业。《管子·地数》记载："夫楚有汝汉之金，齐有渠展之盐，燕有辽东之煮。""渠展之盐"成为齐国重要的经济支柱。

秦统一中原后，滨州发达的食盐生产也引起了封建王朝的关注，汉朝政府在统一规划全国盐场区时，便特意在滨州的千乘郡设置盐官，掌管当地的食盐生产与专卖。隋唐时期，滨州的制盐业进一步发展，当时滨州较大的盐场设在棣州渤海县、蒲台县、无棣沟。贞观年间，滨州的食盐年产量达数十万斛。宋元时期，滨州地区建有永利、滨州、海润、富国、利国等10余处盐场，仅滨州盐场年产量就达3.1万余石。明清时期，滨州制盐业达到鼎盛，生产规模空前扩大。明朝在山东设有两个都转运盐使分司，下设18个盐场。其中，1个分司、8个盐场设于黄河三角洲地区，当地呈现出"兴贩满道，煎熬蔽野"的繁荣景象。当时，大清河是专门的运盐航道，被称为"盐河"。明朝时还曾在蒲台县设立山东盐运司滨乐分司，管理渤海沿岸盐场的生产与运销。清朝时期，滨州盐场不仅数量多，而且规模大。清世宗雍正八年（1730），仅永利盐场就有灶户盐田8处、盐滩131副、滩池灶田约2330平方米、灶丁797名。与此同时，制盐技术也发生了重大变革，除采用传统的煮、煎方法之外，还采用了

滨州无棣盐场

滨州无棣盐场秋盐丰收在望

先进的滩晒技术。位于滨州无棣县城东北47千米处渤海西南岸的埕口盐场，是现今山东省规模最大的盐场，其"七彩盐田"的独特景观如诗如画。

早年间，滨州沿海地区曾发现大量生产海盐的盔形陶器。考古学家认为，它们被使用于商周时期，西周以后逐渐减少，战国时期被其他器具取代。在环渤海、莱州湾地区，西起无棣，东至胶莱河西岸，南至胶济铁路一线，都有盔形陶器出土。此外，在鲁北大地黄河两岸，还发掘出众多与盐有关的遗迹、文物，从中能感受到滨州土地上浓厚的盐文化气息。

交通要道

滨州自古便是河运要道。金代的石碑记载，"南望清河影带，昼夜不息，舳舻交错，商旅蝉阵于东西，滨之城市士庶蚁聚"，充分说明了这里自古船运繁荣，交通发达。尤其是自清文宗咸丰五年（1855）黄河在铜瓦厢决口改道、夺大清河入海以来，黄河在三角洲自西向东流经齐东、惠民、青城、蒲台、滨州、利津六地。此段河道河床平坦，水流平稳，是天然

滨州无棣盐场工人忙着收获秋盐

的黄金航道。若沿黄河上航西行，可经济南泺口西达河南、山西诸省，若由利津入渤海，至天津、塘沽、大连、烟台、青岛等地亦能一帆而达。清代，滨州从黄河航运外销的货物以大宗土布为主。在输入方面，滨州因粮食短缺，每年经黄河航运从聊城阳谷、寿张等地购入的杂粮约10万石。另外，还自海口购入浙江绍纸、杂货约3万缗。滨州是棉花产区，也是海盐产区，盐、棉船的流动，促进了黄河沿岸经济的发展。水利的丰饶，盐、棉利可观，哺育了济南、齐东、利津等几座城市，地处河边的蒲台更受利颇丰。清末的黄河航运商贸活动全部由民间经营，正常航行的各类木船有1000余只，总载重量约3万吨。黄河三角洲通过黄河运往济南泺口和河南、山西等省的货物主要是食盐、砂糖、煤油、火柴、棉花、布匹、纸张、海产品及其他杂货。这些货物一部分是当地所产，一部分是由海上运来。天长日久，滨州境内沿黄河形成了惠民清河镇、蒲台道旭两大码头。

明代滨州处于两京之间，地位十分重要。明朝建立后，以南京为首都。朱棣夺取政权以后，将首都迁到北京，南京作为陪都。明代除漕运外，南北方的经济往来要依靠驿路。

滨州黄河大桥

明代滨州境内的主要道路，一是自登州、莱州、青州及南方进京的道路，自青州经临淄、博兴、蒲台、滨州出阳信至北京的道路。这是滨州最重要的一条南北交通干线，特别是明成祖迁都北京后，来自登、莱、青三府的人员、物资大都经该条公路到达北京。另外，自博兴向南至临淄、益都后，再向南，是通往南方的主要道路。凡江苏、湖北等省人员到北京或物资输送北京，亦多由此路通过。二是由济南出发东向至滨州地域有两条道路：济南经章丘、邹平、长山、新城、高苑至博兴，济南经济阳、齐东、武定至阳信。另外，沾化、海丰二县与阳信相邻，都有支线相连。这些道路将滨州全境的州县所在地都连接起来了。清代的道路建设比明代更加完善。清代以北京为中心，有通向各省省会的交通道路，称为"官路"。各省也有自省会通往省内主要城市的道路，称为"大路"。官路和大路构成清代的主要道路干线。

此外，海运也是滨州的一大优势。明代山东沿海是海运的必经之地。明代海运一般是把南方的粮食和物资运到天津附近港口或辽东，作为北方驻军的军需补给。海运是漕运的一个重要组成部分。

第二节
城市发展

　　滨州，商属薄姑国，西周、春秋、战国属齐地，秦属齐郡。西汉武帝时期置漯（湿）沃县，因境有漯水得名，属青州刺史部千乘郡，另有一小部分属济南郡、齐郡。新莽时，改湿沃县为延亭县。莽败，复名湿沃县。东汉改千乘郡为乐安国，另有济南国之梁邹、邹平，平原郡之厌次均在境内。三国魏置乐陵国，治厌次县。西晋黄河以南属青州乐安国，以北属冀州乐陵国。南朝宋为乐陵郡，治乐陵县。隋文帝开皇十六年（596）漯沃县更名蒲台县，因境有秦台，秦始皇登台望徐福，在台下蟠蒲系马之典故而得名。唐武后垂拱四年（688）析蒲台、厌次之一部置渤海县，以近渤海得名，治所在今滨城东约20千米；唐玄宗天宝五载（746）迁治索邱村，即今滨县城，属河北道棣州，现滨州之域为当时渤海、蒲台县地。后周世宗显德三年（956）于渤海县治所置滨州，割棣州之渤海、蒲台为属，滨州一名始见于史。宋废除蒲台县。金章宗明昌三年（1192），复置蒲台县，与渤海县同属山东东路滨州。明太祖洪武元年（1368）渤海县并入滨州，现滨州之城属滨州、蒲台县地。清世宗雍正十二年（1734），滨州降为散州，与蒲台同属武定府。1913年改滨州为滨县，属岱北道（次年改称济南道）。1928年废道制，直隶于省。1950年5月，今滨州地区境域建立惠民专区。1967年惠民专区改称惠民地区。1992年3月，惠民地区改称滨州地区。2000年6月，撤销滨州地区，设立地级滨州市。

渤海雄邦

从滨州现已发现的古文化遗址来看，史前人类对滨州地区的开发，大体保持着与成陆相一致的推进态势。滨州地区没有出现旧石器时代的人类遗址。距今1万年前后，人类已经进入新石器时代，开始了定居的农耕生活阶段。新生成的黄河三角洲，由于黄河的冲积带来大量肥沃深厚的土壤，加之水源充足，农业生产条件得天独厚，吸引着史前人类参与开发。同时，人类不断积累着与自然斗争的经验，其足迹也不断向黄河三角洲腹地逐步推进。滨州古老大地的原始先民，揭开了滨州开发的序幕。随着生活范围的扩大，各部族之间交往日渐频繁，文化趋同性增强，逐渐形成了联系密切的东夷族群，塑造了灿烂的东夷文化。

西周建立后，周公东征，太公封齐，滨州地域各国基本被齐国吞并，成为齐文化的重要组成部分，东夷文明逐渐融入华夏文明当中。齐国封域当时是沿海碱卤之地，非常不适于农业生产。而滨州濒临渤海，河流湖泊广布，沿海有大量的滩涂及地下卤水资源，是渔盐生产得天独厚的地区。文献记载和历年来的考古发现证明，我国最初的海盐生产以渤海湾为中心，山东半岛北部渤海沿岸包括滨州在内的广大地区，是早期古代盐业生产的发达地区。早在先秦时期，滨州就成为渔盐生产的重要产地。

相传大禹治水时把黄河下游分为九支入海，到西汉时，九河的具体位置已经无法考证。汉武帝时，黄河从渤海入海，泛滥频繁。东汉明帝永平十二年（69），汉明帝命水利专家王景治河。王景采取了筑堤、修渠等措施，历时一年，率领士兵修筑了从濮阳到渤海千乘的千余里黄河大堤。王景"修渠筑堤"是黄河治理的一大创举，保证了黄河800余年的安澜。黄河携带的大量泥沙在滨州淤积，形成大片沃野，外地贫苦百姓纷纷前来垦荒和制盐，散居的农户逐渐发展成为村落、乡镇和市镇。

从先秦到秦汉，九河虽不可考，但地处九河故地的滨州在经济与社会方面有较大的发展。一是两汉时期，滨州的人口有所增长。《汉书·地理志》"千乘郡"条载："户十一万六千七百二十七，口四十九万七百二十。"千乘郡在东汉时改为乐安国，《后汉书·郡国志》"乐安"条载："乐安国，九城，户七万四千四百，口四十二万四千七十五。"两相比较，西汉千乘领县十五，东汉乐安领有九城。人口方面，后者比前者仅少七万，说明从人口与地域面积的比例上看，西汉到东汉，滨州人口实际还是增长的。二是汉代滨州的城市有所发展。通过考古发掘，在无棣信阳镇谢家村西南发现了信阳故城遗址。遗址平面呈矩形，东西长约1500米，南北约1400米，总面积约200万平方米。现存有南城墙西端和向北延伸的部分，约500米，城墙残存高度6米许。故城内部分大、小两城，大城居东，小城坐落于大城的西北。信阳故城近海而建，地处滨州东北部，与北面的车辋故城址、东南的广武故城址，恰如三足鼎立之势，透露出汉代滨州城市的发展程度。

汉朝时期，滨州大部属于渤海郡。汉朝知名的渤海太守龚遂治理渤海，留下了千古美名，也给后来延续渤海郡的滨州赢得了"渤海雄邦"的美名。渤海雄邦是政治清明的体现，也是经济富裕的表现。至宋朝时，皇帝仍旧为滨州赐名渤海郡，即"滨州渤海郡"。明清时期，滨州衙门前有"渤海雄邦"牌坊。直到今天，旧滨州城内仍立着"渤海雄邦"牌坊。

河海名区

经过魏晋南北朝300多年的纷繁分裂，隋唐王朝重新实现大一统，建立了中央集权统治，达到中国封建社会的鼎盛时期。隋唐时期的滨州远离政治统治腹心之地，但依然是

位于滨州惠民（原武定府）的中国孙子兵法城　杨超摄

中央统治之下的一方重镇，始终保持州、郡一级的建置。这个时期，既有经济上的水利整修和鱼盐之利、文化上的中外文化交流和佛教文化兴盛等盛世景观，又有隋末的农民起义烽火和晚唐的乱世英雄纷起等末代景象。滨州文化在隋唐盛世的大背景之下显现出隆盛特征。

隋朝建立后，将渤海郡改为棣州，治所迁移至今阳信县城南的马岭城，治所再经数次迁移后，最终固定在今惠民县城。清代，惠民为武定府的附郭县，因此，旧武定府有"渤海雄邦"牌坊。惠民县修复武定府衙时，亦重新修复了"渤海雄邦"牌坊。

唐代滨州地域虽分属六州，但因濒临渤海，黄河过境，已经呈现出独特的地缘和文化特征，为后世滨州正式建置奠定了基础。唐前期对无棣沟的疏浚，通水路运输，便鱼盐之利，推动了地域社会的发展。唐朝初年，无棣县的无棣沟淤废。唐高宗永徽元年（650），沧州刺史薛大鼎组织民力对无棣沟进行疏浚，使其直达渤海。百姓歌曰："新河得通舟楫利，直达沧海鱼盐至。"唐玄宗开元年间，当地政府又对无棣沟进行整治，效果明显。唐朝诗人刘长卿的《晚泊无棣沟》云："无棣何年邑，长城作楚关。河通星宿海，云近马谷山。僧寺白云外，人家绿渚间。晚来潮正满，处处落帆还。"

棣州古城

五代宋元横跨400余年，是滨州文化在隋唐基础上的递兴时期。滨州在五代正式建置，其名即取自濒临渤海之意，自此确定了至今沿用的名称。滨州文化至此彰显黄河三角洲独立之特征。五代的滨州表面乱世特征明显，但乱中寓变，产生了许多影响时局的著名人物。后周世宗显德三年（956），具有雄才大略的皇帝周世宗柴荣设置滨州，"割棣州渤海、蒲台两县隶之""以其滨海为名"。这是"滨州"一名的开端。当时滨州辖区范围包括今天的滨城区、沾化区和东营市的利津县、垦利区，治所在渤海县城；而今惠民县、阳信县仍属棣州。

宋元时期，宋辽、宋金、金元、宋元对峙，今滨州一带一直是边防前线。为巩固边防，滨州、棣州的城池建设都由朝廷重臣主导。北宋徽宗崇宁元年（1102），针对棣州有城无守的实际情况，宋徽宗整肃边防，派工部尚书牛保亲自督修棣州城池，历时9年完工。牛保呕心沥血，在完成任务返回京城的路上病逝于棣州城西，留下了衣冠冢"牛保冢"。牛保修筑的棣州城，奠定了武定府城即今日惠民县城的基础。

棣州城"周十二里，崇三仞有三尺，上阔丈余，基倍之"，实测周长6700米。城墙以砖包皮，城有四门，各建门楼，设铃城。城外开挖护城河。全城以十字街为制高点，俯瞰四方。重要建筑物均建于高台上，就地取土，形成若干池塘，俗称"海子"。海海相通，雨水顺地势先注入海子，再汇入护城河排入河道。至今，历经千年，棣州古城依旧不用人工排水，不遭水淹。古人这种因地制宜的"亲水"设计理念，宜居、宜业，蓄排合一，是我国建筑文化的瑰宝。宋真宗大中祥符年间，吕夷简担任滨州知州，他带领百姓兴修水利，消除洪涝灾害。他还深入民间调查研究，上书皇帝免除了农具税。为纪念这位父母官，百姓在滨州城内为他建立了祠堂，四时祭奠，直到清朝末年，依旧香火旺盛。

北宋钦宗靖康二年（1127），北宋灭亡，南宋建立，金兵大举南下，包围了棣州城。宋军借棣州新城墙高池深的优势，居高临下固守，金兵久攻不下，只好撤围，而潍州、青州等名城却遭攻陷，可见棣州城池之坚固。

元朝，滨州作为"腹里"重镇，朝廷在此驻扎重兵。元世祖至元二年（1265），平章于保保在唐代渤海县城南垣外重建滨州城。城墙为土筑，"高二寸五尺，宽一丈四尺，周围九里"。滨州城以十字街为制高点，知州衙门位于十字街西北，俯瞰四方。

滨州地处黄河冲积平原，地势平坦，但多低洼和盐碱，明代因当地人口锐减而形成大片无主的土地，移民迁入后，他们大多数垦荒种田。同时也有很多人以养野鸡、榨油、打鱼、做香、石槽、行医、造纸、制毡帽等为业。从整个滨州的情况来看，明代移民立村是普遍现象，只是在具体的年代上有所差别。

决口之灾

清代，"鲁北首邑"武定府，北接京津，南依齐鲁，成为鲁北重镇。滨州地处鲁北平原，清文宗咸丰五年（1855）的黄河决口给此地的繁荣造成灭顶之灾，黄河夺大清河入海，滨州的生态环境、经济发展格局自此一变。

自东汉王景治河以来，黄河从鄄城进入山东，流经临黄、阳谷、聊城、平原、长清、临邑，后经商河流入滨州城，经厌次河（今徒骇河惠民段）、蒲台、利津入渤海。唐昭宗景福二年（893），河决厌次，河尾北摆，经无棣入海。此河被宋人称作"京东故道"。进入宋朝，黄河下游频繁溃决泛滥，给滨州带来了无尽苦难。南宋高宗建炎二年（1128），南宋留守东京的杜充在河南滑县掘开黄河，以阻止金军南犯。黄河水经滑县、东明、单县，循泗水、淮河经砀山、徐州东入东海。自此700多年的时间里，黄河主流一直经淮河流入东海。故此时间段内，滨州地区免遭黄患大灾。

清文宗咸丰五年（1855）六月，正值黄河汛期，洪水滔滔，大雨如注，黄河在河南兰阳（今河南兰考）北岸铜瓦厢决口。黄河先流向西北，后折转东北，夺山东大清河入渤海，铜瓦厢以东数百里的黄河河道自此断流。这是黄河距今最近的一次大改道。河决之后，豫、鲁、直三省的许多地区顿被殃及，而清廷采取的"暂行缓堵"的放任态度，加剧了这场灾难的广度和深度。这次黄河改道，使得山东包括滨州在内的广大地区被大水淹没。七月二十一日，山东巡抚崇恩向朝廷奏报，鲁西南、西北诸府均沦为灾区。

黄河改道给滨州带来的不光是水灾，还加重了蝗灾和旱灾。黄河所经之处，形成大面积的河滩和洼地，极利于蝗虫的繁殖和生长，由此造成的蝗灾也极为严重。自黄河改道后，黄河两岸一直是中国蝗灾重发区。黄河改道对所经之地的河湖也产生了严重影响。黄河洪水破坏了滨州的天然水系和灌溉系统，造成了水系混乱、河湖淤浅，严重削弱了河湖的容泄能力和灌溉能力，形成了"非涝即旱"的恶性循环。

第三节
文化遗产

    黄河三角洲地区保存有丰富的文化资源，就滨州而言，其文化资源有古遗址类、古建筑类、古墓葬类、石窟寺及石刻类等多种类型。文化是经济社会发展的重要支撑。滨州古城的样貌存在于多个文献记载中。清康熙年间《滨州志》记载，滨州古城有祠堂庙宇25座，包括城隍庙、雷祖庙、玉皇庙、龙王

滨州黄河楼

庙、真武庙、小关爷庙、三义庙、龙泉寺等。小庙如小关爷庙，只有一间独顶子小屋。较大的庙如文庙，有三进大院以及多个与其有关的建筑。咸丰《武定府志》中的《滨州城邑图》记录了城内有卧佛台、段干墓、养济院、茅焦台、八贤祠、忠良祠、演武厅、钟楼、文庙、儒学堂、城隍庙、州衙、水星庙等。这些对古城原貌的细致描述，将一座繁华、文化底蕴深厚的明清城市活灵活现地展现在了人们眼前。

滨州古城历史文化遗产内涵丰富，建筑风格独特、造型美观，地理位置临近市区，人群集中，交通便利。滨州古城内存有多处考古价值、观赏价值和教育价值较高的文物古迹，如古建筑类的杜受田故居、薛氏宗祠，古遗址类的卧佛台遗址、茅焦台遗址等。

一、古建筑

滨州古城

滨州古城位于现滨城区市区以北约10千米处，西汉属湿沃县地，唐朝为渤海县，后周世宗显德三年（956）置滨州，取"濒临渤海之州"之意。古城始建于宋朝，成型于元朝。元世

滨州无棣古城风景区

祖至元二年（1265），平章于保保迁移渤海县城于滨州城。古城面积约1.4平方千米，街道格局为明清所置，城墙近似正方形，城内为典型的十字结构，分东、西、南、北四街，四街向城外延伸，形成四关。因东关短小，西关迤逦，南北两关如展翼，而城池中心高拱如凤背，形似凤凰，滨州古城被称为"凤凰城"。

滨州古城墙为山东现存为数不多的元城墙之一。城墙为土筑，周长4.5千米，明清时期曾多次修缮。1945年7月1日，城墙在解放滨县时被破坏；1953年，城墙四城门楼被拆毁；20世纪六七十年代，四座城门陆续被毁。随着附近鱼塘的修建以及周边建设对优质沙土的需求，高大的古城墙成为取土的对象，滨州古城墙遭受毁灭性的破坏。如今，城墙中南墙西段保存最好，东南段仅残存一小部分，东北端残存一部分，西北段多被建房或开垦为耕地。2012年，滨州城墙遗址成为滨州市级文物保护单位，2013年成为山东省级文物保护单位。

杜受田故居

杜受田故居位于古城中心，是清咸丰皇帝的老师杜受田幼年到青少年时期居住、生活的地方，也是杜受田父辈们和众多叔兄弟们的旧居。杜氏家族是明清时期滨州第一大氏族，因"一门十二进士""四世六翰林"而成为远近闻名的官宦世家、书香门第。故居始建于明朝万历年间，大院占地约1万平方米，有28个院落、381间房屋。建筑风格朴实简洁，结合了官宅和民宅的特点。原建筑损毁严重，仅残存院落3个、房屋31间，其中绣楼、太康邸房屋保存较完整，其他房屋几乎不存。2004年，杜受田故居成为滨州市首批市级文物保护单位。2009年，滨城区人民政府对杜受田故居进行了保护性修复重建。2010年，故居被授予国家AAAA级旅游景区，2013年被公布为省级文物保护单位。

秦始皇台

秦始皇台简称"秦台"，为古滨州三台（秦台、卧佛台、茅焦台）之首。传为秦始皇筑故名。因台周遍生蒲草，亦名蒲台，蒲台县因以为名。该台位于滨州市区以北偏东约15千米、西石村西南0.5千米处，台高19米，底部周长188米，面积2826平方米；顶周长63米，面积314平方米。

《滨州志》载，台下有八角井，明宪宗成化十九年（1483）僧海静及石家村民李清掘之，有蛇出焉，遇旱岁，祷雨屡应。明神宗万历十八年（1590）州牧林淮正复浚之，蛇复现，井

杜受田故居大门口　杨超摄

杜受田故居内堂　杨超摄

杜受田故居内堂廊额　杨超摄

成，祷雨复应，或以文兆。清高宗乾隆四十五年（1780）重开甃砌，加石栏，周以垣墉栅门。据传，八角井，深数丈，分三节，自上而下节节缩小。冬夏不枯，源于海，俗谓海眼。井上石栏随井形成八角，雕八狮。

据考查，台初建于一东周遗址之上，夯土层次分明，间有红烧土及周、汉陶片和"长乐未央"瓦当，当为秦汉间所筑。《滨州志》有诗云："驰道飞传烽燧地，时人误作望仙台。"湿沃县地处海防前哨，建烽火台以固边防，可信。

"秦台晓雾"为古滨州八景之一，历任知州均赋诗赞咏。

二、古遗址

卧佛台遗址

卧佛台遗址位于滨县旧城内西北隅，因遗址的重点是卧佛台（亦称卧虎台）而得名。

1954年在卧佛台附近发现了黑陶、石、蚌、骨等器物和残片，经省有关单位鉴定为龙山文化遗址，被列为省级重点文物保护单位。1956年县油棉厂扩建时，台基被铲平，出土文物流失甚多，省级重点文物保护单位称号遂被撤。1980年经勘察，遗址范围逐渐扩大，南起油棉厂，北至城墙根，从西城墙起，东到茅焦台。其中，重点区域在北城墙南坡一段，约1500平方米。文化层距地面浅，内涵丰富，遗址先后出土过新石器时代到东周时期的器物，如石斧、石凿、骨锥、骨簪、鹿角化石和豆、鬲、壶、罐、钵等灰、黑、白、砂陶片。

茅焦台遗址

茅焦台遗址位于滨城区滨北街道办事处北街，世传为秦王政的臣子茅焦隐居所在，后人立祠于其上。现台高18米左右，台上东西长60多米，南北宽约50米。从现存顶部土台剖面观察，夯筑层次清晰，每层都夹有大量陶片、砖瓦、瓷片，土台曾出土过石斧、石凿、盔形器等。茅焦台上原有真武庙，明代重修过，台下保留有重修真武庙碑帽。1983年被滨州市人民政府公布为县级文物保护单位。

三、传统文化

滨州靠海临河，有着适合人类生活居住、繁衍生息的自然环境，产生了丰富灿烂的古代文化。滨州历史遗存丰厚，有着完整历史发展序列。由于滨州位处黄河、小清河、徒骇河冲积平原，各类古代遗址大多被黄沙埋藏于地下较深之处，而滨州地下水位又相对较高，所以暴露于外的遗址相对较少。但这并不能说明滨州的文物遗址就少，事实上，这种环境反倒使当地的文物遗存封存于地下，得到了更为有效的保护。

滨州市历史悠久，人文荟萃，是黄河文化和齐文化的发祥地之一，历史文化和文物资源十分丰富。通过考古调查，先后发现后李文化、北辛文化、大汶口文化、龙山文化遗址，史前文化发展序列极为清晰。夏、商、周时期，滨州是东夷人——蒲姑氏族聚居的地方，一方面受商文化的影响，另一方面又保持着本地固有的传统，形成独具特色的蒲姑文化。自秦汉以降，各个历史时期的遗址更是遍布全市，星罗棋布。

滨州市博物馆馆藏文物丰富多彩，不仅有众多的佛教造像、碑碣、墓志、石刻，珍贵的陶瓷、玉石、字画、碑拓、古籍和青铜器精品，还有大量的古生物化石、金银器、货币钱范、印章砚台、竹木牙角器等。这些藏品具有数量多、种类全、发展序列清晰和地方风格突出的特点，其中尤以佛教文物、盐业文物、陶瓷和字画为佳。

滨州发现的大量佛教造像，相当一部分带有年代铭文（从北魏孝文帝太和二年至隋文帝

滨州武定府衙　杨超摄

仁寿三年（478—603），是对同类藏品进行断代的主要依据。陶器从后李文化经北辛文化直至秦汉，其器形演变规律非常清晰，在一定程度上丰富和见证了山东史前文化发展的过程。瓷器种类繁多，灿烂多姿，年代最早的有北朝和隋代的青瓷，唐、五代时的白瓷；宋元瓷器更是异彩纷呈，有定窑系白瓷、耀州窑系青瓷、钧窑系瓷器，特别是磁州窑系的瓷器在滨州发现极多；明、清、民国时期，各种彩瓷、青花和单色釉瓷器也极一时之盛。

　　文物方面，滨城、沾化、阳信一带出土了大量各式各样的盔形器、滤器和烧制这些器物的陶窑遗址与作坊遗址，时代则跨越商周直至秦汉，这对研究当时的海盐生产和社会经济情况具有十分重要的意义。

　　滨州拥有国家级非物质文化遗产项目9项，省级非物质文化遗产项目17项，市（县）级非物质文化遗产项目400项。滨州剪纸、董永传说、滨州吕剧、博兴柳编、胡集书会、惠民泥塑、洋湖鼓子秧歌、沾化渔鼓戏、清河镇木版年画等名扬全国。

　　再如书画作品，滨州名人辈出，历史上出现过众多世家大族和文人学士，他们与全国

滨州市博物馆的藏品——青铜提梁壶

滨州博兴县文化馆非物质文化遗产展厅

滨州美术馆内的传统文化展厅　杨超摄

各地的很多望族、学者有着千丝万缕的联系，鸿雁往来，唱和频繁，这为滨州留下了大量珍贵的书画作品。绘画如明代文徵明的《辋川图》、张宗苍的《山水图》、任薰的《雄鸡图》、唐蓉的《李之芳南征图》等。书法如用泥金书书写于明成祖永乐三年（1405）的《大方便佛报恩经》、清康熙皇帝书写的《带经堂》轴卷、乾隆皇帝御笔《春日临帖》条幅、清末著名金石学家吴式芬《吴式芬临摹金文手稿》等，都各具艺术特色。这些作品是研究绘画、书法难得的珍贵资料。

第四节
古城现代化

  滨州地处黄河三角洲腹地，自古便是文化繁盛之地。作为黄河三角洲高效生态经济区、山东半岛蓝色经济区开发建设的主战场，滨州面临着抢抓"黄蓝"两区开发建设的重大机遇，已经进入承前启后、继往开来、再续发展、科学赶超的新阶段，有必要进一步深入挖掘、整理和保护这些文化资源，并使之

滨州西纸坊黄河古村一角

滨州邹平山水生态景观

得以传承和发扬光大。

随着改革开放纵深推进，立足公路、铁路、水路"三位一体"持续加快基础设施建设，滨州社会经济发展活力持续被激发，农业基础地位不断夯实，工业主导地位日益提升。传统农业加速向以机械化、产业化、生态化为标志的现代农业迈进，从落后农业地区向现代化工业强市挺进。滨州市现代化具有以下区位优势：

从经济发展来看，滨州致力打造环渤海经济新增长极，通过不断扩大对内对外开放，加快融入京津冀协同发展和山东半岛蓝色经济区、环渤海一体化，加强与东北亚的经济技术合作，充分借力，增强滨州的发展动力，显著提升滨州的城市能级和区域地位。

从交通条件来看，滨州位于渤海湾南岸重要的综合交通枢纽，立足鲁北，通过多层次设施对接重要交通基础设施建设，形成与济南都市圈、京津冀和山东半岛城市群互联互通的大开放格局。通过济滨高铁、滨东高铁、济东高速、滨港铁路二期等多层次交通基础设施对接，重点强化滨州与济南的高速化直接联系。通过京沪第二通道、德滨高铁、滨临高铁、黄大铁路、滨港铁路、秦滨—沾临高速、济南—高青—东营高速、环渤海高等级公路等重要交通基础设施建设，加强与周边东营、德州、淄博等城市以及环渤海地区和京津冀地区的对接，构建区域一体化的交通设施网络和枢纽。

从生态环境来看，滨州位于沿黄河生态保护带、徒骇河生态带、小清河生态带，境内有漳卫新河、德惠新河、马颊河、徒骇河、潮河、小清河，以及湿地公园、地质公园、森林公园等，系统开展生态环境建设和生态修复，对经济社会发展大有裨益。这一"四环五海"的空间格局，打造出水名城、城依水、生态滨州的城市特色风貌，对于充分挖掘滨州的历史文化和生态环境资源，营造特色鲜明的城镇发展格局和良好的人居环境，有着重要意义。

后　记

2023年4月28日，时任山东画报出版社总编辑赵发国先生打来电话，邀请我编撰《黄河大系·古城卷》，作为山东省组织出版的《黄河大系》之一卷。本人思虑再三，最后还是被说动了。现在想来同意做这件事的原因，首先是对赵发国先生作为出版人的信任，他为历史地理学者组织出版了多套学术影响很大的丛书，得到大家好评。此外，可能还有以下两个方面的考虑。

第一，我的故乡安徽省萧县位于黄河故道上，黄河文化对我的影响潜移默化、深入骨髓。当年我们大队有个自然村叫"营上"，最初总也想不通它名字的来历，后来才知道那里曾是驻扎护河兵的营地。我家所在的新庄乡位居高头上，却原名"顺河集"，最近的陇海铁路车站名"黄口"，都是黄河留下的痕迹。黄河故道大堤就在我们小学校后面，那时候还很高大，俗称"高头"（写法不知正确与否），是我们游玩的好去处，记得我还把它写入过作文："站在古堤向南观望，微风拂面，绿油油的麦田翻起波浪，槐花飘香……"称为"古堤"的缘由，可能是老师讲的，但知道那是黄河大堤却是后来上了大学以后的事情。听老人们讲，隔壁的砀山县县城是唯一被黄河冲毁的县城，因为砀山县县城叫"青龙集"，与黄河这条黄龙产生了矛盾。后来研治历史地理学，对家乡黄河故道上的山川草木、文化风情才有了一些学理上的了解，更引起了我深入探讨的兴趣。

第二，我的研究方向主要在城市历史地理与文化名城保护，对单体城市的选址、发展、格局及历史文化等学术系统有一定的理念与实践。我也曾指导研究生撰写过20多篇与古都名城相关的学位论文，其中涉及的郑州、开封、洛阳、榆林、韩城、运城、潼关等都与黄河有密切的关系。

根据山东画报出版社的要求，在赵发国先生的指导下，2023年5月初完成了《黄河大系·古城卷》的内容设计，选择了黄河现在流经的主要古城作为初步的研究对象。经过近一年时间的打磨，在大家的共同努力下，现在终于完成书稿的撰写与编辑工作。在本书出版之际，要感谢对本书做出贡献的各位同人和朋友。

首先感谢参与撰稿和收集资料的学者与研究生。张勋（方塘智库特约研究员）、吴朋飞（河南大学教授）、杨强（运城学院副教授）、田大刚（咸阳师范学院博士）、李子（大秦博展公司文化学者），他们为本书撰写了相关稿件。我的研究生马森、马卓群、孙颖、李媛君、周若璠、雷懿靖、崔玉霈、张欣源等也参与了书稿撰写及相关资料的收集。需要说明的是，好几个城市的研究成果限于各种原因没有在本书得到呈现，留下了一些遗憾。

本书的出版要感谢山东画报出版社。赵祥斌、陈先云、张欢等组成的编辑团队不仅提供了很多必要的资料，而且负责修改文稿、选配照片等，尤其是杨刚总编辑不厌其烦地给我电话鼓励、进行业务指导，还有"视觉中国"提供了大量图片，给予本书以大力支持，这都是本书能够顺利完成的重要助力。

本书在设计与撰写中，青海师范大学丁柏峰教授、西北大学徐卫民教授、内蒙古师范大学何群教授、榆林市政府孙卫春先生等给予了相关学术问题的无私指导，在此深表感谢。

本人学养有限，本书文字一定会存在许多不足之处，敬请读者斧正。

李令福

2024年3月14日

出版说明

　　山东是黄河流域唯一的沿海省份、黄河流域最便捷的出海口，因此被赋予"发挥山东半岛城市群龙头作用，推动沿黄地区中心城市及城市群高质量发展"的国之重任。由此也可见山东在新时代黄河流域生态保护和高质量发展战略中举足轻重的地位。

　　为认真贯彻落实好习近平总书记关于中华优秀传统文化"两创"的重要指示精神和对山东"三个走在前"的重要指示要求，充分发挥出版界的内容资源、作者资源、品牌资源优势，以精品力作书写新时代黄河精神，使读者能够从历史和专题的角度，生动立体地来认识黄河、了解黄河、感知黄河，更好地传承弘扬黄河文化、提升发展质量，进而为中华民族的伟大复兴提供精神动力和智力支持，按照山东省委、省政府部署，山东省委宣传部策划、山东出版集团组织实施了《黄河大系》的编纂出版。

　　《黄河大系》为山东省习近平新时代中国特色社会主义思想研究中心重大项目，同时列入山东省社科规划重大委托项目。山东省委常委、宣传部部长白玉刚对项目高度重视，提出明确要求。山东省委宣传部分管日常工作的副部长袭艳春，山东省委宣传部副部长、一级巡视员魏长民对项目编写作出具体指导。《黄河大系》共十二卷二十册，由山东出版集团所属的七家出版社共同承担出版任务。分别是：

　　《图录卷》精选存世的汉代至1911年关于黄河的历史图画，提纲挈领地体现黄河文化的整体感和黄河文明的立体性，画龙点睛，展示黄河文化的博大精深与兴衰起伏。（齐鲁书社，1册）

　　《文物卷》分为陶器、玉器、青铜器三册，以历史时期的黄河流域为时空依据，以物说文，精彩阐释黄河作为中华民族母亲河的文化象征意义和厚重典雅的文明积淀。（齐鲁书社，3册）

　　《古城卷》选择黄河现在流经的主要古城，解说以这些古城为代表的中华优秀传统文化和重要历史遗产，为触摸黄河文明提供实体参照和文化坐标。（山东画报出版社，1册）

《诗词卷》收录中华人民共和国成立前吟咏黄河及其相关重要人文遗迹、重大事件、历史人物、风物民俗的诗词，以古典诗体作品为主。（山东文艺出版社，3册）

《书法卷》以时间为坐标，以书法艺术为参照，梳理展示黄河文化的深厚源流和传承脉络，从文体风格到作品内容实现高度融合。（山东美术出版社，2册）

《绘画卷》古代卷体现黄河文脉孕育的数千年文化精神成果，现当代卷体现黄河精神的发扬创新和时代风貌，用丹青成果再现黄河文化的灿烂辉煌。（山东美术出版社，2册）

《戏曲卷》梳理沿黄河九省（区）戏曲脉络，详述代表性剧种的源流变迁、著名演员、代表剧目及本省（区）戏曲界重大事件等。（山东人民出版社，2册）

《民乐卷》主要展示黄河流域的民间歌咏、器乐、曲艺，精选二十七个国家级"非遗"品类，阐述其文化根源、艺术特点和历史沿革。（山东友谊出版社，1册）

《民艺卷》主要收录黄河流域国家级"非遗"项目中的传统美术类、传统技艺类代表性项目，挖掘、展示黄河文化孕育的传统手工艺的文化内涵与美学价值。（山东友谊出版社，1册）

《民俗卷》重点展现沿黄河九省（区）国家级"非遗"项目中的民俗类代表性项目，阐发黄河流域民俗诞生、发展与黄河的血脉之情。（山东友谊出版社，1册）

《水利卷》详细介绍自古以来黄河水利发展历史，系统展示中华民族探索黄河、认识黄河、开发利用黄河水利的历史，以及黄河流域生态保护和发展的思想史。（齐鲁书社，2册）

《生态卷》重点介绍黄河流域生态特点、生态治理与可持续发展等内容，并对流域生态治理与高质量发展提出建议与对策。（山东科学技术出版社，1册）

这十二卷图书内容各有侧重、自成体系、交相辉映、相辅相成，力求展示黄河文化多元立体的生动厚重形象。

尽管我们怀着美好的初衷，做了不少努力，但是不足之处在所难免，诚恳希望读者和各界朋友批评指正。

山东出版集团

2024年3月